MAGNÉTISME
ET
HYPNOTISME

TRAVAUX DU MÊME AUTEUR

1873. — Recherches sur la période de début de la paralysie générale. (Thèse récompensée par la Faculté de Médecine de Paris.)

1873. — Étude clinique de la lypémanie stupide. (Travail couronné par la Société médico-psychologique, prix Esquirol, médaille d'or.) In Annales médico-psycholog., v⁰ série, t. X.

1875. — Alcoolisme et délire des persécutions. (Annales médico-psychol., v⁰ série, t. XIII.)

1876. — Contribution a l'étude de la tuberculose chez les aliénés. (Annales médico-psychol., v⁰ série, t. XV.)

1877. — Observation de catalepsie chez un hypocondriaque persécuté. (Annales méd.-psych., v⁰ série, t. XVII.)

1878. — Paralysie générale et aphasie. (Annales méd.-psych. v⁰ série, t. XX.)

1879. — Du rôle des lésions cardiaques chez les aliénés. (Marseille médical, n° 2, 1880.)

1879. — Des causes de la paralysie générale chez la femme, d'après des recherches faites a l'asile de Marseille. (Conférence faite au Comité médical des Bouches-du-Rhône. Résumée dans le Recueil des actes du Comité médical des Bouches-du-Rhône, t. XVIII, 2⁰ fascicule.)

1880. — Observations pour servir a l'étude des localisations cérébrales. (Recueil des actes du Comité médical des Bouches-du-Rhône, t. XVIII, 2⁰ fascicule.)

1880. — Observation d'alcoolisme par le vin de quinquina. (Recueil des actes du Comité médical des Bouches-du-Rhône, t. XVIII, 3⁰ fascicule.)

1880. — Emploi de la métallothérapie dans un cas d'hystérie convulsive et vésanique. (Annales méd.-psych., vi⁰ série, t. IV.)

1882. — De la démence paralytique dans ses rapports avec l'athérome et le ramollissement jaune. (Annales méd.-psych., vi⁰ série, t. VII.)

1884. — Des dégénérescences psycho-cérébrales dans les milieux ruraux. (Annales méd.-psych., vi⁰ série, t. XII.)

Imprimerie Émile Colin, à Saint-Germain.

MAGNÉTISME

ET

HYPNOTISME

EXPOSÉ DES PHÉNOMÈNES OBSERVÉS
PENDANT
LE SOMMEIL NERVEUX PROVOQUÉ
AU POINT DE VUE
CLINIQUE, PSYCHOLOGIQUE, THÉRAPEUTIQUE ET MÉDICO-LÉGAL
AVEC
UN RÉSUMÉ HISTORIQUE DU MAGNÉTISME ANIMAL

PAR

Le Dr A. CULLERRE

Membre correspondant de la Société médico-psychologique.

Avec 23 figures intercalées dans le texte.

PARIS
LIBRAIRIE J.-B. BAILLIÈRE ET FILS
19, RUE HAUTEFEUILLE, près du boulevard Saint-Germain.

1886
Tous droits réservés.

PRÉFACE

Ce livre s'adresse à ceux qui, désireux de ne point rester étrangers au mouvement scientifique de leur époque, n'ont ni le temps, ni la facilité de recourir aux sources. Aujourd'hui, grâce à la méthode de la division du travail, non moins féconde dans le domaine de la science que dans celui de l'industrie, une question n'est pas plus tôt posée qu'elle est attaquée à la fois sur toutes ses faces, décomposée en ses divers éléments, et résolue en détail. Qui ne consulte que les publications d'un seul savant risque de ne point y trouver ce qu'il cherche : une vue d'ensemble, un tableau présentant tous les aspects du problème. A qui se propose de tout lire, de tout étudier, deux choses ne tardent pas à manquer plus ou moins : les loisirs et les documents.

Ménager le temps du lecteur, lui présenter ce qu'il a besoin de connaître sous une forme condensée, tel a été notre but en résumant avec le plus de soin possible dans ce petit volume tout ce qui a paru d'important depuis quelques années sur le sommeil magnétique ou hypnotique, question à l'ordre du jour non seulement dans la science, mais encore dans le droit, la littérature, la conversation, les revues, et jusque dans les plus petits journaux.

La science étant loin d'être faite sur cette pointilleuse donnée, et d'ailleurs la plupart des études qu'elle a suscitées ne datant que d'hier, nous nous sommes efforcé de conserver à chaque auteur la paternité de ses idées et de ses découvertes, mettant sans cesse en avant les noms des Charcot, des P. Richer, des Dumontpallier, des Ch. Richet, des Bernheim, des Brémaud, etc., et des élèves qui partagent avec ces maîtres le mérite d'avoir dissipé les épaisses ténèbres qui enveloppaient naguère la troublante question du magnétisme animal.

Cette manière de procéder ne nous a pas semblé commandée seulement par l'obligation de respecter les droits de chacun, mais encore par l'impossibilité de présenter une opinion moyenne sur beaucoup de points encore en discussion. Dans ces conditions, il eut été téméraire d'offrir au lecteur autre chose que les vues originales des savants autorisés par leurs recherches spéciales à se prononcer sur tel ou tel point particulier; toute tentative pour lui imposer une manière de voir impersonnelle, des solutions anonymes, eut été vaine autant que prématurée. Aussi nous saura-t-il gré d'avoir assumé envers lui, non le rôle de mentor, mais celui de simple chroniqueur.

Notre tâche ainsi comprise, il eut été peu logique d'exposer la doctrine de l'Hypnotisme moderne sans en faire un historique succinct, sans indiquer par quelles vicissitudes mémorables a passé la question, quelles en sont les origines, comment les somnambules hypnotiques de nos jours ont pour ancêtres la petite servante de Mesmer et le valet de ferme du marquis de Puységur. Nous ne pouvions négliger de rappeler que c'est en voulant confondre les partisans du magnétisme animal que Braid a découvert ce qu'il y a de réel dans leurs pratiques. C'est ce qui explique que nous ayons conservé en tête de ce livre le mot de « *Magnétisme* » qui ne doit plus effaroucher personne, puisque ce qu'il désigne a vécu, et n'appartient plus désormais qu'à l'histoire.

Ceux qui aborderont cette lecture sans une connaissance préalable du sujet s'attendront assurément à y rencontrer des choses surprenantes; mais peut-être leur attente sera-t-elle dépassée. Au lieu d'en être troublés, qu'ils veuillent bien faire appel à leur jugement, et se souvenir que, pour l'examen d'une question scientifique, la seule attitude qui convienne est une disposition d'esprit aussi éloignée de la foi aveugle que du scepticisme de parti pris.

A. CULLERRE.

La Roche-sur-Yon, 1ᵉʳ octobre 1885.

MAGNÉTISME
ET
HYPNOTISME

CHAPITRE PREMIER

LE MAGNÉTISME A TRAVERS LES SIÈCLES

I. — Magnétisme et hypnotisme : analogies et différences. — Le surnaturel dans le magnétisme : une somnambule lucide — Origines vénérables.
II. — Le magnétisme inconscient : devins, mages, prêtres, pythonisses, sibylles.
III. — Les états hypnotiques chez les sorciers.
IV. — Les états hypnotiques chez les possédés : don de seconde vue, don des langues; léthargie, catalepsie, somnambulisme.
V. — Les prophètes du Dauphiné. — Les convulsionnaires de Saint-Médard.
VI. — Guérisseurs et toucheurs : Greatrakes, Gassner, le zouave Jacob, le toucheur de Noirmoutier.
VII. — Fakirs et Djoguis. — Les moines du mont Athos. — Sorciers arabes et marabouts marocains. — Les Beni-Afaoussas.

I

Le MAGNÉTISME ANIMAL est un ensemble de procédés destinés à produire sur le corps humain des phénomènes insolites qu'une doctrine particullière est ensuite chargée d'expliquer. Par l'étrangeté de ses pratiques, par le vague de son système, par l'incertitude de ses effets possibles et le merveilleux de ses résultats supposés, le magnétisme animal se rapproche plus des sciences occultes que de la science positive. Mais de même que des premières sont sorties peu à peu les plus nobles connaissances de l'esprit humain, de même du magnétisme animal se sont dégagées de nos jours quelques notions réelles, précises, accessibles au contrôle de nos sens et de notre jugement, et que l'on a désignées sous le nom d'HYPNOTISME.

L'hypnotisme est le groupe des phénomènes nerveux qui se produisent chez un individu soumis à divers procédés dont le résultat est de paralyser certaines régions du cerveau et d'en exciter d'autres. C'est une sorte de sommeil plus ou moins profond, plus ou moins accompagné de caractères spéciaux qui permettent de le diviser en plusieurs périodes pendant lesquelles le sujet réagit d'une manière différente. Ces périodes sont désignées sous les noms de *Léthargie*, de *Catalepsie* et de *Somnambulisme*, et ont les plus grandes analogies avec la léthargie, la catalepsie et le somnambulisme qu'on voit se développer spontanément de temps en temps chez certaines personnes d'un tempérament névropathique.

Le magnétisme animal produit les mêmes phénomènes ou des perturbations nerveuses de même ordre. Mais en outre, il a la prétention d'en déterminer d'autres beaucoup plus extraordinaires. Certains sujets, plongés dans le sommeil magnétique, ont la faculté de connaître le passé et l'avenir, de lire dans la pensée d'autrui, de voir à travers les corps opaques et à travers l'espace, de lire par la nuque et par l'estomac, de découvrir la nature des maladies et les remèdes appropriés, et ainsi de suite. Une somnambule magnétique de Wurtemberg, au commencement de ce siècle, apercevait dans l'œil droit d'un homme l'image d'un second lui-même, mais plus grave ou plus léger. Dans une bulle de savon, elle voyait les personnes absentes et les événements près d'arriver. Elle lisait les mots placés sur son estomac, distinguait ses organes intérieurs et ceux des autres, faisait des rêves prophétiques, prévenait les accidents, annonçait la mort de ses proches. Elle reconnaissait les maladies, et indiquait les remèdes qui convenaient dans chaque cas. Par l'application de la main sur le ventre, elle chassait le ver solitaire ; par une amulette de feuilles de laurier, elle guérissait les maladies mentales. Étant elle-même souffrante, elle se prescrivit de la poudre de verrues de cheval, et s'en trouva bien. Par sept passes magnétiques, elle éloignait les douleurs de poitrine ; il en fallait trois fois sept pour les maux de tête, et sept fois sept pour les souffrances des autres parties du corps. Pour les autres maladies, trois mots cabalistiques qu'elle inscrivait sur une amulette lui suffisaient. Enfin — merveille des merveilles — elle voyait assez distinctement l'âme humaine pour en décrire la forme et la couleur (1).

(1) Du Potet, *Traité complet du magnétisme animal*, Paris, 1883. On trouvera tout au long dans ce livre, cette

La production de ces prodiges est due à un agent non moins merveilleux, désigné sous le nom de *Fluide magnétique*, qui s'échappe du corps de l'homme et qu'il a le pouvoir de diriger soit par des pratiques extérieures, soit par la puissance de la volonté; car, dit un disciple de Mesmer, l'âme peut agir médiatement sur le fluide magnétique vivifiant, et par sa propre volonté le déterminer à se porter vers telle ou telle partie du corps par la pensée et l'attention (1).

Voilà des dons bien étonnants. Le magnétiseur qui les tient dans sa main, quoique ce ne soit que de temps en temps seulement, car on nous prévient que toutes les somnambules magnétiques ne sont pas lucides, n'aurait qu'à l'ouvrir pour bouleverser le monde, accomplir le rêve des Titans, et faire de l'humanité une société de dieux. Il ne le fait pas et pour cause; pas plus que tous ceux qui, depuis qu'il existe des sociétés humaines, ont élevé les mêmes prétentions, car les manifestations hypnotiques et

---

extravagante histoire de la voyante de Prevorst. Elle possédait une langue spéciale, entendue d'elle seule. Le mot *Optinipoga* la plongeait dans le sommeil magnétique. Par les mots : *Elohim, majda, djonem*, elle guérissait les maladies. La même méthode servait deux siècles plus tôt à Sganarelle à les diagnostiquer : « *Ossabandus nequeis nequer potarinum quipsa milus*. Voilà justement pourquoi votre fille est muette. »

Quant à sa faculté de voir l'âme humaine, comment en douter? « Les âmes, disait-elle, n'ont point d'ombre. Leur forme est grisâtre; leurs vêtements sont ceux qu'elles ont portés dans ce monde, mais grisâtres comme elles-mêmes. »

(1) Mesmer, *Mémoires et aphorismes*, Paris, 1846.

les illusions magnétiques sont aussi vieilles que le monde.

C'est d'ailleurs l'opinion des adeptes du magnétisme, qu'il a été connu de tout temps. « La puissance de cet agent, alternativement oubliée et retrouvée, recherchée d'âge en âge, a été, dit Du Potet (1), l'objet des travaux d'une foule de philosophes : on sait quel pouvoir les anciens accordaient à certaines pratiques ». Pour l'auteur, l'emploi, qui remonte aux temps les plus reculés, des amulettes et des talismans, relève du magnétisme. Les mages, les hiérophantes, les brahmines, les druides, en employant des verges, des bâtons, des flèches, produisaient des effets magnétiques surprenants. Magnétique encore la guérison des maladies qu'opéraient les prêtres, les sorciers, les rois par un simple attouchement, une simple direction de la main, un simple regard. Magnétiques toujours, les choses surnaturelles qui s'accomplissaient dans les temples des dieux. S'il en est ainsi, esquissons donc un court tableau de l'histoire du magnétisme, — avant la lettre.

II

En Chaldée, les voyants étaient très répandus, et il suffisait de dormir dans certains temples pour acquérir le don de seconde vue. A certaines fêtes de l'ancienne Égypte, le dieu

---

(1) Du Potet, *loc. cit.*

Apis inspirait aux femmes et aux enfants l'enthousiasme prophétique. Le spiritisme lui-même, ce cousin germain du magnétisme, pourrait revendiquer des origines non moins vénérables. A Babylone, on croyait aux esprits frappeurs ; chez les Hébreux, la Pythonisse d'Endor évoquait l'ombre des morts comme un médium du xixe siècle. En Achaïe, dans un temple de Cérès, il y avait au fond d'un puits un miroir dans lequel les prêtres faisaient apparaître l'image de la personne malade pour laquelle on venait consulter la déesse : c'était la photographie spirite de l'époque. Dans les sanctuaires de la Grèce, on procédait, pour inspirer les pythies, à de véritables pratiques magnétiques. A Delphes, le temple d'Apollon était bâti sur une fissure du sol qui donnait passage à des émanations sulfureuses ; au-dessus de cette fente était installé le trépied sacré sur lequel s'asseyait la pythonisse, préparée par le jeûne et diverses autres épreuves. Peu à peu, elle s'agitait, entrait en extase, et, l'écume à la bouche, rendait les oracles du dieu (1).

Les sibylles grecques et romaines n'étaient lucides qu'à de certaines époques. Il fallait, pour qu'elles pussent prédire l'avenir, qu'elles tombassent en convulsions ; alors le dieu s'emparait d'elles et faisait éclater dans leur bouche le délire fatidique (2).

---

(1) *Dict. encyclop. des sc. méd.*, 2e série, t. XVI, art. ORACLE

(2) Virgile, *Enéide*, liv. vi.

III

Avec le christianisme, l'extase prophétique s'éloigna des temples délaissés; les dieux cessèrent d'inspirer les pythies. Mais le diable recueillit la succession, et s'emparant du corps des sorciers, des striges (1) et des religieuses, y déchaîna des facultés surnaturelles. Saint Paul fut jeté en prison pour avoir chassé du corps d'une fille qui avait le don de seconde vue, un démon semblable à ceux qui inspiraient les pythonisses. Les prodiges, les révélations, les vues à distance, les délires extatiques, les convulsions, que les magnétiseurs attribuent au magnétisme, devinrent, aux yeux des chrétiens, le résultat d'interventions diaboliques. « Du XIIe au XVIe siècle, le culte du diable fait des progrès rapides. Sorciers et sorcières se multiplient, si bien qu'en 1600 il y en a près de trois cent mille en France. Le diable est dépeint, décrit, étudié; on connaît ses mœurs, ses habitudes, ses goûts, ses antipathies; on sait comment il vient hanter les corps des malades, on connaît les formules qu'il faut employer pour le chasser, on a des moyens sûrs pour reconnaître les sorcières, des procédés efficaces pour les faire parler, et des bûchers bien flambants pour les punir » (2). On croyait à la vertu magique de

---

(1) De *striga*, oiseau de nuit, et par analogie *sorcière*.
(2) Ch. Richet, *L'homme et l'intelligence*, Paris, 1884.

certaines formules, de certains onguents, de certaines plantes, comme la mandragore. Les lamies (1), en se frottant le corps d'une pommade de leur composition, tombaient en catalepsie et restaient plusieurs heures dans un complet état de raideur et d'immobilité, donnant ainsi une épreuve avant la lettre, de la catalepsie par suggestion.

Le moine Delépine parle d'une sorte de léthargie dont étaient parfois atteints quelques sorciers, qui, bien que demeurés engourdis et comme morts dans leur lit ou dans quelque coin de leur maison, croyaient en se réveillant qu'ils venaient d'assister au sabbat.

Certains lycanthropes restaient parfois pendant plusieurs heures en état de mort apparente. Ils sortaient de cette espèce de torpeur léthargique comme une personne qui se réveille en sursaut.

Parfois, même pendant les terribles épreuves de la question, les sorciers tombaient en somnambulisme. La possédée Francisque Felléo raconta que, sur le chevalet, elle était demeurée quelque temps insensible et sans entendre la voix du juge qui l'interrogeait. Pendant la persécution des Hussites, un des sectaires, mis à la torture, tomba dans une léthargie si profonde que le bourreau le crut mort et l'abandonna. Quelques heures après, ce malheureux revenait à la vie fort étonné des blessures que portaient ses membres. En 1639, une sorcière de Fran-

---

(1) De *lamia*, vampire fabuleux, mangeur d'enfants, sorcière.

conie fut appliquée à la torture. Pendant qu'on lui broyait les jambes, elle se mit à parler des langues inconnues et finit par s'endormir d'un sommeil léthargique.

IV

La possession démoniaque produisait des accidents nerveux de tout genre, principalement l'hystéro-épilepsie (1), et des phénomènes semblables à ceux qui sont attribués au magnétisme. En 1491, les moinesses de Cambrai entraient en d'étranges accès d'agitation pendant lesquels elles devinaient les choses cachées et prédisaient l'avenir. Fernel cite l'exemple de maniaques qui avaient le privilège de lire dans le passé et de deviner les choses les plus secrètes. Sept extatiques qui furent jugés et brûlés à Nantes en 1549 et dont l'immobilité avait duré plusieurs heures, se vantaient, dit Calmeil, de connaître ce qui s'était passé dans la ville et dans ses environs pendant la durée de leur accès (2).

Chez beaucoup de ces convulsionnaires et de

---

(1) Les principales phases de l'attaque hystéro-épileptique sont représentées dans les figures ci-jointes, qui peuvent donner une idée de ce qu'étaient les épouvantables convulsions des possédées. La figure 1 correspond au début de l'attaque, à la phase épileptoïde avec rigidité générale; les figures 2, 3, 4, 5, à la période de clownisme, ou des grands mouvements convulsifs et des contorsions; la figure 6 représente une attitude passionnelle qui devait être fréquente chez les possédées, l'attaque de crucifiement.

(2) Calmeil, *De la folie considérée sous le point de vue pathologique, philosophique, historique et judiciaire*, Paris, J.-B. Baillière et fils, 1845, 2 volumes in-8.

ces possédées, on remarqua une grande exaltation de l'acuité sensorielle; l'ouïe était tellement hyperesthésiée chez certaines religieuses

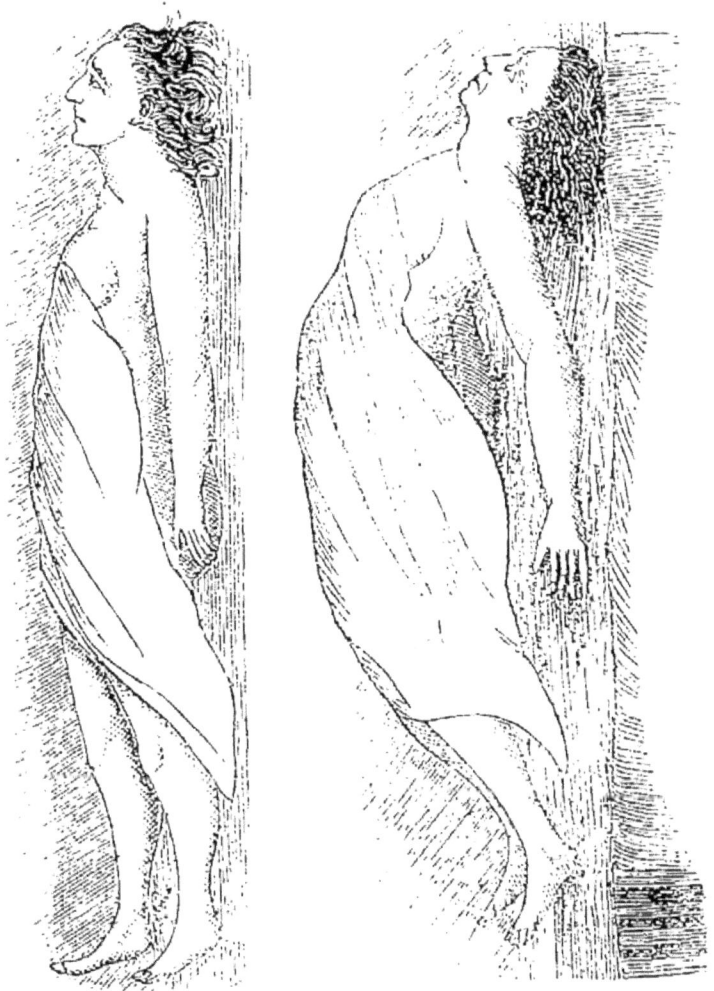

Fig. 1. — Attaque hystéro-épileptique, phase tonique.

Fig. 2. — Spasme tétanique, arc de cercle.

de Loudun (1632) qu'elles entendaient des paroles prononcées à voix basse à des distances considérables. Le latin qu'elles récitaient sans l'avoir jamais appris — mais non sans l'avoir jamais entendu — provenait de l'exaltation de leur mémoire. Dans leurs transports convulsifs, les religieuses d'Auxonne (1652) semblaient aussi avoir le don des langues. Ce n'était pas

Fig. 3. — Période des contorsions.
(Dessin fait par M. Paul Richer, d'après un croquis de M. Charcot.)

un mince étonnement pour les assistants que de les entendre répondre en latin à leurs exorcistes et faire en cette langue de véritables discours. Comme les somnambules lucides d'aujourd'hui, elles lisaient dans la pensée des autres ; elles comprenaient, en particulier, les commandements intérieurs que leur faisaient les exorcistes et y obéissaient ordinairement avec une grande exactitude. L'évêque de Châlons, ayant ordonné mentalement à Denise Parisot de le venir trouver pour être exorcisée, elle y vint incontinent bien qu'elle habitât dans un quartier de la ville assez éloigné. Il commanda de même par la pensée à la sœur Borthon, au plus fort de ses agitations, de venir se prosterner devant le Saint-Sacrement ; au même instant, elle obéit avec une précipitation extraordinaire.

Le don des langues était, comme on en peut juger, à cette époque, un phénomène plus fréquent qu'aujourd'hui. Ambroise Paré (1) relate l'histoire d'un jeune homme atteint de crises hystériques. Le diable « parlait par la bouche du malade du grec et du latin à foison, encore que ledit malade ne sceust rien en grec ».

Les divers états hypnotiques faisaient partie des crises les plus fréquentes des possédées.

Leloyer raconte que les démons muets causent la léthargie, rendent les hommes insensibles et qu'il est fréquent de voir les striges passer plusieurs heures dans un sommeil léthargique.

Nicole Obry, la possédée de Vervins (1566), tombait en léthargie à la suite de ses crises. Elle prédisait en outre l'heure du retour de ses accès futurs.

L'évêque de Châlons remarqua que, pendant l'exorcisme, la sœur Catherine, des religieuses

(1) A. Paré, *Œuvres complètes*, édition Malgaigne, Paris, J.-B. Baillière et fils, 1840, 3 vol. gr. in-8 avec 217 figures.

d'Auxonne, avait la tête renversée, les yeux ouverts, la prunelle absolument retirée sous la paupière supérieure, le blanc des yeux demeurant seul en évidence : autant de signes léthargiques (1). « La sœur de la Purification tomba, à l'heure du sabbat, dans une espèce d'assoupissement et d'insensibilité merveilleuse qui avait duré cinq quarts d'heure et plus, aliénée de tous les sens, sans mouvements, sans parole et sans connaissance, les bras croisés sur la poitrine et si raides qu'il fût impossible de les ouvrir, et les yeux fermés et puis ouverts, mais fixes et arrêtés sans ne rien voir (2). » Les religieuses de Louviers (1642) tombaient, elles aussi, dans une sorte de crise léthargique. « Il y en a parmi elles qui se pâment et s'évanouissent durant les exorcismes, comme à leur gré, en telle sorte que leur pâmoison commence lorsqu'elles ont le visage le plus enflammé et le pouls le plus fort. Pendant cet évanouissement, qui dure quelquefois une demi-heure et plus, l'on ne peut remarquer ni de l'œil ni de la main aucune respiration en elles (3). »

Les pratiques des exorcistes avaient ceci de particulier qu'elles agissaient sur les possédées à la façon des passes magnétiques sur les sujets sensibles ; elles développaient une foule d'accidents que l'on peut considérer comme d'ordre suggestif ou comme tout entiers dus à l'imagination des malades. En 1598, Marthe Boissier se

---

(1) Calmeil, *De la folie*, passim.
(2) *Histoire des diables*, cité par Calmeil, t. II, p. 135.
(3) Lebreton, cité par Calmeil, t. II, p. 78.

prétendait possédée du démon. L'évêque d'An-

Fig. 4. — Période des contorsions
(fac-similé d'un croquis fait d'après nature).

gers, voulant l'éprouver, commande qu'on lui

apporte le livre des exorcismes et, au lieu de lire une conjuration, se met à réciter les premiers vers de l'Enéide... Elle n'en tombe pas moins aussitôt en convulsions. D'autres pièges de ce genre tendus au diable par qui cette fille prétendait être possédée produisirent le même effet. « Ces résultats rappellent trait pour trait, fait observer Calmeil, ce qui arriva dans le verger de Franklin, à Auteuil, lorsque les commissaires, chargés d'apprécier l'influence de l'agent magnétique, firent tomber dans des accès convulsifs un jeune homme qui se figurait être en présence d'un arbre magnétisé (1). »

On observa chez les possédées de Loudun (1632) tous les symptômes de la catalepsie. Leur corps était parfois doué d'une souplesse si extraordinaire qu'on pouvait le ployer en tous sens comme une lame de plomb et qu'il restait aussi longtemps qu'on l'y laissait dans l'attitude qui lui avait été donnée. Les contractures de toute espèce n'étaient pas moins fréquentes. La sœur Marie du Saint-Esprit, de Louviers, possédée par un diable nommé Dagon, fut trouvée couchée en travers sur l'ouverture d'un puits, soutenue seulement d'un côté par les pieds et de l'autre par la tête (2). Chez les autres possédées du même cloître, on remarquait fréquemment l'invasion d'une sorte de raideur cataleptique qui permettait à leurs corps de conserver très longtemps les attitudes les plus étranges.

---

(1) Calmeil, *De la folie*, t. I, p. 351.
(2) Calmeil, *loc. cit*, t. II, p. 108.

En 1511, une religieuse de Salamanque avait

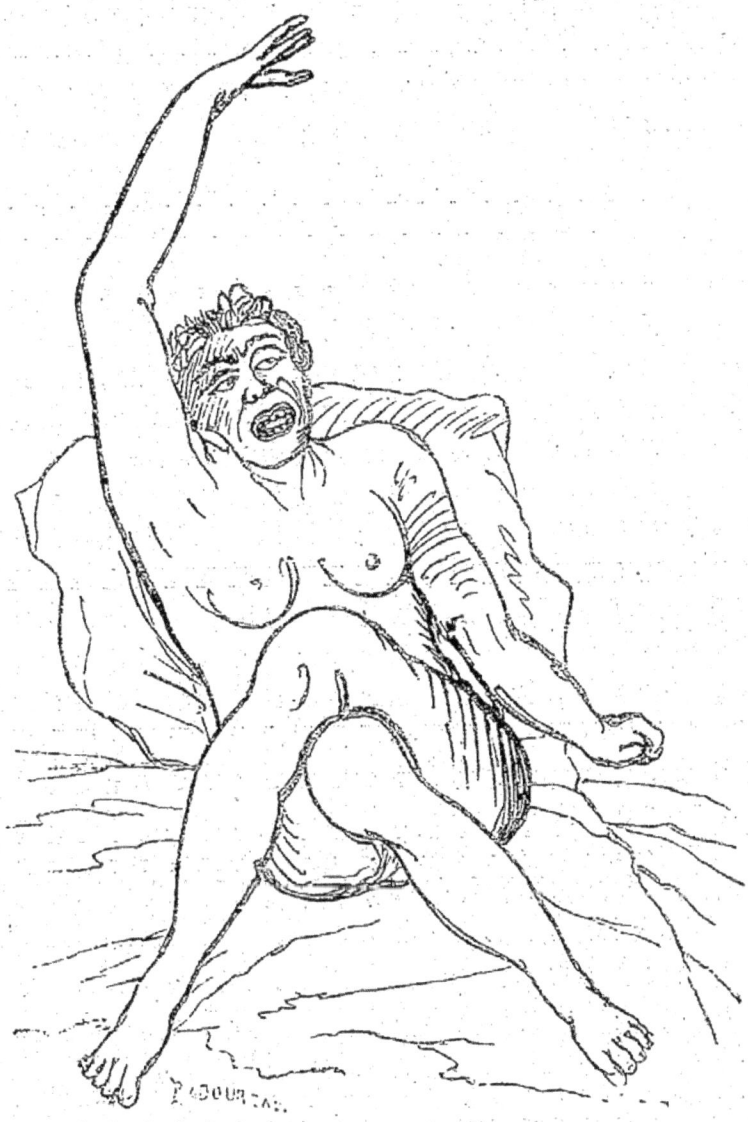

Fig. 5. — Période des contorsions
(fac-similé d'un croquis fait d'après nature).

de fréquentes extases. Alors son visage et ses mains perdaient leur couleur naturelle, et son

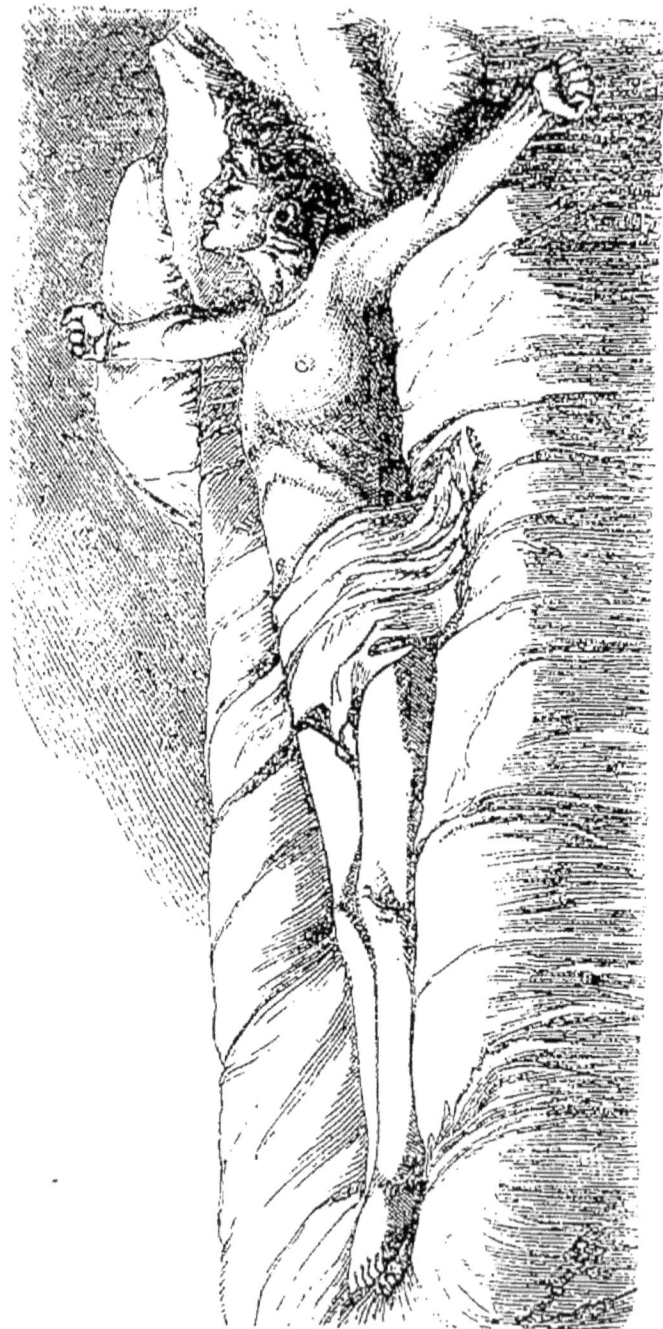

Fig. 6. — Attaque de crucifiement.

corps entrait dans une raideur si grande qu'on eût pu croire qu'il était tout d'une pièce, et que ses doigts n'avaient plus d'articulations.

Dans la maison des enfants trouvés de Hoorn, éclata en 1673 une épidémie de démonopathie. Entre autres phénomènes observés, on vit des jeunes gens devenir aussi raides qu'une barre, « tellement qu'en les prenant seulement par la tête et par les pieds, on pouvait les porter où l'on voulait sans qu'ils se remuassent, ce qui durait plusieurs heures et même la nuit. » Étant protestants, ils échappèrent aux exorcismes; ils n'en guérirent pas moins quand on les eût dispersés (1).

Parmi les extatiques célèbres chez lesquelles on retrouve tous les symptômes de la catalepsie ou de la léthargie, on doit, d'après M. Calmeil, citer sainte Thérèse, qui dit elle-même que dans le ravissement divin « tous les membres deviennent raides et froids »; sainte Élisabeth, dont le corps était parfois tellement raide qu'on n'en pouvait remuer une partie que tout le reste ne suivît; Marguerite du Saint-Sacrement, qui devenait quelquefois raide comme un cadavre; Marie de l'Incarnation, fondatrice des Carmélites de France, qui tombait dans des accès de mort apparente; Madeleine de Pazzi qui restait huit jours et huit nuits en léthargie, les sens complètement fermés au monde extérieur.

On observait aussi le somnambulisme et ses divers symptômes. Les exorcistes de Loudun

(1) Calmeil, *loc. cit.*, t. II, p. 156.

attestent que le diable endormait quelquefois les religieuses soumises à leurs conjurations. Après être sorties de cet état, absolument analogue à celui des somnambules magnétiques, elles avaient perdu complètement le souvenir de ce qu'elles avaient dit ou fait pendant une partie de leurs accès nerveux. La supérieure de cette communauté se livrait parfois à des vaticinations qui duraient plus de deux heures : une fois revenue à elle, elle ignorait absolument tout ce qu'elle avait débité pendant son improvisation.

Les mêmes ursulines quittaient leur lit la nuit, parcouraient le couvent dans tous les sens et montaient jusque sur les toits.

Les religieuses d'Auxonne entraient, elles aussi, en somnambulisme soit au commandement des exorcistes, soit à l'heure prédite par quelques-unes d'entre elles.

A Nîmes, les pratiques exorcistes jetaient encore les possédées en somnambulisme.

La vue d'un objet sacré, les gestes que fait le prêtre au moment de la consécration, la saveur de l'eau bénite faisaient tomber les possédées de Bayeux (1732) dans des accès de somnambulisme pendant lesquels elles se livraient à des exercices périlleux devant lesquels reculerait un équilibriste de profession.

V

Il suffit, au seuil du xviiie siècle, d'un seul calviniste sorti d'un village du Dauphiné pour communiquer à tout un peuple l'esprit prophétique. Il soufflait dans la bouche des néophytes pour leur communiquer le don d'inspiration : ceux-ci, à leur tour, rendaient le même service à leurs amis, de telle sorte que, grâce à cette sorte d'influx magnétique, et au magnétisme non moins puissant de l'imitation, il surgit dans le Dauphiné, le Vivarais et les Cévennes huit ou dix mille prophètes en quelques années. Hommes, femmes, enfants, vieillards, tout le monde prédisait l'avenir. Des enfants de trois ans, qui n'avaient jamais parlé que le patois de leur pays, entraient dans des extases singulières, et s'exprimant avec une volubilité étonnante en bon français, annonçaient la prochaine destruction de la Babylone papiste. On racontait des choses étranges. Un garçon de quinze mois avait prophétisé dans son berceau ; un autre dans le sein de sa mère (1) !

La bergère du Crêt, l'une de ces prophétesses, était sujette à des accès de somnambulisme bien caractérisé : « Quelquefois elle paraissait ensevelie dans une léthargie profonde dont on cherchait vainement à la retirer. Quand elle se trouvait dans ces dispositions, on pouvait l'appeler, la pousser, la secouer, la pincer, la brûler sans la faire sortir de son état apparent de sommeil. Souvent, tout en ayant l'air de dormir, elle se mettait à chanter des psaumes d'une voix claire et intelligible. Les mouvements de ses lèvres étaient modérés, exempts de spasmes, ses gestes

(1) Calmeil, *De la folie;* passim.

mesurés et convenables. Après avoir chanté on l'entendait improviser des prières, réciter de longs paragraphes de la Bible, commenter les saintes Écritures, apostropher les impies, débiter des sermons pleins de force (1) ». Au sortir de l'accès, elle ne se souvenait de rien de ce qui s'était passé ni de ce qu'elle avait dit.

Quelques années plus tard, en pleine capitale, le marbre de la tombe du diacre janséniste Pâris, mort en odeur de sainteté, manifestait la propriété de faire, par son seul contact, entrer dans des convulsions épouvantables les malades qui venaient y chercher la guérison de leurs souffrances. Au bout de quelques mois on comptait déjà un millier de convulsionnaires. Ceux qui ne pouvaient s'étendre sur le marbre, se procuraient de la terre du tombeau qui, mélangée à du vin, ne se montrait pas moins efficace. Beaucoup de ces convulsionnaires devinrent sujets à des états analogues à l'extase, la catalepsie et le somnambulisme, et auxquels on donnait le nom d'*état de mort*. Quelques-uns, d'après Mongeron, « restaient deux ou trois jours de suite les yeux ouverts, sans aucun mouvement, ayant le visage très pâle, tout le corps insensible, immobile et raide comme celui d'un mort ».

(1) Calmeil, *loc. cit.*, t. II, p. 301.

VI

Je ne sais si les partisans du magnétisme revendiquent pour leur agent les cures du diacre Pâris ; ils auraient peut-être quelque peine à expliquer par l'intervention du fluide ces miracles *post mortem*. Du moins adoptent-ils, comme nous l'avons dit précédemment, les miracles opérés par les vivants. Depuis le xi⁰ siècle, non seulement les rois de France, mais encore la plupart des rois d'Europe et même de simples barons s'attribuèrent le pouvoir de guérir certains malades en les touchant. Que faisaient-ils, sinon du magnétisme sans le savoir ? Cela est si vrai, nous dit Du Potet, que le même moyen a réussi parfois entre les mains des médecins. Du reste, la tradition n'a jamais été interrompue ; les rois de France eurent de nombreux prédécesseurs et des plus illustres : Pyrrhus et Vespasien, pour n'en point citer d'autres, produisaient la guérison des maladies par simple attouchement. « Dans les siècles derniers, dit encore l'auteur que nous venons de citer, nous savons qu'il existait une foule de thaumaturges dont les plus célèbres, Valentin Greatrakes et Gassner, guérirent un grand nombre de malades, et ces guérisons sont attestées par une infinité de médecins. Toutes ces guérisons, je ne crains pas de le dire, n'ont eu d'autres causes que le magnétisme animal (1) ». Greatrakes et Gassner,

---

1) Du Potet, *loc. cit.*

le premier surtout, étaient des toucheurs, dont la célébrité mérite de nous arrêter un instant.

Valentin Greatrakes, Irlandais de bonne maison, était un homme d'épée. Un jour, en 1662, il apprit par une révélation, qu'il avait le don de guérir les écrouelles. Il essaya son pouvoir sur quelques scrofuleux, les toucha et les guérit. Quelques années plus tard, de nouvelles inspirations l'avertirent qu'il pouvait guérir la fièvre, les plaies, les ulcères, l'hydropisie, et un grand nombre d'autres maladies. Bientôt sa réputation fut immense, son passage à travers les populations était une marche triomphale. De toutes parts autour de lui, les malades affluaient et, par de simples attouchements dirigés de façon à chasser le mal du centre vers les extrémités, il produisait des cures merveilleuses. « Par l'application de sa main, dit un auteur du temps, Greatrakes faisait fuir la douleur et la chassait aux extrémités. L'effet était quelquefois très rapide et j'ai vu quelques personnes guéries comme par enchantement. Ces guérisons ne m'induisaient point à croire qu'il y eût quelque chose de surnaturel. Lui-même ne le pensait pas, et sa manière de guérir prouve qu'il n'y avait ni miracle ni influence divine. Il paraît qu'il s'échappait de son corps une influence balsamique salutaire » (1). « Quand les douleurs, dit un autre, étaient fixées dans la tête ou dans les viscères, et qu'il les déplaçait, elles produi-

---

(1) Louis Figuier, *Histoire du merveilleux dans les temps modernes*, Paris, 1881, t. III, p. 128 et suiv.

saient parfois des crises effrayantes et qui faisaient craindre pour la vie du malade. » Ainsi Greatrakes produisait ces crises si favorables que Mesmer considérera plus tard comme essentielles à la guérison.

Un siècle plus tard en Souabe, Gassner produisait aussi des crises, mais par un procédé moins simple. Étant prêtre ; il ne pouvait se conduire comme un simple toucheur laïque. Aussi mêla-t-il largement la religion à ses pratiques.

Convaincu que les maladies sont, les unes d'ordre naturel, les autres dues à l'intervention du démon, il commençait ses cures par un exorcisme probatoire, c'est-à-dire destiné à constater la présence du diable. Si l'état de souffrance était de cause naturelle, la conjuration restait sans effet ; dans le cas contraire, elle forçait le démon à révéler sa présence par des convulsions. Il s'emparait des malades de la dernière catégorie et les traitait à sa façon ; quant à ceux de la première, il les abandonnait aux médecins, mais, si l'on en juge d'après sa pratique, ceux qui échappaient à sa compétence étaient assez rares.

Il commença par ses paroissiens, qui furent si satisfaits de lui que sa réputation s'étendit bientôt non seulement à toute la Souabe, mais à la Suisse et au Tyrol. Puis il se mit à voyager, répandant les guérisons sur sa route. Lorsque ensuite il se fut fixé à Ratisbonne, on vit jusqu'à dix mille malades accourant simultanément vers lui, camper sous des tentes autour de la ville.

L'une de ses cures les plus célèbres fut celle de la fille d'un seigneur allemand. Elle était atteinte d'hystérie. Quoique fort soulagée par un traitement que lui avait fait suivre un médecin de Strasbourg, elle voulut voir Gassner. Ce dernier lui persuada qu'elle n'était point guérie, et procéda immédiatement à ses exorcismes. Ils jetèrent la jeune fille dans d'épouvantables convulsions que le thaumaturge suspendait à volonté en prononçant le mot : *Cesset*. Le diable qui possédait la jeune Émilie savait le latin ; il obéissait scrupuleusement à tous les ordres que lui donnait Gassner en cette langue. Lui ordonnait-il d'agiter les bras de la malade, aussitôt elle commençait à trembler des mains. Au commandement, elle entrait en crises ou tombait en catalepsie ; au commandement elle revenait soudain à elle. — *Agitentur brachia!* et les deux bras s'agitaient. — *Paroxysmus veniat!* et la crise survenait, violente. — *Cesset paroxysmus in momento!* et elle se relevait le sourire aux lèvres. — *Tollantur pedes!* et d'un coup de pied elle renversait une table. — *Habeat angustias circa cor!* et elle tournait les yeux d'une manière effrayante. — *Sit quasi mortua!* le visage devenait livide, le nez s'étirait, la bouche s'ouvrait démesurément, la tête et le cou se raidissaient et le pouls cessait presque de battre. Au formidable *Cesset* tout s'apaisait comme par enchantement. Inutile de dire que la jeune Émilie, qui avait reçu une éducation très soignée, connaissait parfaitement le latin.

« Il ne sera pas nécessaire, dit M. L. Figuier,

de beaucoup insister pour établir que dans ces exorcismes de Gassner, il n'y avait rien autre chose que des manipulations magnétiques... Ainsi Gassner faisait du magnétisme sans s'en douter, comme M. Jourdain faisait de la prose sans le savoir. Mesmer lui-même l'a bien reconnu. S'expliquant avec l'électeur de Bavière sur les miracles de Gassner, il dit que ce prêtre ne guérissait ses malades qu'en imagination. Plus tard, il lui attribua certaines dispositions au moyen desquelles il faisait du magnétisme animal sans le savoir (1). »

De nos jours, il y a encore des guérisseurs, des sorciers et des possessions démoniaques.

Tout le monde a gardé le souvenir des cures merveilleuses du zouave Jacob, dont le nom avait, il y a quelques années conquis assez de notoriété pour être rapproché de celui des toucheurs célèbres dont nous venons de raconter les prodiges. Bon nombre de guérisseurs d'une réputation moins universelle sont répandus dans les diverses régions de la France. Dans l'Ouest, un certain nombre de personnes appartenant au clergé sont réputées posséder le pouvoir de guérir les maladies. Certain curé de notre voisinage est considéré comme ayant le don de voir, au travers du corps, les maladies des organes internes. C'est un voyant non somnambule. Il obtient des guérisons surprenantes, moins surprenantes cependant que ses diagnostics dont on nous a rapporté quelques-uns.

(1) Louis Figuier, *loc. cit*.

Il y a quelque temps, on pouvait lire ce qui suit dans un journal de l'Ouest de la France : « La gendarmerie de Noirmoutier vient de dresser procès-verbal contre un individu de Barbâtre qui, depuis plus de quarante ans, s'attribue le privilège de guérir les humeurs froides, et cela par un simple attouchement, en débitant toutefois certaines prières au-dessus de la portée du vulgaire. Bien entendu que les prétendues cures ne se faisaient pas pour rien. Toute peine mérite salaire, et notre individu ne se ménageait pas. Aux cinq premières fêtes de l'année, dès minuit, il était debout...

« Il agissait ainsi au vu et au su de tout le monde, car à Barbâtre, on croit fort au surnaturel. Il s'était même muni d'une patente de... devinez !... de maréchal-expert.

« Il croit fort, paraît-il, à son pouvoir. Il faut dire qu'il est *septième garçon*, et qu'il porte sous la langue une belle *fleur de lys* (1). D'ailleurs beaucoup de personnes affirment avoir été guéries par lui.

« Si la gendarmerie cherchait bien, elle en trouverait plusieurs autres, et un en particulier, qui se met en évidence. Celui-ci est un désensorceleur. Il opère sur les machines à vapeur au temps du battage des grains, sur les filets des pêcheurs pendant la pêche ; il remet la paix dans les ménages troublés ; rien n'échappe à son influence. Il guérit même certaines blessures pourvu qu'on le mette en possession de l'outil

---

(1) Signes indubitables d'un pouvoir surnaturel.

qui les a faites. Cet outil, dit-on, est envoyé par lui-même au diable en personne qui en fait un grand commerce, puisqu'on en a vu sur le marché de Challans, étalés au milieu de certains autres qui ne devaient pas avoir passé par la même main.

« Ce dernier, comme l'autre, opère au grand jour, mandé par tout le monde (je ne sache pourtant pas qu'il ait une patente de maréchal-expert); mais il marche tout de même.

« Il y a aussi, et cela naturellement, puisque le remède est à côté du mal, beaucoup de sorciers; les uns vous donnent la fièvre, d'autres la colique ; celui-ci empêche les vaches d'avoir du lait; celui-là ne veut pas qu'on puisse faire du beurre avec la crème; le plus fort tire le lait des vaches de ses voisins sans les toucher, ni même les voir. Mais il sont plus à plaindre qu'à redouter et on peut les laisser tranquilles, malgré tous leurs méfaits (1). »

Les guérisseurs par secret foisonnent dans tout ce pays. Ils sont considérés comme affiliés au démon, et la confiance qu'ils inspirent n'existe pas seulement dans les classes ignorantes et rurales. Un instituteur que nous soignions récemment pour des accidents névropathiques de nature hypocondriaque était allé consulter un de ces sorciers guérisseurs. Ce dernier lui versa quelques gouttes d'une eau particulière sur la tête, en accompagnant cette aspersion d'incantations magiques, puis il lui

---

(1) *Le Libéral de la Vendée*, vendredi 18 avril 1884.

remit des poudres à prendre. De retour chez lui, le malade réfléchit à l'acte qu'il avait commis, s'imagina avoir offensé Dieu, être possédé du démon et ensorcelé; il en devint fou. Pendant sa maladie, il nous donna à plusieurs reprises le spectacle de véritables scènes de convulsionnaire.

Les paysans ont une foi absolue en la puissance de ces thaumaturges de bas étage qui forment des espèces de dynasties, se transmettent leurs pouvoirs de père en fils, et apportent en naissant, comme un signe tangible de cette puissance, des stigmates emblématiques figurés en quelque endroit de leur corps. Le chef d'une de ces familles a *une envie de fraises* sur la joue gauche; son fils à un *christ* dessiné sur la langue, et sa fille porte au même endroit une *couronne de rosaire* (1), de couleur bleue, marron et jaune.

Une bonne femme vint un jour, de la part d'un guérisseur, me demander de l'urine de son fils; en même temps elle m'apportait des paquets d'herbes, que le sorcier me chargeait de faire prendre au malade.

La possession démoniaque est encore fréquente en Vendée. L'un prétend qu'il est au pouvoir de *la mauvaise chose*: c'est ainsi qu'il qualifie le malin esprit qui le poursuit sans cesse, et qu'il voit tantôt sous la forme d'un chat ou d'un chien, tantôt sous la figure humaine: ça le pousse, ça le fait aller, et il est obligé d'obéir. A une autre on a jeté un sort: assise à sa porte,

---

(1) L'image d'un chapelet.

elle a vu passer dans l'ombre de la nuit une bête ressemblant à un ours qui a tourné autour d'elle pour l'ensorceler : c'était le diable. En voici un troisième qui est devenu possédé du démon d'une façon singulière : un jour, étant allé à confesse, au moment où le prêtre leva la main pour le bénir, il sentit un vaisseau se rompre dans sa poitrine. C'était le diable qui s'emparait de lui.

Les somnambules lucides, ou plutôt les *dormeuses*, comme on les appelle, jouissent d'un crédit illimité ; on les soupçonne aussi d'accointances avec l'esprit des ténèbres. On les consulte en toutes choses, et leurs oracles ont parfois pour le moral, de ces gens crédules de désastreuses conséquences.

VII

Mais ce n'est pas seulement en Europe et dans la chrétienté que les effets du magnétisme se sont manifestés à travers les siècles.

Depuis 2400 ans, les Fakirs et les Djoguis de l'Inde, pratiquent l'hypnotisme dans un but de dévotion qui est de s'unifier à Dieu dans une sorte d'extase. En se regardant pendant quelques minutes le bout du nez, ils tombent en catalepsie, et peuvent alors émerveiller la foule par des attitudes extraordinaires qu'ils gardent un temps indéfini. Au dire de certaines personnes, les Djoguis ne pratiqueraient pas seulement l'hypnotisme, mais encore le magnétisme dans ce qu'il a de plus merveilleux et de plus incompréhensible. On a pu lire, il y a quelque temps, à ce sujet dans la chronique d'un grand journal (1), des choses tellement étonnantes qu'on se demande si l'on doit considérer les assertions de l'auteur comme l'expression véritable de sa pensée ou plutôt comme un boutade humoristique. Il y a, paraît-il, trois écoles de Djog dans l'Inde, l'une située sur les bords du Gange, l'autre sur la côte d'Orissa, la troisième dans le sud de la péninsule ; et elles communiqueraient hypnotiquement entre elles de la façon la plus régulière. « S'endormir à distance, rester hypnotisés des jours et des semaines entières, aussi immobiles que des stylites, s'anéantir dans une volonté supérieure qui substitue les cerveaux les uns aux autres ; échanger à des milliers de milles les impressions les plus précises, tout cela est un jeu pour les Djoguis ». Voilà de quoi décourager les somnambules européennes les plus lucides ; à moins que ce ne soit de faire rire les Djoguis à nos dépens.

Les moines chrétiens du mont Athos observaient des pratiques semblables à celles des Fakirs, mais au lieu de leur nez, prenaient leur nombril pour point de mire et tombaient en extase cataleptique après une contemplation suffisamment prolongée de cette région.

Depuis quarante siècles, exposait en 1860 le Dr E. Rossi, du Caire, une classe d'Egyptiens

---

(1) *Revue des journaux et des livres*, 1885, n° 23. (Extrait du *Gaulois*.)

fait sa profession du Mandeb, qui n'est autre chose qu'un mélange de sorcellerie et d'hypnotisme. Ces magiciens font généralement usage d'une assiette en faïence parfaitement blanche. Dans le centre de cette assiette, ils dessinent avec une plume et de l'encre deux triangles croisés l'un dans l'autre, et remplissent le vide de cette figure géométrique par des mots cabalistiques, pour concentrer le regard sur un point limité. Puis, pour augmenter la lucidité de la surface de l'assiette, ils y versent un peu d'huile. « Ils choisissent en général un jeune sujet pour leurs expériences ; lui font fixer le regard au centre du double triangle croisé. Quatre ou cinq minutes après, voici les effets qui se produisent : Le sujet commence à voir un point noir au milieu de l'assiette ; ce point noir a grandi quelques instants après, change de forme, se transforme en différentes apparitions qui voltigent devant le sujet. Arrivé à ce point d'hallucination, le sujet acquiert souvent une lucidité somnambulique aussi extraordinaire que celle des magnétisés (1). » D'autres opérateurs, sans avoir recours à cet appareil charlatanesque, se contentent de faire fixer à leur patient une boule de cristal, et obtiennent sans plus de difficulté le sommeil hypnotique. Les sorcières arabes et les marabouts marocains emploient, au dire de M. de Pietra Santa (2), des procédés analogues. Avec une matière colorante noire,

---

(1) Demarquay et Giraud-Teulon, *Recherches sur l'hypnotisme*, Paris, J.-B. Baillière et fils, 1860, in-8, p. 62.

(2) *Union médicale*, 2 janv. 1860.

les sorcières décrivent sur la paume de leur main un cercle au centre duquel est indiqué un point noir. La fixation de ce point amène rapidement le sommeil hypnotique et l'insensibilité. Les marabouts, sur une table recouverte d'un linge blanc, placent une bouteille pleine d'eau, derrière laquelle brûle une lampe. Le sujet s'installe à quelque distance et fixe le point lumineux; il ne tarde pas à s'endormir et reste plongé parfois dans un état complet d'anesthésie.

Dans la province de Constantine, la tribu des Beni-Aïaoussas pratique certains exercices qui rappellent les scènes qui se passaient autour du baquet magnétique de Mesmer. Ils s'asseyent par terre au nombre d'une douzaine, entourés de musiciens jouant du tambourin et des castagnettes. Ils commencent alors à exécuter alternativement des mouvements verticaux et latéraux de la tête et du tronc. Peu à peu le jeu, en même temps que la musique, s'accélère; et au bout de vingt minutes les jongleurs se livrent à des contorsions violentes, les yeux sanglants, hors de la tête, l'écume à la bouche, le corps inondé de sueur. Alors l'insensibilité arrive, et ces forcenés se traversent les téguments de coups de poignard, avalent du verre pilé, marchent sur des barres de fer rouge, jusqu'à ce que, épuisés, ils tombent dans un profond sommeil (1).

(1) Louis Figuier, *Histoire du merveilleux*, t. III, Paris, 1881.

Nous en avons fini avec ce rapide exposé du magnétisme qui s'ignore. Nous allons passer maintenant à l'histoire du magnétisme qui s'affirme comme doctrine.

CHAPITRE II

DE MESMER A BRAID

I. — Mesmer : le fluide universel base de son système. — Pourquoi il l'appelle magnétisme animal. — Son emploi, puis son abandon de l'aimant. — Il n'a fait que ressusciter une doctrine en honneur dans les siècles précédents.

— Son séjour à Vienne; il passe pour un imposteur. — Son arrivée à Paris; état des esprits à cette époque; il obtient un vif succès. — Ses pratiques : le baquet. — Effets magnétiques : les crises.

III. — Ses prosélytes : Deslon. — Le système repoussé par les sociétés savantes. — Rapports de Bailly : les effets magnétiques sont le produit de l'imagination; leur danger pour les mœurs. — Mesmer enrichi se retire des affaires.

IV — De Puységur : il découvre le somnambulisme artificiel. — Simplification du système et des pratiques magnétiques.

V. — Les schismes. — La révolution disperse les adeptes; ils reparaissent à partir de 1813; Deleuze, Faria, Bertrand, Georget, Du Potet, Foissac.

VI. — Examens du magnétisme par l'Académie de médecine : rapport favorable de Husson; rapport contraire de Dubois. — Le prix Burdin : les somnambules lucides dévoilées. — Complet discrédit du magnétisme animal.

I

Au moment même où le thaumaturge Gassner, ce prêtre d'une petite paroisse de Souabe dont nous avons parlé, attirant à lui la foule des malades et des infirmes, multipliait les cures et les exorcismes, et faisait pour la plus grande gloire de Dieu et le plus grand bien de l'humanité, reculer le diable et la maladie, son œuvre ; Antoine Mesmer, docteur en médecine de la Faculté de Vienne, son compatriote, presque son émule, inventait une panacée destinée à supprimer, elle aussi, la maladie de la surface du globe, et jetait les fondements de la doctrine du magnétisme animal.

La base du système de Mesmer, c'est l'existence d'un fluide universel, régi par des lois mécaniques inconnues, animé de mouvements plus ou moins généraux et compliqués, comparables à un flux et à un reflux, et établissant « une influence mutuelle entre les corps célestes, la terre et les corps animés. »

Ce fluide impondérable, répandu partout, susceptible de recevoir, propager et communiquer toutes les impressions de mouvement, fait sentir son action alternative sur les êtres vivants en s'insinuant dans la substance des nerfs. Dans le corps humain, en particulier, il se manifeste par des propriétés analogues à celles de l'aimant : « on y distingue des pôles également divers et opposés, qui peuvent être communiqués, changés, détruits et renforcés (1) ».

Il explique ainsi les raisons qui l'ont conduit à qualifier sa prétendue découverte du nom que l'on sait. « La propriété du corps animal qui le rend susceptible de l'influence des corps célestes, et de l'action réciproque de ceux qui l'environnent, manifestée par son analogie avec l'ai-

---

(1) Mesmer, *Mémoires et aphorismes*, Paris, 1846.

mant, m'a déterminé à la nommer *magnétisme animal*. »

A travers ces élucubrations si peu limpides, on sent je ne sais quelle équivoque. Il n'y a, explique Mesmer, qu'une simple analogie entre les propriétés magnétiques de l'aimant et celles du fluide universel ; le mot de *magnétisme animal* n'est qu'une expression métaphorique ; et pourtant il a beau dire que l'action que peuvent produire sur les maladies l'aimant et l'électricité ne s'exerce que par l'action du magnétisme animal ; il a beau faire de ces agents les très humbles serviteurs de son fameux fluide, on devine que cette distinction n'est pas très nette dans son esprit, et qu'il y a autant d'embarras dans sa pensée que dans sa façon de l'exprimer. La raison en est simple. Avant de jouer du fluide universel, Mesmer avait commencé, comme la plupart des praticiens de son temps, par faire usage pour la cure des maladies de l'aimant et des plaques aimantées. Quelques succès obtenus en collaboration avec le Père jésuite Hell, physicien distingué, l'avaient encouragé. On trouve à ce sujet, dans son premier Mémoire, l'observation suivante dans laquelle il s'agit d'une affection convulsive de nature hystérique :

« La malade ayant éprouvé un renouvellement de ses accès ordinaires, je lui fis l'application sur l'estomac et aux deux jambes de trois pièces aimantées. Il en résultait, peu de temps après, des sensations extraordinaires ; elle éprouvait intérieurement des courants douloureux d'une matière subtile, qui après différents efforts pour prendre leur direction, se déterminèrent vers la partie inférieure, et firent cesser pendant six heures tous les symptômes de l'accès. L'état de la malade m'ayant mis le lendemain dans le cas de renouveler la même épreuve, j'en obtins les mêmes succès. »

Mais soit par jalousie contre le Père Hell, qui se permit de guérir sans lui des malades par l'aimant, et qu'il accusa de vouloir lui voler sa découverte ; soit qu'il crût réellement, à la suite des physiciens d'une autre époque, que l'action des aimants n'était qu'une manifestation du fluide universel, il ne tarda pas à abandonner complètement l'usage des armatures magnétiques, et d'une électrothérapie positive passa peu à peu à une magnétothérapie de charlatan et de jongleur. Ce ne furent pas seulement les tendances mystiques de sa nature, mais surtout ses appétits extraordinaires de bruit, de renommée et de richesses qui le poussèrent à ressusciter les idées scientifiques des siècles passés, abandonnées par tous les savants de son époque.

Le principe, en effet, sur lequel Mesmer a échafaudé son système n'est qu'une relique surannée des cosmogonies antiques. L'influence des corps célestes sur les créatures humaines servait déjà de base à l'astrologie inventée par les Chaldéens, et cette vieille conception mystique après s'être perpétuée à travers des milliers de générations, avait au seuil même du monde moderne, jeté l'éclat suprême d'un flambeau près de s'éteindre à jamais.

Au xve siècle, Paracelse, qui révolutionna la

médecine de son temps, professait que la force vitale dérivait des astres, ce qui le conduisit à affirmer l'existence d'un fluide sympathique entre les mondes célestes et les créatures vivantes. Il prétendait que l'homme est doué d'un double magnétisme, l'un pour ses facultés intellectuelles et morales, l'autre pour ses fonctions organiques : le premier venait des astres, l'autre des éléments matériels. Il avait soutenu la théorie des pôles, qu'on retrouve chez Mesmer. Il croyait à la vertu des substances magnétisées et conseillait l'emploi de talismans et d'onguents magnétiques.

Un peu avant lui Ficin et Pomponace admettaient que certains hommes sont doués de propriétés puissantes dont le pouvoir peut s'exercer non seulement sur leur propre corps, mais sur celui de leurs semblables.

Agrippa de Nettesheim prétendait que tous les corps de l'univers sont liés par des sympathies ou des antipathies naturelles.

Jérome Cardan soutenait que le soleil est en harmonie avec le cœur et l'air, la lune avec les humeurs et l'eau.

L'étude du magnétisme minéral donna une grande impulsion à ces idées et quand le physicien anglais Gilbert eut publié son livre « *Du magnétisme* » on crut reconnaître dans cet agent le principe universel de toutes choses.

Au xvie siècle, Goclenius écrivait un traité de sa cure magnétique des plaies. Van Helmont, lon élève, professa les mêmes idées, publia un livre sur le même sujet, et défendit avec génie la cause de la médecine magnétique.

En Angleterre, le célèbre Robert Fludd (1638) soutint avec éclat la doctrine du magnétisme dont il admettait de nombreuses catégories, positives, négatives, spirituelles, corporelles.

Le jésuite Kircher, savant physicien, tout en condamnant la médecine magnétique de son époque (1) qui ne reposait que sur des faits merveilleux absolument hypothétiques, comme la cure des plaies opérée par les vertus sympathiques des onguents dont nous avons parlé, ou encore la transplantation des maladies, considérait l'univers comme un tout « dont les parties sont liées et entraînées par une puissance attractive et répulsive, semblable à celle de l'aimant (2) ». Il admettait de nombreuses espèces de magnétisme, celui du soleil, de la lune, des planètes, des éléments, des métaux, des plantes, des animaux. Ce dernier reçut même de lui en grec, le nom de *Magnétisme animal* longtemps avant

---

(1) Pour guérir les plaies avec l'*onguent vulnéraire* de Paracelse, il suffisait de se procurer du sang du blessé, d'en enduire un morceau de bois et d'en toucher l'onguent, qui de cette façon n'avait pas besoin d'être fréquemment renouvelé. Avec l'*onguent des armes*, les choses allaient plus simplement encore : On se contentait d'en oindre le fer qui avait fait la blessure qu'il s'agissait de guérir.

Pour transplanter les maladies, il suffisait de faire avaler à un chien des excrétions ou des liquides morbides du malade, et le chien prenait sa maladie.

(2) L. Figuier, *Histoire du merveilleux dans les temps modernes*, t. III, p. 115.

que Mesmer songeât à ressusciter l'expression et à se l'approprier.

Wirdig, professeur de médecine à Rostock, généralise encore en la modifiant la doctrine de ses devanciers. Tout est soumis à la puissance du magnétisme. Par lui s'expliquent tous les phénomènes, la vie et la mort. Toute la nature est peuplée d'esprits, et le magnétisme résulte de leurs rapports de sympathie ou d'antipathie. Dans son livre « *De la médecine nouvelle des esprits* », il développa cette doctrine qui fait encore de nos jours les délices de quelques illuminés.

On le voit par le court exposé qui précède, Mesmer, ce Christophe Colomb du magnétisme, comme l'appellent ses partisans, n'en fut pas même l'Améric-Vespuce : Il n'a rien découvert, rien inventé. La seule chose qui lui appartienne en propre, la première aussi que ses adeptes s'empressèrent de mettre de côté, c'est l'ensemble des pratiques qu'il mettait en œuvre dans l'application de son système, et dont nous allons bientôt nous occuper. Mais revenons d'abord sur les débuts du mesmérisme.

II

Mesmer commença par appliquer son système à Vienne en s'adressant aux maladies déclarées incurables. Bientôt il annonça des succès merveilleux qui furent accueillis dans le monde médical avec la plus grande incrédulité. Il fit devant les médecins des expériences dans lesquelles, s'attribuant une sorte de rôle surnaturel, il prétendait posséder seul et pouvoir communiquer à volonté aux profanes le fameux fluide curatif. Lui-même raconte dans son premier mémoire que Ingenhousze, membre de l'Académie royale de Londres, vint assister à ses expériences. « Je le fis, dit-il, approcher de la malade, dont je m'éloignai, en lui disant de la toucher. Elle ne fit aucun mouvement. Je le rappelai près de moi et lui communiquai le magnétisme animal en le prenant par les mains; je le fis ensuite approcher de la malade me tenant toujours éloigné, et lui dis de la toucher une seconde fois; il en résulta des mouvements convulsifs ». Un magnétiseur de foires de nos jours ne ferait ni mieux ni autrement. Pontife ou bouteille de Leyde, malgré les étonnantes cures dont il se vantait, Mesmer, de son propre aveu, fut considéré à Vienne comme un charlatan et invité par le doyen de la Faculté à mettre fin à ses supercheries (1).

En 1778, il vint à Paris. Il communiqua son système aux savants et aux médecins de cette ville. Surpris, dit-il, de sa nature et de ses effets, ils m'en demandèrent l'explication. Je leur donnai mes assertions sommaires en dix-neuf articles. Elles leur parurent sans aucune relation avec les choses établies. » Là encore, Mesmer ne rencontra chez ses confrères, qu'incrédulité et défiance. L'Académie des sciences, chargée en

---

(1) *Mémoires et aphorismes*, p. 36.

1784 de faire l'examen du magnétisme animal, condamnait ce système comme inutile et vain, au point de vue de la guérison des maladies, et dangereux pour les personnes qui s'y soumettent.

Cependant, si de tout temps, on voit les savants de profession quelque peu réfractaires aux théories nouvelles, il n'en n'est pas de même des dilettantes de la science, ni surtout du gros public, instinctivement crédule, esclave des besoins de son imagination, naturellement avide des choses merveilleuses. Bien que Mesmer fût débarqué à Paris dans l'année et le mois mêmes où Voltaire, après vingt-deux ans d'exil, y revenait jouir de sa gloire, le scepticisme de la philosophie du siècle n'avait pas fait de tels ravages dans les esprits qu'ils ne fussent plus hantés par le souvenir de l'illuminisme de Swedenborg, des Rose-Croix, et des miracles accomplis sur le tombeau du diacre Pâris. Il y avait là un héritage à prendre, un moment psychologique à saisir. Le magnétisme animal s'en empara. Peut-être aussi, est-il permis, à cette explication quelque peu philosophique du succès de la nouvelle doctrine, d'en ajouter une plus terre à terre et peut-être plus humaine, la mode. Il ne faut pas oublier qu'à son début, le magnétisme animal s'adressait aux malades, et aux malades incurables. Le bruit s'étant répandu qu'on guérissait autour du baquet de Mesmer, on s'y précipita, comme on se précipite aujourd'hui chez le charlatan en vogue, ou à telle ou telle source en renom, qu'elle soit miraculeuse ou simplement chargée de principes salins. Comme aujourd'hui il se trouva quelques médecins ou savants de bonne foi pour attester au nom de la science la réalité des prodiges de la méthode nouvelle. Il n'en fallut peut-être pas davantage.

Les procédés employés par Mesmer étaient, d'ailleurs, de nature à frapper l'imagination de la foule. Qu'on en juge.

On se met en opposition avec la personne que l'on veut magnétiser, c'est-à-dire en face, de manière à opposer les pôles. On pose d'abord les mains sur ses épaules, puis on les fait descendre le long des bras, jusqu'à l'extrémité des doigts. On tient un moment les pouces du patient dans ses mains, puis on recommence deux ou trois fois les mêmes passes en descendant le long des membres.

On s'efforcera de toucher surtout la partie malade et, comme c'est le ventre qui est le siège de presque toutes les maladies, on multipliera les attouchements de cette partie avec le pouce et l'indicateur, avec la paume de la main, ou avec un doigt seulement.

On peut toucher médiatement avec avantage à l'aide d'une petite baguette de forme conique. Après le verre qui est le meilleur conducteur, on emploie le fer, l'acier, l'or, l'argent. Si la baguette est aimantée, elle aura plus d'action. On magnétise encore avec une canne, en ayant soin de remarquer que quand on touche avec un corps étranger, le pôle est changé, et qu'il faut alors toucher de droite à droite et de gauche à gauche.

On renforce l'action du magnétisme en multipliant les courants sur le malade ; pour ce faire, on se sert utilement des arbres, des cordes, des fers, des chaînes, des fleurs préalablement magnétisés.

On magnétise un bain en plongeant sa canne dans l'eau et en l'agitant en ligne droite, pour y établir un courant. « Si le bassin est grand, on établira quatre points, qui seront les quatre points cardinaux ; l'on tracera une ligne dans l'eau en suivant le bord du bassin de l'est au nord, et de l'ouest au même point ; on répétera la même chose pour le sud. »

Mais voici le grand jeu. Il consiste dans un baquet de bois, dont la grandeur est proportionnée au nombre de malades que l'on veut traiter. Dans l'intérieur de ce baquet seront rangées en rayons convergents des bouteilles remplies d'eau, bouchées et magnétisées. On en met plusieurs rangs superposés, puis on remplit la cuve avec de l'eau ; on peut y ajouter de la limaille de fer, du verre pilé, du mâchefer et du sable. Des tringles partent du baquet ; une corde y est attachée, les malades forment des chaînes en tenant cette corde, en s'opposant les pouces, et en s'approchant le plus qu'ils peuvent les uns des autres, de manière à se toucher les cuisses, les genoux, les pieds, et à ne former pour ainsi dire qu'un corps contigu dans lequel le fluide magnétique circule continuellement.

Après le baquet banal, vient le baquet de famille, qui est bien le comble de la commodité. Mais n'insistons pas sur ce tissu d'extravagances.

La méthode, grâce aux tringles conductrices du fluide, à la limaille de fer et au verre pilé, peut se résumer en deux mots: baguette magique et poudre aux yeux.

Et que résultait-il de ces pratiques cabalistiques que l'opérateur présidait majestueusement au son d'un piano-forte, jouant des airs en *ré* mineur, quand il ne dédaignait pas de les accompagner lui-même en tirant de suaves accords de l'harmonica? Des bâillements, des pandiculations, des spasmes, des cris, des contorsions de tout genre, des attaques d'hystérie, chez les sujets privilégiés que touchait la grâce curative; et chez les autres, chez le plus grand nombre, rien, absolument rien.

Les femmes, comme toujours, comme encore aujourd'hui sous l'influence des procédés hypnotiques, se montraient les plus sensibles aux pratiques mesmériques. La *crise* arrivée, on les conduisait dans l'*enfer aux convulsions*, chambre dont les parois matelassées amortissaient le choc des corps secoués par les spasmes hystériques, et dont le mystère permettait aux patientes de réparer sans témoin le désordre de leur toilette. Non pas sans témoin, je me trompe : Mesmer y pénétrait, et seul, au milieu de ces véritables possédées, il leur prodiguait encore les secours du fluide déversé par sa baguette et son regard fascinateur. On vit des femmes se passionner pour ces exercices troublants. *Au plaisir des dames !* telle était l'enseigne que l'une d'elles donnait à la salle des crises. Pourtant, les mœurs de Mesmer n'ont pas été incriminées, mais l'Académie des sciences n'en considéra pas moins ses pratiques comme dangereuses pour la moralité publique.

III

Le succès de Mesmer fut immense ; il fit des prosélytes jusque dans le sein de la Faculté de médecine de Paris où l'on compta bientôt trente docteurs magnétisants. Deslon, docteur régent de cette Faculté, embrasse avec enthousiasme sa doctrine, et de son collaborateur devient bientôt son rival. Une société d'adeptes, sous le nom de *Société de l'harmonie*, se fonde à Paris et ne tarde pas à voir grossir le nombre de ses membres.

Cependant la nouvelle doctrine ne parvint pas à obtenir le droit de cité dans la science officielle. Dès son arrivée à Paris, Mesmer s'était mis en relations avec l'Académie des sciences, mais sans pouvoir s'entendre avec cette compagnie sur les conditions dans lesquelles il devait faire devant elle la preuve de son système. Plusieurs tentatives d'accommodement restèrent sans résultat. L'Académie voulait quelques garanties de la sincérité des expériences projetées; Mesmer voulait être cru sur parole : on rompit de part et d'autre.

Deslon, traduit devant la Faculté de médecine, fut violemment accusé d'avoir manqué à l'honneur et aux règlements professionnels ; en vain chercha-t-il à justifier sa conduite et à défendre les propositions de Mesmer ; il fut frappé de suspension et menacé de radiation, s'il n'abandonnait pas le système.

Bientôt le gouvernement intervint dans cette querelle, et pour la vider, chargea la Société royale de médecine, qui fut plus tard l'Académie de médecine, de faire un rapport sur le magnétisme. Il désigna plusieurs membres de cette Société, parmi lesquels se trouvait Laurent de Jussieu ; il leur adjoignit plusieurs médecins de la Faculté et cinq membres de l'Académie des sciences, dont trois étaient des hommes illustres : Franklin, Lavoisier et Bailly. Deux rapports furent faits, l'un au nom de la Société royale, l'autre au nom de la Faculté et de l'Académie des sciences. Voici les conclusions de ce dernier, dû à la plume de Bailly :

« Les commissaires ayant reconnu que le fluide magnétique animal ne peut être aperçu par aucun de nos sens; qu'il n'a eu aucune action ni sur eux-mêmes, ni sur les malades qu'ils lui ont soumis; s'étant assurés que les pressions et les attouchements occasionnent des changements rarement favorables dans l'économie animale, et des ébranlements toujours fâcheux dans l'imagination; ayant enfin démontré que l'imagination sans magnétisme produit des convulsions, et que le magnétisme sans imagination ne produit rien, ils ont conclu, d'une voix unanime sur la question de l'existence et de l'utilité du magnétisme, que rien ne prouve l'existence du fluide magnétique animal; que ce fluide sans existence est par conséquent sans utilité; que les violents effets que l'on observe au traitement public appartiennent à l'attouchement, à l'imagination mise en action, et à cette imitation machinale qui nous porte malgré nous à répéter ce qui frappe nos sens... »

A ce rapport qui devait être rendu public, en était joint un second, secret celui-là, qui denonçait les pratiques mesmériennes comme dangereuses pour la moralité publique. L'auteur y faisait remarquer que les femmes ont les nerfs mobiles, que leur imagination est vive et exaltée, qu'elles sont fortement disposées à l'imitation, et que lorsqu'une femme tombe en crise, les autres ne tardent pas à en faire autant. Beaucoup de femmes qui allaient au magnétisme n'étaient pas malades, elles s'y rendaient par oisiveté et amusement : pouvait-on considérer comme innocentes des pratiques qui consistent à tenir le corps d'une femme entre ses genoux et à lui comprimer les ovaires en la regardant dans les yeux ?

« Le visage, dit le rapport, s'enflamme par degré ; l'œil devient ardent, et c'est le signe par lequel la nature annonce le désir. On voit la femme baisser la tête, porter la main aux yeux et au front pour les couvrir ; sa pudeur habituelle veille à son insu et lui inspire le soin de se cacher... »

Il ajoutait encore quelques réflexions très énergiques sur la valeur curative du magnétisme :

« Il n'y a point de guérison réelle, les traitements sont fort longs et infructueux. Il y a tel malade qui va au traitement depuis dix-huit mois ou deux ans sans aucun soulagement. »

Telle était l'opinion de l'Académie des sciences sur le magnétisme. Il faut dire que les expériences tentées devant elle par Deslon, avaient échoué misérablement. Nous n'en rappelons qu'une, suffisamment caractéristique, à laquelle nous avons fait allusion dans le chapitre précédent. Elle eut lieu dans un jardin de Passy, en présence de Franklin. Deslon avait magnétisé un abricotier de ce verger : un jeune homme, sensible au fluide, ne devait éprouver les phénomènes magnétiques qu'en l'embrassant. On le présenta successivement à quatre arbres non magnétisés : au premier, il suait à grosses gouttes; au troisième, il eut un fort mal de tête et des étourdissements; au quatrième, il tomba en convulsions. Il était à vingt-sept pieds de distance de l'abricotier magnétique!

Cinq jours après le rapport de Bailly parut celui de la Société royale. Quoique d'une forme moins brillante, il était tout aussi catégorique.

> Nous pensons, disaient les commissaires, que le prétendu magnétisme animal est un système ancien, vanté dans le siècle précédent et tombé dans l'oubli; que ce système est absolument dénué de preuves, que les effets produits par ce prétendu moyen de guérir sont tous dus à l'imitation et à l'imagination, qu'ils sont plutôt nuisibles qu'utiles, et qu'ils sont dangereux en ce qu'ils peuvent faire contracter à des personnes bien constituées une habitude spasmodique des plus fâcheuses pour la santé (1).

(1) Laurent de Jussieu refusa de signer le rapport adopté par ses confrères par la raison que pour lui, les causes auxquelles ils attribuaient le magnétisme n'étaient pas suffisantes pour expliquer tous les phénomènes observés. Il lui paraissait nécessaire, pour les comprendre, d'invoquer l'intervention d'un fluide se portant de l'homme à son sem-

Malgré l'autorité de ces documents qui furent répandus dans le public à quatre-vingt mille exemplaires, Mesmer n'en continua pas moins à faire d'excellentes affaires, et lorsqu'en 1784, au moment où son crédit personnel commençait à déchoir, il quitta Paris pour vivre dans la retraite, il était possesseur d'une opulente fortune.

En province, le magnétisme s'était répandu avec rapidité. A Strasbourg, Bordeaux et Lyon, se fondèrent des sociétés sur le plan de l'*Harmonie de Paris*. Un grand nombre d'autres villes instituèrent des traitements magnétiques, et beaucoup de médecins se déclarèrent partisans de la nouvelle doctrine.

IV

Cependant, ni Mesmer, ni Deslon, ni leurs premiers disciples ne cherchèrent à étudier en eux-mêmes les phénomènes singuliers que leurs pratiques parvenaient à déterminer chez certaines personnes. En dehors des symptômes bizarres que nous avons signalés et qui peuvent se rattacher à l'hystérie, il s'en présentait d'autres qui furent reconnus plus tard et que l'on peut rapprocher de ceux que l'on détermine aujourd'hui

---

blable ; ce fluide n'était peut-être rien autre chose que la *chaleur*. Les mesméristes réclament de Jussieu comme l'un des leurs, mais il est permis de leur demander ce qu'a de commun la chaleur avec le fluide magnétique, universel ou non.

par les procédés hypnotiques. Les commissaires de l'Académie des sciences signalaient dans leur rapport qu'au lieu d'éprouver des convulsions, certains malades paraissaient au contraire, plongés dans un repos profond ; d'autres, par suite d'une sorte d'attraction sympathique, semblaient se chercher, se précipitaient l'un vers l'autre en se souriant, en s'adressant des paroles d'affection ou d'encouragement : « ils ont beau être dans un état d'assoupissement apparent, la voix de l'opérateur, un regard, un signe les en retire (1)... » « Mme M... a été plusieurs fois sur le point de s'endormir. » Une jeune fille de treize ans que Mesmer avait à son service, tombait, sous l'influence du magnétisme dans un état qui n'était autre que le somnambulisme. Dans cet état, elle agissait « comme pendant la veille ; elle pouvait s'habiller, marcher, faire toutes sortes d'exercices à la manière des somnambules naturels. Si on lui présentait la pointe d'une baguette magnétisée, elle s'élançait dessus pour la saisir; elle était attirée par Mesmer comme le fer par l'aimant (2). »

Ce fut le marquis de Puységur, un des plus zélés partisans du mesmérisme, qui eut le mérite de découvrir le *somnambulisme magnétique*. Ne pouvant suffire à magnétiser personnellement tous les malades qu'attirait à sa terre de Buzancy, le grand renom qu'il s'était acquis, il magnétisa, à l'exemple du maître, un arbre sé-

---

(1) Rapport de Bailly.
(2) Figuier, *loc. cit*, p. 177.

culaire sous les rameaux bienfaisants duquel tous ses patients pouvaient à la fois trouver place.

Un jour, il magnétisa un paysan alité pour une maladie aiguë. A son grand étonnement, il le vit tomber dans un sommeil paisible, puis se mettre à parler, à s'occuper de ses affaires. Puységur s'aperçut qu'il pouvait à volonté diriger ses pensées, lui faire croire qu'il assistait à une fête, qu'il dansait, ou se livrait à des exercices d'adresse. Bientôt ces cas se multiplièrent entre les mains de l'opérateur, et au bout de quelques mois, il en comptait dix. « Je ne connais, écrivait-il avec enthousiasme, rien de plus profond et de plus clairvoyant que ce paysan quand il est en crise. J'en ai plusieurs qui approchent de son état, mais aucun ne l'égale. » On venait de très loin pour assister à ces scènes de somnambulisme et on s'en retournait émerveillé. Un curieux raconte que les malades en crise avaient un pouvoir surnaturel par lequel, en touchant un malade qui leur était présenté, en portant la main même par-dessus ses vêtements, ils sentaient quel était le viscère affecté, la partie souffrante; ils le déclaraient et indiquaient à peu près les remèdes convenables. Ainsi prit naissance cette opinion que les personnes plongées dans le somnambulisme ont le don de voir à l'intérieur du corps, de découvrir et de guérir les maladies.

Dès ce moment, le magnétisme animal se transforme. Le ridicule appareil des mesméristes, le baquet, les chaînes, les baguettes magnétiques disparaissent comme un bric-à-brac encombrant et démodé. De Puységur crut avoir découvert le mécanisme des procédés de Mesmer, en attribuant les effets produits à la puissance de sa volonté. « Croyez et veuillez. » Telle fut la devise de ses premiers écrits. Cependant la théorie du fluide ne fut pas abandonnée pour cela ; surtout lorsque les sujets d'expérience, plongés dans le somnambulisme magnétique, eurent affirmé que non seulement ils sentaient, mais encore qu'ils voyaient le fluide environner comme une auréole la personne du magnétiseur.

On sait aujourd'hui pourquoi ils voyaient ainsi leur magnétiseur dans une gloire, comme une divinité. C'était une idée suggérée. Comme on leur suggéra aussi la prétention dont nous venons de parler, de voir dans l'intérieur des corps et de découvrir les maladies, et plus tard celle de lire dans le passé des gens, de pressentir les événements futurs, ils y crurent le plus docilement du monde, et voilà comment, sur le point d'échapper à l'empire du surnaturel, le magnétisme animal s'y plongea plus profondément que jamais pour le plus grand bonheur des mystiques et des imaginations exaltées.

V

Une fois Mesmer disparu dans sa retraite, des schismes nombreux se produisirent et plusieurs écoles magnétiques se formèrent. A côté de la théorie orthodoxe du fluide, qui conserva toujours la prééminence, se dressa la théorie spiritualiste du chevalier de Barbarin, qui prétendait opérer des cures merveilleuses par les seules forces de l'âme, et par le moyen de la prière. On vit aussi fleurir à Lyon, la théorie de l'électricité animale, inventée par le Dr Pétetin et à laquelle il attribuait la production des symptômes observés chez les personnes magnétisées.

De Puységur avait découvert le somnambulisme, Pétetin découvrit la catalepsie ou plutôt les phénomènes cataleptiformes. Il signala chez plusieurs de ses malades le phénomène connu sous le nom de *transposition des sens*, dont la réalité, plus que problématique aux yeux du plus grand nombre des hommes de science, est cependant acceptée encore aujourd'hui par quelques-uns.

La Révolution vint arrêter l'essor du magnétisme animal, et disperser toutes les Harmonies et tous les fidèles du fluide. Mais dès 1815 on le voit renaître; un savant consciencieux, partisan de la doctrine, Deleuze, publia cette année même un livre qui fit honneur à sa prudence et à sa réserve, mais que de plus fougueux adeptes regardèrent comme une faiblesse et une hérésie; il y avait condensé tout ce qui avait été écrit à la fin du siècle dernier sur le magnétisme animal (1).

En 1815, quelques adeptes échappés à la tourmente révolutionnaire se retrouvèrent; entre

---

(1) Deleuze, *Histoire critique du magnétisme animal*, Paris, 1813, 2 vol. in-8.

autres, le marquis de Puységur qui fonda à Paris une nouvelle société.

Mais les dissidences doctrinales persistèrent. A Paris, l'on vit un prêtre étranger, l'abbé Faria, produire le somnambulisme par suggestion, et déterminer à son gré chez les somnambuliques des illusions sensorielles analogues à celles qui sont aujourd'hui de pratique courante en hypnotisme. Son procédé consistait à engager le sujet soumis à ses expériences, à se recueillir et à fermer les yeux. Puis, d'une voix de commandement, il s'écriait : « Dormez! » et l'état magnétique était produit. L'abbé Faria rejetait toutes les théories régnantes; il ne croyait ni au fluide, ni à la puissance de la volonté, ni à l'efficacité de la prière des spiritualistes. Tout comme un hypnotiste de 1885, il proclamait la nature subjective des phénomènes magnétiques, plaçant la cause du sommeil lucide, ainsi qu'il désignait le somnambulisme provoqué, dans le sujet lui-même. Faria tomba sous le ridicule.

Des hommes sérieux, des médecins, des savants, se livrèrent à leur tour à l'étude du magnétisme.

En 1819, le Dr A. Bertrand, ancien élève de l'École polytechnique, inaugura devant un nombreux auditoire un cours des plus brillants sur le magnétisme et le somnambulisme. Quelques années plus tard, il publiait son *Traité du somnambulisme*, qui, suivant la remarque de Husson, fut le premier ouvrage *ex professo* sur ce sujet.

Avant Bertrand, Georget avait fait connaître (1) ce qu'on savait alors sur le sommeil magnétique.

De nombreuses expériences furent entreprises à l'Hôtel-Dieu et à la Salpêtrière pour démontrer la réalité du sommeil somnambulique et des phénomènes qui l'accompagnent, tels que l'anesthésie. Récamier posa plusieurs moxas sans que les patients endormis donnassent le moindre signe de douleur. Cloquet fit une amputation du sein pendant le sommeil magnétique. Chez Catherine Samson, somnambulisée par Du Potet, on put constater non seulement l'anesthésie, mais encore l'absence de perception pour toute excitation sensorielle produite par d'autres que le magnétiseur : lui seul pouvait entrer en communication avec elle et éveiller ses sens indifférents au monde extérieur. Ces expériences convainquirent un grand nombre de médecins de la réalité des phénomènes magnétiques.

VI

A la requête de Foissac, l'Académie de médecine nomma une Commission chargée de se livrer à un nouvel examen du magnétisme. Le rapport de la commission fut favorable, trop favorable même (2) ; car l'Académie, surprise et comme déroutée par l'exposé de faits extraordinaires qu'il semblait impossible de faire rentrer dans

(1) Georget, *De la physiologie du système nerveux*, Paris, 1821, 2 vol. in-8.
(2) Foissac, *Rapports et discussions de l'Académie de médecine* sur le magnétisme animal, Paris, 1832, 1 vol. in-8.

le cadre des connaissances positives de l'époque, ne se prononça pas sur ce document, qu'aucune discussion ne suivit et qui alla s'enterrer dans les archives de la compagnie. Husson, médecin de l'Hôtel-Dieu, chargé de rédiger ce rapport, commence par établir les quatre propositions suivantes : 1° les effets du magnétisme sont nuls chez les personnes bien portantes et chez quelques malades ; 2° ils sont souvent peu marqués chez d'autres; 3° ils sont souvent le produit de l'ennui, de la monotonie, de l'imagination; 4° enfin, on les a vus se développer indépendamment de ces dernières causes, très probablement par l'effet du magnétisme seul.

C'était une adhésion formelle au magnétisme. Des plus réservés dans ses premières parties, le rapport finit par accepter comme démontrés par les expériences dont avait été témoin la Commission, non seulement le somnambulisme provoqué, mais encore les faits de clairvoyance, de vision intérieure et de prévision. Un malade hémiplégique que les praticiens les plus distingués avaient vainement traité par des moyens rationnels, endormi par le Dr Foissac, se prescrit à lui-même un traitement qui, scrupuleusement suivi, amène une guérison complète, guérison qui survient au moment même prédit par le malade. Un autre, atteint d'épilepsie (1),

---

(1) Husson dit que les accès de ce malade duraient quatre minutes. Cela suffit pour faire douter de l'exactitude du diagnostic : d'ailleurs la description ultérieure d'un de ces accès prouve avec évidence qu'il s'agissait de manifestations hystéro-épileptiques.

annonçait, étant en somnambulisme, le jour, l'heure, la minute même de ses accès, et ne put être pris en défaut. Un beau jour, il prédit qu'il deviendrait fou, précisa l'époque, la durée de son délire, le traitement auquel il céderait, affirma que cet accès serait suivi d'une guérison radicale. Il n'avait oublié de prédire qu'une chose, c'est que le lendemain il aurait le crâne brisé dans un accident de voiture et qu'il mourrait de méningite avant l'accomplissement de ses prédictions. Chez une troisième somnambule, la Commission reconnut à trois reprises différentes la faculté de discourir sur les maladies des personnes qu'elle touchait, et d'indiquer les remèdes qu'il convenait d'y opposer. Elle portait les mêmes diagnostics que Dupuytren et faisait les mêmes prescriptions, sans cependant se priver d'y ajouter de son cru force sangsues, purgations, tisanes et lavements.

Ce rapport, comme nous l'avons dit, ne fut ni adopté, ni repoussé par l'Académie. Six ans plus tard, en 1837, la question, qui passionnait plus que jamais le public, lui fut de nouveau soumise. Un jeune magnétiseur, le Dr Berna, lui écrivit pour lui proposer d'exécuter devant elle des expériences de magnétisme. Séance tenante la proposition fut acceptée, une Commission nommée, et Dubois (d'Amiens) désigné pour remplir les fonctions de rapporteur.

Mais décidément, l'Académie jouait de malheur. Si Husson s'était montré un peu crédule, on ne put faire ce reproche à Dubois : Husson vit trop de choses, Dubois ne vit rien du tout.

Il exécuta magnétiseurs et magnétisme, déclarant que l'état somnambulique lui-même n'était qu'illusion, ou peut-être quelque chose de moins avouable (1). Les conclusions du rapport de Dubois furent adoptées.

L'Académie en avait-elle fini avec le magnétisme ? Pas encore. Quelque mois plus tard, un de ses membres, Burdin, montant à la tribune, rappelait que dans les rapports présentés à l'Académie, il avait été parlé d'expériences relatives à la transposition de la vue. Malgré ses convictions contraires, il venait offrir un prix de 3,000 francs à la personne qui aurait la faculté de lire sans le secours des yeux et de la lumière. « Ma proposition, disait-il, placera la question sur un terrain bien limité, sans issue, sans subterfuges, dans le cercle de Popilius, pour ainsi dire. »

L'Académie accepta ; une Commission fut nommée et la durée du concours fixée à deux ans. Pendant cet intervalle, trois magnétiseurs seulement, les Drs Pigeaire, Hublier et Teste répondirent à son appel.

Pigeaire, de Montpellier, avait une fille qui plongée en somnambulisme donnait des preuves d'une lucidité étonnante. Il l'amena à Paris et l'exhiba devant de nombreux personnages étrangers à la science, qui s'empressèrent d'attester sa clairvoyance. Avec un épais bandeau sur les yeux, elle lisait couramment et jouait aux cartes.

(1) Burdin et Dubois (d'Amiens), *Histoire académique du magnétisme animal*, accompagnée de notes et remarques critiques, Paris, 1841, 1 vol. in-8.

Lorsqu'enfin après une longue période employée à étonner un public incompétent il se décida à le présenter la Commission académique, il refusa toutes les garanties exigées. La Commission suspectait avec raison le bandeau (1), et voulait y substituer une simple feuille de papier interposée entre le livre et les yeux de la somnambule. Pigeaire tint pour le bandeau ; on ne put s'entendre.

Le Dr Hublier, de Bordeaux, après s'être longtemps fait attendre, se décida à son tour à amener à Paris sa somnambule. Avant même qu'elle eût subi l'examen de la Commission académique, elle était convaincue de supercherie par le Dr Frappart. Hublier le reconnut loyalement et se retira avant toute expérience.

Cependant, un troisième magnétiseur, le Dr Teste (1), offrit de soumettre à l'examen de la Commission une somnambule qui avait la faculté de lire un écrit enfermé dans une boîte. L'échec fut complet, la somnambule ne put rien lire à travers la boîte préparée par la Commission.

En présence de ces résultats, l'Académie dé-

---

(1) Il a été maintes et maintes fois démontré qu'un bandeau de quelque genre qu'il soit, posé sur les yeux finit par se déplacer et permettre la filtration de quelques rayons lumineux jusqu'à l'œil. Qu'on ajoute que les somnambules sont douées parfois d'une hyperacuité sensorielle considérable, et qu'un intervalle de plusieurs heures s'écoulait souvent avant qu'elles pussent manifester leur clairvoyance. et l'on comprendra les réserves de l'Académie.

(1) Voyez Teste, *Le magnétisme expliqué*, Paris, 1845, 1 vol. in-8, et *Manuel pratique du magnétisme animal*, 4e édition, Paris, 1853, 1 vol. in-18.

clara que désormais elle s'abstiendrait de s'occuper du magnétisme animal, qui, dans l'esprit des hommes de science, tomba dans le plus profond discrédit.

Depuis quelques années, une vive réaction s'opère, et de toutes parts l'étude du somnambulisme provoqué est à l'ordre du jour. A quand le quatrième rapport de l'Académie ?

CHAPITRE III

DE BRAID A L'ÉPOQUE ACTUELLE

I. — Renaissance des études sur le magnétisme : Braid voulant combattre le magnétisme découvre l'hypnotisme. — La théorie subjective du sommeil provoqué. — Explications rationnelles de certains phénomènes magnétiques.
II. — Exposé rapide des phénomènes hypnotiques observés par Braid : ses illusions phrénologiques.
III. — Ses travaux n'ont que peu de retentissement. — Nouvelles théories magnétiques en Amérique, en Allemagne, en France. — Première apparition en France de l'hypnotisme: Broca, Guérineau, Azam, Demarquay et Giraud-Teulon, Gigot-Suard.
IV. — Lasègue e la catalepsie. — Richet : le somnambulisme. — Charcot, Dumontpallier : l'hypnotisme chez les hystériques. — Le mouvement hypnotique en Allemagne. — Bernheim : la suggestion hypnotique.
V. — Baréty : la force neurique rayonnante. — Autres théories dérivées du magnétisme : l'ondulationisme.
VI. — Le scepticisme exagéré mis en présence des preuves qui démontrent la réalité des phénomènes hypnotiques.

I

Cette renaissance des études sur le magnétisme animal a des origines qui ne datent cependans pas d'hier. Pour abandonnée qu'elle fût par les sociétés savantes et les hommes de science soucieux de leur dignité, et désireux de ne pas s'exposer à de nouvelles mystifications, la question n'en continua pas moins à être agitée par quelques gens qui, bien que repoussés de toutes parts par la science officielle, n'étaient pour cela ni des ignorants, ni des visionnaires.

C'est un fait aujourd'hui communément admis que, dans les opérations de magnétisme, ou plutôt d'hypnotisme, ce dernier terme devant désormais être substitué au premier, il n'y a d'actif que le sujet lui-même, et que les modifications profondes de son système nerveux qui se traduisent par des phénomènes si singuliers et parfois si merveilleux, ont leur origine exclusivement en lui, l'expérimentateur n'étant en quelque sorte que l'accoucheur de ces prodiges. C'est de Braid que date cette révolution.

James Braid, chirurgien à Manchester, fit paraître en 1842 son *Traité du sommeil nerveux* (1) qui devait compléter la défaite du magnétisme animal et faire entrer l'étude des phénomènes magnétiques d'une authenticité reconnue dans une voie décidément scientifique. Voici comment il raconte de quelle façon il fut amené à s'occuper du mesmérisme. « En novembre 1841, complètement sceptique quant aux prétentions du magnétisme animal ou mesmérisme, je me mis cependant à faire des recherches à ce sujet; je désirais découvrir la source d'erreurs dans certains phénomènes qui s'étaient, dit-on, produits à des séances de M. Lafontaine; comme résultats, je fis quelques découvertes qui me parurent jeter un jour nouveau sur certains des phénomènes qui les rendaient extrêmement

(1) *Neurypnologie. Traité du sommeil nerveux ou hypnotisme*, par James Braid. Traduction Jules Simon, Paris, 1883, 1 vol. in-18.

intéressants, tant au point de vue spéculatif que pratique. »

D'après ce qu'il avait lu et vu, il inclinait à penser, que tout dans le magnétisme animal n'était que connivence et supercherie, ou l'effet d'imaginations surexcitées, de la sympathie ou de l'imitation. Les premières séances auxquelles il assista ne firent que confirmer ses doutes. Cependant à une séance ultérieure, un fait attira son attention : il remarqua qu'un sujet magnétisé était dans l'impossibilité d'ouvrir ses paupières. Ce fait était réel, ainsi qu'il put le constater ; de là ses premières expériences dont le but n'était que de rechercher la cause de ce phénomène, et qui l'amenèrent à la production du sommeil nerveux ou *hypnotisme*. Espérant déterminer par la fatigue des yeux, la contraction spasmodique du muscle orbiculaire des paupières, il pria un de ses amis, M. Walker, de s'asseoir et de fixer les regards sur le col d'une bouteille placée au-dessus de ses yeux de façon à occasionner une grande fatigue de ces organes. En trois minutes les paupières de M. Walker se fermèrent, « un flot de larmes coula le long de ses joues, sa tête s'inclina, son visage se contracta légèrement, un gémissement lui échappa, et à l'instant il tomba dans un profond sommeil. » Cette expérience répétée sur Mme Braid et un domestique fut suivie du même succès. L'expérimentateur varia ses procédés : il employa ceux des magnétiseurs, même réussite. Il en conclut que les effets mesmériques devaient être attribués à un trouble apporté dans le système nerveux par la concentration du regard, le repos absolu du corps et la fixité de l'attention ; que l'état physique et psychique du sujet était tout, et que de cet état seul dépendait la production des phénomènes, et non de la volonté de l'opérateur ni des passes destinées à lancer le prétendu fluide magnétique, ni d'aucun agent mystique universel quelconque.

L'hypnotisme et le mesmérisme étaient donc même chose ? Au fond, Braid le pensait sans doute; mais, pour des raisons assez difficiles à démêler, il sembla admettre qu'il y avait lieu de considérer l'hypnotisme et le mesmérisme comme deux agents distincts, se fondant sur ce que les magnétiseurs affirmaient positivement qu'ils pouvaient provoquer des effets que par ses procédés il ne parvint jamais à produire.

Or, tout ou presque tout ce qui peut être produit à l'heure qu'il est par les savants qui étudient la somniation provoquée, Braid le produisit par sa méthode. Ce qu'il ne put obtenir, il est vraisemblable que les magnétiseurs ne l'obtinrent eux-mêmes jamais, et furent soit les dupes de leurs sujets d'expériences, soit leurs complices. « Lire l'heure sur une montre tenue derrière la tête, ou placée au creux épigastrique, lire des lettres pliées ou un livre fermé, reconnaître ce qui se passe à plusieurs kilomètres de distance, deviner la nature des maladies et en indiquer le traitement sans connaissances médicales, » tels sont les faits, ou plutôt tel est l'ordre de faits qui, d'après Braid, est exclusivement du ressort du magnétisme animal. On ne pouvait, tout en ayant l'air de le ménager, en faire une plus mordante critique.

Au reste, dans une note de son livre, il déclare explicitement qu'il considère comme un leurre la faculté que prétendent posséder certains somnambules magnétiques, de voir à l'aide d'autres parties du corps que les yeux. Pour quelques autres phénomènes extraordinaires, dont l'impossibilité n'est pas absolument démontrée, il essaye des explications rationnelles très plausibles, qui leur enlèvent tout caractère merveilleux. Ainsi il invoque l'hyperesthésie du toucher pour faire comprendre comment quelques sujets magnétisés reconnaissent la forme d'un objet qui est appliqué à une petite distance de la peau de certaines régions du corps. La sensibilité de la peau, exaltée à l'extrême, leur permet, dit-il, de reconnaître la forme des objets qu'on leur présente ainsi, par la tendance de ces objets à émettre ou à absorber du calorique. Le prétendu pouvoir magnétique, par lequel l'opérateur agirait mentalement sur le sujet, est tout simplement encore le fait de l'hyperesthésie cutanée. « J'ai pu me convaincre ainsi que d'autres, écrit-il, que les patients sont portés à suivre les mouvements de l'opérateur, non par une puissance magnétique particulière inhérente à lui, mais en raison de l'exaltation de leur sensibilité, qui leur permet de discerner les courants d'air qu'ils suivent ou qu'ils évitent, en quelque sorte, selon leur direction. » Il raconte à ce sujet une série d'expériences des plus intéressantes, ayant toutes trait à l'hyperacuité sensorielle qu'on rencontre parfois chez certaines personnes plongées dans le somnambulisme provoqué, et sur lesquelles nous reviendrons dans une autre partie de cet ouvrage.

II

Cependant il ne nous semble pas dépourvu d'intérêt de faire dès maintenant une énumération rapide des observations que Braid eut l'occasion de faire dans la suite de ses expériences. On y trouvera en quelque sorte la table des matières d'un exposé détaillé de l'hypnotisme actuel.

Braid reconnut que le sommeil hypnotique n'est pas toujours identique à lui-même, mais se compose d'une série d'états susceptibles chacun de varier indéfiniment, depuis une légère rêverie jusqu'au coma le plus profond. Quelques sujets ne sont capables d'éprouver qu'à un faible degré le sommeil hypnotique ; chez d'autres, ce sommeil est accompagné d'une perte de connaissance et de volonté avec automatisme, et oubli total au réveil. Dans certains cas, se produit une résolution musculaire complète avec un calme profond de toutes les fonctions organiques ; dans d'autres, survient la rigidité cataleptique avec respiration précipitée et accélération de la circulation. Braid a noté que certaines pratiques, comme, par exemple, un courant d'air dirigé sur la face, faisaient passer le sujet d'une phase du sommeil hypnotique dans une autre ; puis, que le même agent, employé une seconde fois, déterminait le réveil.

Les symptômes les plus variables peuvent se développer dans les diverses périodes de l'hypnotisme, depuis l'insensibilité complète et la catalepsie jusqu'à l'hyperesthésie sensorielle la plus vive. Par simple *suggestion* auditive on peut provoquer ces changements et déterminer soit l'anesthésie, soit l'hyperesthésie la plus grande, ou bien encore un développement de force considérable ou une paralysie complète des membres. « On peut, dit-il, jouer avec de semblables patients, dans la phase appropriée du sommeil, *comme sur un instrument musical ;* et leur faire prendre les rêves de leur imagination pour la réalité actuelle. »

Il suffit, pour provoquer chez les hypnotisés des illusions ou des hallucinations, d'énoncer à voix haute, impérieuse et convaincue, la pensée, l'image ou la sensation qu'on désire éveiller dans leur esprit. Le ton dont on posera une question déterminera la réponse. Les suggestions enfin peuvent être produites par voie indirecte, par les attitudes imprimées aux membres ou aux traits de la physionomie. Un sujet, placé dans l'attitude de l'extase, verra le ciel ; qu'on fasse plisser son front, et il verra l'enfer.

Braid a aussi constaté la possibilité de provoquer des suggestions non seulement chez les personnes encore atteintes d'un léger degré d'hypnose, mais même chez certains sujets complètement éveillés. L'hypnotisme par suggestion ne lui a pas non plus échappé. Il a remarqué que, chez certains individus très sensibles, il suffisait, pour produire le sommeil, de leur faire croire qu'on pratiquait à distance certaines manœuvres susceptibles de les endormir.

En tout ce qui concerne l'étude des phénomènes hypnotiques, Braid se montra, comme on le voit, ou plutôt comme on pourra s'en rendre un compte exact par la suite, un observateur sagace et sûr. En ce qui touche les applications pratiques de la nouvelle méthode, il fut moins heureux. Il proposa, dans un but de thérapeutique physique et morale, d'associer l'hypnotisme au système phrénologique de Gall. Cette tentative désignée sous le nom de phréno-hypnotisme, n'a réussi qu'à prouver que, malgré un jugement droit et beaucoup de bon sens, Braid n'était pas complètement à l'abri de quelques-unes des illusions qu'il combattait chez ses adversaires. Il se demande, par exemple, si on ne pourrait pas, en excitant, pendant l'hypnotisme les protubérances craniennes qui répondent à certaines facultés, développer ces facultés d'une façon spéciale. « Cela, fait-il observer, ne compromet nullement nos premières méthodes d'instruction dans les sciences et la morale ; au contraire, il y aurait là un auxiliaire efficace. C'est donc le devoir de tout membre de la société d'étudier ce sujet et de s'occuper de déterminer jusqu'à quel point il est généralement pratique. » Le même procédé doit être, à son avis, appliqué à la cure des maladies, principalement des maladies mentales.

Les applications directes de l'hypnotisme à la cure de certaines affections nerveuses furent beaucoup moins fantaisistes et, lorsque nous étudierons plus particulièrement ce sujet, nous verrons qu'à part quelques exagérations qu'on est toujours disposé à excuser chez un inventeur, Braid n'a rien avancé que de très rationnel et de très possible. L'exposé de quelques-unes de ses guérisons concorde parfaitement avec ce que l'expérience a appris depuis à ce sujet.

III

Cependant, les travaux de Braid n'eurent qu'un succès médiocre. Ils n'empêchèrent pas que les années qui suivirent leur apparition ne vissent éclore de nouvelles théories dérivées du magnétisme. En Amérique, où ce genre de merveilleux est fort en honneur, Grimes faisait connaître l'électrobiologie, qui n'est autre chose que le braidisme agrémenté d'hypothèses indémontrables. En Allemagne, Reichenbach, dans le cours de ses expériences hypnotiques, proclamait l'existence d'un agent qu'il désignait sous le nom de *force odique* et à l'aide duquel il expliquait des phénomènes qui n'avaient d'autre cause que la suggestion dont Braid avait pourtant fait connaître la puissance.

En France, le braidisme resta longtemps ignoré. Avant de le connaître, le Dr Philips (Durand de Gros) inventait sa doctrine de l'*électro-dynasnisme vital* qui, comme l'électro-biologie, avait pour but de donner une explication rationnelle des effets magnétiques. L'absence de pensée produite par la fixation d'un point lumineux détermine dans le cerveau une accumulation de force nerveuse, une *congestion nerveuse*. Cet état, une fois produit, que, par une porte encore entr'ouverte du sensorium, par la voie de la vue, de l'ouïe, du sens musculaire, une impression se glisse jusqu'au cerveau, et le point sur lequel cette excitation va porter sortira aussitôt de sa torpeur pour devenir le siège d'une activité que la tension de la force nerveuse viendra augmenter de tout son poids (1). » Alors, à l'arrêt général de l'innervation succédera subitement une innervation locale excessive, qui substituera par exemple d'une façon instantanée l'anesthésie à l'hyperesthésie, la résolution musculaire à la catalepsie, etc. Pour ingénieuse qu'elle est, l'explication n'en repose pas moins sur une série d'hypothèses que rien n'oblige à admettre.

Les études de Braid sur l'hypnotisme furent longtemps ignorées en France. Cependant, divers ouvrages en firent mention (1) ; MM. Littré et Ch. Robin lui consacrèrent un article très complet (2). Il en fut encore question dans la deuxième édition des « *Éléments de Physiologie* » de Béraud, revue par M. Ch. Robin ; enfin dans le « *Manuel de Physiologie* » de Müller, annoté par Littré (3). MM. Littré et Robin furent donc à peu près les seuls à attacher

(1) J.-P. Philips, *Cours théorique et pratique de Braidisme*, Paris, 1860, 1 vol. in-8.
(2) Dans l'édition de 1855 du *Dictionnaire de médecine* de Nysten.
(3) Muller, *Manuel de physiologie*, trad. par Jourdan, 2ᵉ édition par E. Littré, Paris, 1851, 2 vol. in-8.

quelque importance à la nouvelle découverte.

Quelques savants firent enfin de nouveaux efforts pour introduire l'hypnotisme dans notre pays. En décembre 1859, Velpeau présentait au nom de Broca, à l'Académie des sciences, un travail sur l'hypnotisme, appliqué à l'anesthésie chirurgicale. Quelques jours après, Guérineau, de Poitiers, faisait une communication semblable à l'Académie de médecine (1). Le Dr Azam, de Bordeaux, publiait, en janvier 1860, des faits curieux de somnambulisme provoqué. C'était d'après ses indications que Broca avait, de concert avec Follin, tenté une opération pendant le sommeil hypnotique. Après quelques expériences préliminaires, ces chirurgiens avaient pu se convaincre que l'anesthésie pouvait être assez profonde pour permettre une tentative chirurgicale qui fut suivie d'un plein succès.

Ce mouvement, assez timide d'ailleurs pour attirer l'attention du public scientifique sur les questions d'hypnotisme, ne se propagea guère et ne fut pas de longue durée. Les communications précédentes furent accueillies avec incrédulité par les médecins étrangers à ce genre d'études et avec une sorte de mépris par les partisans du braidisme et du magnétisme. Cependant, elles furent le point de départ d'un intéressant mémoire de MM. Demarquay et Giraud-Teulon (2). « Le dernier mois de l'année qui vient

---

(1) Guérineau, *Bull. de l'Acad. de méd.*, 1859, et *Archives de médecine*, 1860.

(2) Demarquay et Giraud-Teulon, *Gazette médicale*, 1859 et 1860.

de se terminer, disent-ils dès la première ligne, a vu naître et, ajouterons-nous, presque mourir un nouvel élément vital, physiologique, thérapeutique, surprenant tout au moins et qui semblait dès son apparition appelé à produire des merveilles. » On voit le cas qu'ils faisaient des propriétés anesthésiques de l'hypnotisme au point de vue chirurgical. Mais leur travail est intéressant à un autre point de vue. Reprenant *ab ovo* la question du sommeil nerveux, ils se livrèrent à une série d'expériences qui, malgré leur petit nombre, leur permirent de constater la réalité des phénomènes principaux de l'hypnotisme. Plusieurs de leurs sujets, hypnotisés par la fixation d'une boule brillante maintenue par un procédé mécanique au-dessus de leur front, présentèrent des troubles incontestables de la sensibilité, de la contractilité musculaire, de la connaissance. Les différents effets produits semblèrent aux auteurs devoir se rattacher à certaines dispositions idiosyncrasiques, principalement de nature hystérique. « Du sommeil magnétique au sommeil somnambulique, à l'hypnotisme, on construit aisément, disent-ils, une chaîne forgée avec les mêmes éléments organopathiques et sur une même constitution qui y sert d'enclume : l'état hystérique ou des états approchants. » Ils font encore observer que leurs expériences, bien qu'il ne faille les considérer que comme de simples ébauches, soulèvent un coin du voile qui couvrait les prétendues merveilles du magnétisme, en montrant que les seuls phénomènes magnétiques réellement constatés peuvent être produits sans l'intervention d'aucune communication d'une personne à une autre (1).

La même année Gigot-Suard se livrait à d'intéressantes observations sur le braidisme et provoquait chez quelques jeunes filles des phénomènes nerveux aussi intenses que ceux qui se produisaient jadis autour du baquet de Mesmer. Il se servait pour amener l'état hypnotique d'une paire de ciseaux tenus à quelques centimètres au-dessus des yeux (2).

Presque à la même époque, le Dr F.-P. Philips publiait son *Cours théorique et pratique du braidisme* (3). Ce livre, à part les théories contestables qu'il contient, donne une description exacte des phénomènes hypnotiques et de certains procédés susceptibles de les déterminer. La partie la plus intéressante est à coup sûr, à l'heure qu'il est, le chapitre consacré à la description de diverses expériences que nous retrouverons presque identiquement reproduites par les auteurs qui, le plus récemment, se sont occupés des phénomènes psychiques de l'hypnotisme. Lui, non plus, n'attachait pas grande importance aux expériences chirurgicales de Broca, et chez lui la boutade ironique de Demarquay et Giraud-Teulon se change en dédain. La découverte de Braid, écrivait-il, avait

---

(1) Demarquay et Giraud-Teulon, *Recherches sur l'hypnotisme. Gazette médicale*, décembre 1859 et janvier 1860, et en brochure chez J.-B. Baillière et fils, Paris, 1860, in-8.

(2) Gigot-Suard, *Le Magnétisme animal et la magie dévoilée*, Paris, 1860.

(3) J.-P. Philips, *Cours théorique et pratique de Braidisme*, Paris, J.-B. Baillière et fils, 1860, 1 vol. in-8.

une bien autre importance que celle que venaient de lui découvrir quelques chirurgiens français. A moins d'être de simples praticiens sans culture intellectuelle, ne devaient-ils pas reconnaître « que ce succédané douteux du chloroforme n'est rien de moins que la conquête la plus vaste qu'aient encore réalisée ou entrevue la médecine, l'histoire naturelle et la philosophie ? » Cette emphase, qui fait sourire, rappelle à l'esprit certaine scène de Molière que je laisse au lecteur le soin de deviner.

IV

Indifférence injuste ou enthousiasme excessif, tout rentra bientôt dans le silence et l'oubli. Les seuls magnétiseurs de profession exhibèrent encore de temps en temps, aux yeux d'un public émerveillé, un moment anxieux entre la foi et le doute, leurs somnambules extra-lucides.

Cependant, en 1865, le professeur Lasègue publiait dans les *Archives de médecine* ses expériences sur la catalepsie provoquée chez les hystériques. Voici en quoi consistait son procédé : Si chez une hystérique du type de celles que l'auteur décrit comme calmes, somnolentes, demi-torpides, réagissant peu et plus promptes à pleurer qu'à s'irriter, on applique la main sur les yeux, ou qu'on maintienne les paupières fermées par n'importe quel procédé, la malade s'engourdit, manifeste une paresse intellectuelle croissante, respire avec une difficulté de plus en plus grande; ses yeux se convulsent en haut; enfin, elle s'endort d'un sommeil profond. Chez certaines, on réussit toujours à déterminer la torpeur complète; chez d'autres, on n'arrive qu'à la somnolence; chez d'autres, enfin, on n'obtient que de l'engourdissement. Plus le sommeil est profond et plus on obtient facilement la contracture cataleptique des membres dont on peut varier les situations à son gré. « C'est un spectacle singulier, dit l'auteur, que celui d'une malade plongée dans une torpeur profonde, insensible à toutes les excitations, conservant dans les poses auxquelles on l'assujettit, l'immobilité et la raideur d'une statue; restant assise, debout, inclinée en avant ou en arrière, la jambe suspendue hors du lit, ou fléchie à angle aigu sur le tronc, les bras et les doigts contournés, et maintenant la plus invariable et la plus absolue indifférence (1) ». Bien que dans ce travail le mot d'hypnotisme ne se rencontre nulle part, les procédés de l'auteur et les phénomènes qu'il produisait n'étaient, on le reconnaîtra, rien autre chose.

En 1875, M. Ch. Richet rompit à son tour le silence (2). Dans un premier travail, il établit la réalité des phénomènes magnétiques et hypnotiques obtenus à l'aide des passes, de l'objet brillant, ou de divers autres moyens empiriques. La phase somnambulique, les hallucinations

---

(1) Lasègue, *Études médicales*, t. I, p. 899, Paris, 1884.
(2) Ch. Richet, *Journal de l'anatomie et de la physiologie*, 1875. — *Archives de physiologie*, 1880. — *Revue philosophique*, 1880-1883. — *L'Homme et l'intelligence*, 1884.

provoquées, les suggestions de diverse nature fixèrent ensuite son attention. Enfin, ultérieurement, il ajouta aux études précédentes l'exposé de remarquables expériences dans lesquelles il montre la possibilité, chez certains sujets hypnotisés, de modifier la personnalité, et de lui en substituer une autre, plus ou moins étrangère au caractère de l'individu.

Trois ans après, le professeur Charcot est amené, en étudiant l'hystérie, à aborder la question des phénomènes hypnotiques. En 1879, dans une série de conférences publiques, à la Salpêtrière (1), le savant professeur démontrait que certaines hystériques peuvent, sous diverses influences, tomber en catalepsie et en léthargie, et que rien n'était plus facile que de provoquer des crises de cette nature. L'état hypnotique, pense-t-il, « n'est autre chose qu'un état nerveux artificiel dont les manifestations multiples apparaissent ou s'évanouissent suivant les besoins de l'étude au gré de l'observateur (2) ». Une malade, mise en face d'un foyer électrique, devient au bout de quelques secondes immobile et cataleptique. Si l'impression des rayons lumineux cesse brusquement, elle tombe en léthargie ou en somnambulisme. Le son d'un puissant diapason, d'un tam-tam, ou tout autre procédé donne des résultats semblables. Nous ne décrirons pas ici les curieux phénomènes que l'on

---

(1) J.-M. Charcot, *Progrès médical*, *Gazette des hôpitaux* et *Gazette médicale*, Paris, 1878. — *Comptes rendus de l'Académie des sciences*, 1882.
(2) Charcot et Richer, *Archives de neurologie*, t. II, p. 33.

observa alors dans les divers états hypnotiques, tous ces détails devant faire l'objet de chapitres subséquents. Qu'il nous suffise de dire que ces curieuses recherches, conduites avec un esprit scientifique remarquable, furent le point de départ d'études de plus en plus délicates et approfondies, et qui se poursuivent encore actuellement avec une ardeur qui ne semble pas près de s'éteindre (1).

En 1880, les phénomènes hypnotiques furent étudiés en Allemagne par un certain nombre de physiologistes; les travaux de Heindenhain, Grützner, Berger apportèrent à la science des faits nouveaux et des documents utiles (2).

A la même époque, le Dr Dumontpallier, médecin de la Pitié, commença à son tour à faire connaître ses nombreuses observations d'hypnotisme chez les hystériques (3). Il étudia les causes du phénomène de la contracture cataleptiforme dans la période de somnambulisme, le transfert des manifestations hypnotiques d'un côté du

---

(1) P. Richer, *Étude descriptive de la grande attaque hystérique*. Thèse de Paris, 1879.— *Études cliniques sur l'hystéro-épilepsie*, 2e édition, Paris, 1885. — Bourneville et Regnard, *Iconographie photographique de la Salpêtrière*, 1879-1880. — Regnard, *Revue scientifique*, 1881. — Ch. Feré, *Archives de neurologie* et *Annales médico-psychologiques*, 1883. — *Société de Biologie* et *Progrès médical*, 1884, etc., etc.

(2) Grützer et Heidenhain, *Breslauer aertzlicher Zeitschrift*, 1880. — Heidenhain, *Die sogenannte thierishe Magnetismus (Physiologische Beobachtungen*, 1880). — O. Berger, *Breslauer aertzlicher Zeitschrift*, 1880-81 et *Deutsche med. Wochenschrift*, 1880.

(3) Dumontpallier, *Comptes rendus de la Société de Biologie*, 1881-82-83-84.

corps à l'autre par les substances æsthésiogènes ; l'action de ces mêmes agents sur la production de ces phénomènes eux-mêmes. Enfin, il chercha à tirer parti de la possibilité de placer les deux moitiés du cerveau dans deux phases différentes de l'hypnotisme pour démontrer l'indépendance fonctionnelle des hémisphères cérébraux.

Parmi les savants qui ont entrepris des études sur la somniation provoquée, les uns se sont surtout occupés des phénomènes physiques de cette névrose ; d'autres se sont plus spécialement livrés à l'étude des phénomènes psychiques et sensoriels. Le professeur Bernheim (de Nancy), après avoir été témoin des expériences pratiquées dans un but curatif par le Dr Liébault, qui depuis longtemps s'occupait d'hypnotisme, et même avait donné sur ce sujet un livre dès 1866 (1), vient de publier un travail original et plein de faits surprenants, où il a consigné le résumé de ses propres expériences sur la suggestion non seulement dans l'état hypnotique, mais encore dans l'état de veille (2). « J'ai, nous dit-il, expérimenté depuis cette époque (1882), avec un grand scepticisme, je l'avoue, au début, et après quelques tâtonnements et hésitations, je n'ai pas tardé à constater des résultats certains, frappants, qui m'imposent le devoir de

---

(1) Liébault, *Du sommeil et des états analogues considérés surtout au point de vue de l'action du moral sur le physique*, Paris, 1866.

(2) Bernheim, *De la suggestion dans l'état hypnotique et dans l'état de veille*, Paris, 1884.

ne pas garder le silence. » On ne peut lire sans un vif intérêt ce livre où l'auteur nous conduit de surprise en surprise.

V

En 1880, le professeur Heidenhain, de Breslau, qui, comme nous l'avons dit précédemment, fit de remarquables études sur l'hypnotisme, se mit, suivant en cela l'exemple de Braid, à répéter les expériences du célèbre magnétiseur Hansen, et démontra expérimentalement que les prétentions fluidiques du disciple de Mesmer étaient vaines, que tout dans les phénomènes magnétiques était d'ordre subjectif, et ne dépendait absolument que des dispositions psychiques et somatiques de la personne en expérience. On pourrait croire qu'à l'heure actuelle, cette démonstration déjà maintes fois faite, n'est plus nécessaire. On se tromperait, et il est probable qu'il faudra la refaire encore bien des fois.

Il y a eu, à toutes les époques, des esprits distingués, que séduisent ces tentatives toujours renouvelées et toujours vaines pour découvrir la cause première des phénomènes. L'époque actuelle a vu éclore un nouvel essai de ce genre, c'est la théorie de la *Force neurique rayonnante* (1), que le Dr Baréty a exposée à la So-

(1) Baréty, *Des propriétés physiques d'une force particulière du corps humain (force neurique rayonnante) connue vulgairement sous le nom de magnétisme animal*, Paris, 1882.

ciété de Biologie en 1881. En dehors de la chaleur, de l'électricité, il existe chez l'homme une force spéciale non étudiée à laquelle l'auteur donne le nom de force neurique. Cette force qui jouirait des mêmes propriétés que les forces de la nature, serait comme elles, une transformation du mouvement, et comme elles encore se transmettrait par les ondulations de l'éther, existerait dans le système nerveux à l'état statique et dynamique, et pourrait, chez certaines personnes, s'échapper, devenir isolée, en un mot *rayonnante*. Cette force neurique rayonnante, c'est le *fluide* de Mesmer et des magnétiseurs; mais ils ne l'ont connu qu'empiriquement. Le fluide neurique s'échappe par les yeux, par les doigts, par le souffle. Par le souffle, on produit l'hypnotisme, et par les yeux et les doigts, l'anesthésie. Il se propage en ligne droite, se reflète sur une surface polie, conformément aux lois de la physique, se concentre à travers une lentille, forme un spectre en passant à travers un prisme; peut traverser des corps opaques et massifs comme un meuble, une muraille, se laisse plus ou moins conduire par les diverses substances, s'échappe par les pointes..., en un mot, la force neurique rayonnante aurait des propriétés analogues à l'électricité, à la lumière, aux diverses forces étudiées en physique, ou plutôt il posséderait toutes ces propriétés à la fois.

Quelques membres de la Société de Biologie semblèrent séduits par ces ingénieuses idées. Un moment, M. Dumontpallier, dont nous aurons à exposer les belles études sur l'hypnotisme, parut se ranger à cette théorie, et admettre l'existence d'un influx nerveux rayonnant de tout être humain et susceptible d'être transmis d'une personne à une autre, et de l'influencer (1). Le savant médecin déclarait ne pouvoir expliquer autrement la manière de réagir des hystériques sous l'impression des doigts, du regard, du souffle.

La Société de Biologie, néanmoins, ne céda pas à sa première impression, et à la majorité repoussa ces idées, attribuant à l'influence des agents physiques ordinaires, les effets singuliers observés par M. Baréty.

Actuellement encore, ne voyons-nous pas les illusions mystiques des anciens magnétiseurs, comme la toute puissance de la volonté, la *lecture des pensées* (2), la double vue renaître de leurs cendres et passionner de nouveau un public assez facile à contenter pour qu'il suffise de lui resservir indéfiniment les mêmes vieilleries, pourvu qu'elles soient habillées de neuf? Jadis, on prétendait magnétiser par la seule force de la volonté : aujourd'hui on concentre toutes les forces de son *psychisme* sur elles-mêmes pour *affirmer intérieurement le vouloir* qu'une personne tombe en hypnotisme. Autrefois on parlait de fluide, maintenant on parle d'ondulations ; au fluidisme a succédé *l'ondulationisme* (3). Au

---

(1) *Société de Biologie*, 10 décembre 1881.
(2) Voyez plus loin, chapitre VIII § III.
(3) Claude Perronnet, *La suggestion mentale* (*Science et nature*, 1ᵉʳ novembre 1884).

fond, l'erreur est la même, les mots seuls sont changés.

VI

Arrivé en ce point, il ne nous reste plus qu'à entrer dans l'étude détaillée de l'hypnotisme. Mais auparavant il nous semble nécessaire, ne serait-ce que pour un petit nombre de lecteurs trop enclins à un scepticisme de parti pris, d'examiner rapidement une question qui, pour le plus grand nombre, est parfaitement résolue, c'est celle de la réalité même des phénomènes que nous nous proposons d'étudier.

Il y a à peine quelques années encore, suivant de nombreux hommes de science, il ne restait plus, depuis le rapport académique de Dubois (d'Amiens), d'autre alternative que celle de dupe ou de complice, pour les partisans du somnambulisme provoqué (1). On objectait que rien ne démontre l'existence de l'agent invoqué par les magnétiseurs; qu'un grand nombre de prétendues somnambules ont été convaincues d'imposture; qu'enfin, par leur caractère fugace, irrégulier, souvent extraordinaire, les phénomènes somnambuliques échappent à toute classification et à toute loi scientifiques.

Mais qu'importe que les magnétiseurs se

---

(1) Telle est, par exemple, l'opinion défendue avec beaucoup de talent d'ailleurs, par le Dr Dechambre, dans le *Dictionnaire encyclopédique des sciences médicales* : art. MESMÉRISME.

croient en possession d'un agent dont nous avons démontré précédemment la non-existence? Cela n'a rien à voir avec la question de fait, la seule qui nous intéresse, à savoir si le sommeil provoqué est réellement possible. Il n'y a pas longtemps encore, on admettait un fluide pour expliquer les phénomènes de l'électricité. De nos jours on a rejeté cette hypothèse pour une explication plus rationnelle ; a-t-on pour cela déclaré non avenues les expériences que depuis Galvani et Volta la science a accumulées ; nie-t-on le paratonnerre, la lumière électrique, le télégraphe et toutes ces découvertes qui font la gloire de notre siècle? A la vérité, l'expérience du sommeil somnambulique ne peut pas être reproduite à volonté, comme celles de l'électricité ou de tout autre branche des sciences physiques. Mais observons que depuis Laurent de Jussieu jusqu'au professeur Charcot, une série ininterrompue d'hommes de science ont constaté les phénomènes somnambuliques, se sont évertués à les mettre en évidence, à les reproduire, à les expliquer. Tous ces hommes se seraient donc abusés de la façon la plus grossière, ou auraient été mystifiés avec un ensemble, une constance, une perfection plus difficiles à admettre pour le bon sens, il faut l'avouer, que le somnambulisme lui-même. Il y aurait quelque ridicule à soutenir une opinion aussi radicale ; il n'y en aurait pas moins à prétendre que toutes les personnes mises en état de somnambulisme, parmi lesquelles se trouvent des gens instruits, éclairés, incapables de fourberie, ont simulé le sommeil. De nombreux étudiants ont été hypnotisés par Heidenhain en Allemagne, par le Dr Brémaud en France; le premier a endormi son propre frère : est-il admissible que ce jeune homme ait voulu le mystifier ? Hack Tuke (1) a vu endormir devant lui des professeurs, des ecclésiastiques, plusieurs hommes éclairés. M. Ch. Richet a endormi plusieurs de ses amis, un grand nombre de personnes honorables; doit-on penser qu'ils se sont moqués de lui? A propos de ce scepticisme exagéré, on lui doit une anecdote qui mérite d'être rapportée. Il avait endormi une personne devant une jeune anglaise, étudiante en médecine, qui, après la séance, lui déclara que la bonne foi de la personne hypnotisée ne lui paraissait pas prouvée, et qu'elle ne croirait au somnambulisme que quand elle aurait été elle-même endormie. L'expérience lui ayant été proposée, séance tenante elle accepta et fut mise en somnambulisme. A son réveil, elle n'y voulait pas croire et elle ne se rendit à l'évidence qu'après avoir consulté sa montre, qui lui apprit que ce qui lui avait paru une minute avait duré une heure et demie.

Cette prévention est tellement forte chez certaines personnes que même après avoir subi l'influence des procédés hypnogéniques, même après avoir été réduites à l'état d'automates, elles conservent encore la conviction qu'elles auraient pu ne point céder à l'influence et à la volonté de l'endormeur.

(1) Tucke, *L'Esprit et le corps*. Traduction française. Paris, J.-B. Baillière et fils, 1886.

Un médecin de Breslau avait affirmé à Heidenhain qu'il serait insensible au magnétisme. Dans une première expérience il tomba dans une sorte d'engourdissement et fut mis dans l'impossibilité de parler. Réveillé, il prétendit que s'il n'avait pas parlé, c'est parce qu'il n'avait pas voulu. L'expérience ayant été renouvelée, il fut obligé d'avouer cette fois que s'il n'avait pas parlé ce n'est pas parce qu'il n'avait pas voulu, mais bien parce qu'il n'avait pas pu.

Un jeune homme distingué, appartenant à une de nos grandes écoles d'enseignement, désireux de se rendre compte de la nature de l'hypnotisme, demande à être endormi par M. Bernheim. En moins de deux minutes, il est mis en catalepsie et exécute des mouvements automatiques. A son réveil, il a conservé pleine conscience de l'expérience, et s'imagine qu'il aurait pu résister aux injonctions de l'endormeur. Il est endormi de nouveau, l'opérateur met ses jambes et ses bras en l'air, puis lui dit : « Essayez d'abaisser votre bras et vos jambes, si vous pouvez ; mais je vous préviens que vous ne pourrez pas. » Il ne peut en effet, et à son réveil, il est convaincu qu'il y avait impossibilité matérielle de résister à l'acte suggéré (1).

M. Ch. Richet raconte qu'un de ses amis est tenté de croire qu'il simule, lorsque, plongé dans l'engourdissement hypnotique, il exécute les mouvements qui lui sont suggérés. « Quand

---

(1) Bernheim, *De la suggestion dans l'état hypnotique*, réponse à M. Paul Janet, Paris, 1884.

je suis engourdi, dit-il, je simule l'automatisme, quoique je puisse ce me semble, faire autrement. J'arrive avec la ferme volonté de ne pas simuler, et malgré moi, dès que le sommeil commence, il me paraît que je simule. On comprendra, ajoute l'auteur, que ce genre de simulation d'un phénomène se confond absolument avec la réalité du phénomène. L'automatisme est prouvé par le seul fait que des personnes de bonne foi ne peuvent pas agir autrement que des automates » (1).

Il est certain que beaucoup de somnambules ont été convaincues de supercherie : mais ce n'est pas une raison pour douter qu'elles fussent réellement en somnambulisme. Les sujets exhibés par les charlatans, dit encore M. Ch. Richet, sont vraiment endormis, et cependant ils simulent et se livrent à des jongleries de tout genre. Il n'y a aucune contradiction dans les termes. Une femme endormie est toujours elle-même; il n'y a rien qui s'oppose à ce qu'elle ait conscience de sa situation, à ce qu'elle puisse réfléchir, simuler. Elle est endormie, comme le prouvent tous les phénomènes physiologiques qu'elle présente, la catalepsie, la contracture, l'anesthésie, les mouvements fibrillaires des paupières, la convulsion des yeux, la suppression des mouvements de déglutition. « Mais tout en étant endormie, elle joue son rôle; essaye de deviner l'avenir, de lire distinctement dans le corps des malades qui la consultent, de devi-

---

(1) Ch. Richet, *L'Homme et l'intelligence*, Paris, 1884.

ner par une boucle de cheveux, l'âge, le caractère et la santé de quelqu'un. Les divinations font partie de sa tâche (1). Elle le sait et s'y conforme. » Cette opinion est d'autant plus admissible que les somnambules sont en général des hystériques, qui ont une tendance naturelle irrésistible et très souvent inconsciente à tromper et à simuler.

Au fond, l'inconstance des phénomènes hypnotiques, leur irrégularité, leur singularité même sont plus apparentes que réelles.

Les différences que l'on constate sont principalement des différences de degré dans le sommeil provoqué; mais cela même est une preuve en faveur de la réalité de son existence. Braid fait observer que si les personnes hypnotisables sont influencées à un degré très différent et très inégal, il n'y a pas lieu d'en conclure au doute sur la réalité des phénomènes : qu'au contraire il serait étonnant que tant de gens, divers par leur état physique et mental, réagissent tous d'une façon égale et identique vis-à-vis des procédés hypnogéniques.

Cependant quelle que soit la diversité de ces états, ils présentent tous le même symptôme fondamental, autour duquel les autres viennent se grouper en plus ou moins grand nombre, et d'une façon pour ainsi dire accessoire : je veux parler de l'automatisme. Dès le premier degré d'hypnose, ce phénomène se révèle : il est même jusqu'à un certain point indépendant de

---

(1) Ch. Richet, *loc. cit.*

la profondeur du sommeil; car le fasciné, qui a conservé la conscience de lui-même et du monde extérieur, est un automate plus parfait que le somnambule, dont pendant l'hypnose, la personne est absente et qui ne se souvient de rien au réveil.

C'est cet automatisme qui nous rend compte des singularités du sommeil provoqué. Toutes les merveilles, absolument apocryphes jusqu'ici d'ailleurs, qu'on a attribuées aux somnambules n'ont été, à notre avis, que des tentatives plus ou moins vaines de réalisation d'idées suggérées.

Le somnambule n'a pas d'initiative : son cerveau qui a cessé d'agir spontanément, est une machine qui attend sa mise en marche pour fonctionner. Si donc une somnambule devine l'avenir, voit à travers les corps opaques, accomplit en un mot ce répertoire de tours que tout le monde connaît, c'est qu'on lui en a suggéré l'idée. Avec cet appétit instinctif du merveilleux qui, chez certains esprits, résiste à la culture scientifique la plus complète, on se laisse empoigner par quelque coïncidence fortuite, par un hasard heureux, et dans l'enthousiasme du moment on proclame l'existence d'un prodige sans tenir compte des nombreuses tentatives vaines, des nombreux échecs où la prétendue lucidité somnambulique a été convaincue d'impuissance.

Quant aux phénomènes physiologiques de l'hypnotisme, l'hyperexcitabilité, les hallucinations et les illusions sensitives et sensorielles, ils n'ont rien, comme nous le verrons dans un chapitre subséquent, qui ne soit explicable d'une façon rationnelle dans l'état actuel de la science. C'est surtout dans cet ordre de faits que l'hypothèse de la simulation perd toute espèce de vraisemblance. « On voudra bien reconnaître, je pense, dit le professeur Charcot (1), à propos de l'hyperexcitabilité neuro musculaire, que l'anatomie et la physiologie si compliquées du système neuro musculaire ne s'improvisent pas. Or, supposer que le premier venu soit capable, par une mimique aussi savante qu'habile, de simuler dès une première expérience, avec une précision absolument rigoureuse, sur plusieurs points du corps à la fois, l'action isolée et combinée des muscles, ou encore les effets de l'excitation d'un tronc nerveux quelconque pris au hasard, serait chose vraiment puérile. »

Quant aux troubles de la sensibilité, leur simulation n'est pas davantage plausible et on peut démontrer facilement qu'elle n'existe pas. La preuve, par exemple, que les hallucinations de la vue pendant la catalepsie ou le somnambulisme sont réelles, que les objets dont la vue est suggérée sont vus réellement, c'est que, si l'on fait approcher ou s'éloigner l'objet imaginaire, on voit la pupille se rétrécir ou se dilater d'une façon proportionnelle au mouvement opéré. De plus, la sensibilité générale de l'œil, pendant l'hallucination, se trouve modifiée; auparavant, la conjonctive et la cornée étaient

---

(1) *Note sur les divers états nerveux déterminés par l'hypnotisme chez les hystériques.* (*Progrès médical*, 1882, p. 126.)

frappées d'anesthésie; pendant l'hallucination, elles redeviennent momentanément sensibles comme à l'état de veille. Mais il est un moyen saisissant de montrer que les hallucinations de la vue sont bien réelles : il suffit, pendant le phénomène, de placer devant l'un des yeux un prisme qui dédouble l'image fictive. On constate alors que l'image fausse est toujours placée conformément aux lois de la physique (1).

Concluons donc en affirmant la réalité, dans le passé, du somnambulisme magnétique et pour le présent, du sommeil hypnotique. Les successeurs de Mesmer ne se sont trompés que partiellement; et on peut dans leurs idées faire exactement aujourd'hui la part de la vérité et celle de l'erreur.

Est-ce à dire qu'il n'y a plus d'erreurs possibles, et que tout ce que désormais avancera un hypnotiste devra être considéré comme parole d'évangile? Nous ne conseillons à personne de le croire.

---

(1) Ch. Feré. *Annales médico-psychologiques*, 1883, t. II, p. 291. — *Société de Biologie*, octobre, décembre 1881. — *Archives de neurologie*, 1883, t. III.

CHAPITRE IV

SUJETS ET PROCÉDÉS

I. — Définition de l'hypnotisme : il comprend plusieurs états nerveux distincts. — Grand nombre de personnes hypnotisables ; influence de la position sociale, du degré de culture intellectuelle. — Le sexe, l'âge, l'état de santé ou de maladie. — Diathèse hystérique.
II. — Procédés des magnétiseurs : les passes, le regard.
III. — Procédés hypnogéniques physiques et mécaniques : occlusion des paupières et pression des globes oculaires. — L'objet brillant de Braid. — Excitations sensorielles monotones. — Excitations cutanées ; pression du vertex. — Action des aimants. — Excitations sensorielles fortes et brusques.
IV. — Agents psychiques : émotion vive et inattendue. — Attention expectante. — Imagination. — Suggestion.
V. — Autohypnotisation involontaire.
VI. — Classification des agents hypnogéniques. — Leur emploi doit être varié suivant les sujets et la phase du sommeil qu'on veut obtenir. — Éducation des sujets par la répétition des expériences.
VII. — L'hypnotisme chez les animaux.

I

Braid définissait l'hypnotisme « un état particulier du système nerveux déterminé par des manœuvres artificielles ». Mais l'hypnotisme ne se compose pas d'un seul état ; il en comprend, comme nous le verrons plus loin, plusieurs très tranchés, surtout chez les hystériques ; aussi est-il préférable, comme le fait M. P. Richer, d'élargir la définition de Braid, et de définir l'hypnotisme « l'ensemble des états particuliers du système nerveux déterminés par des manœuvres artificielles (1). »

Il y a, en effet, hypnotisme et hypnotisme. Depuis le plus léger degré de pesanteur et de somnolence jusqu'à la léthargie la plus profonde, il se présente une suite d'états tellement nombreux qu'il semblerait, d'après certains auteurs, qu'il y ait dans la série place pour tout le monde, et que les individus réfractaires à l'hypnotisation soient l'infime exception. Le professeur Bernheim, après avoir cité une statistique du Dr Liébault, qui sur 1011 personnes n'en aurait trouvé que 27 absolument insensibles aux pratiques hypnotiques (2), est d'avis, tout en énumérant quelques causes susceptibles d'expliquer les raisons d'une statistique aussi extraordinairement favorable, que ses propres recherches l'autorisent à admettre que les sujets réfractaires constituent la grande minorité. Il arrive très souvent qu'un individu non influencé aux deux ou trois premières tentatives, succombe à un essai ultérieur, et à force de persévérance, on arriverait, paraît-il, à vaincre certaines résistances individuelles.

Durand, de Gros, n'obtenait que la proportion de un quinzième de sujets sensibles.

M. le Dr Bottey (3), chez des femmes de dix-

---

(1) P. Richer, *Études cliniques sur la grande hystérie*, Paris, 1885, 2e édition.
(2) Bernheim, *loc. cit.*, p. 7.
(3) Bottey, *Magnétisme animal*, Paris, 1884, 1 vol. in-18.

sept à quarante-deux ans, a pu produire l'hypnotisation dans trente pour cent des cas. Mais il fait observer que, en dehors du milieu extrêmement favorable où il a opéré, cette statistique serait très probablement exagérée.

Braid, sans fournir de statistique, fait observer qu'il existe chez les divers individus une grande différence dans le degré de susceptibilité à l'influence hypnotique; les uns étant affectés rapidement et avec intensité, les autres lentement et faiblement.

Cette différence tient à des causes extrêmement nombreuses. A prendre les individus en bloc, les gens du peuple, les illettrés, les cerveaux dociles, ceux qui sont convaincus de la puissance magnétique de l'opérateur, les personnes habituées à l'obéissance passive, les anciens militaires, les ouvriers, les domestiques, sont, suivant MM. Liébault et Bernheim, beaucoup plus sensibles aux procédés hypnotiques que les personnes dont l'intelligence est cultivée, et que celles qui font profession d'un certain scepticisme.

Le consentement du sujet, son attention, sa bonne volonté ou tout au moins sa neutralité sont absolument nécessaires (1). Celui qui résistera ou qui, l'esprit ailleurs, ne fera qu'assister en étranger à l'expérience, sera presque toujours réfractaire, aussi les aliénés des diverses caté-

---

(1) Excepté, comme nous le verrons, chez les grandes hystériques et dans le *grand* hypnotisme.

gories, les imbéciles, les idiots, ne peuvent-ils presque jamais être endormis, parce qu'il est presque impossible de fixer leur attention pendant un espace de temps suffisant à l'action des procédés hypnogéniques.

Cependant, j'ai endormi quelques épileptiques aliénés sans difficulté. Mais, sauf chez une malade qui fut mise une fois en somnambulisme, et qui par la suite refusa obstinément de se soumettre à de nouvelles expériences, je n'ai obtenu que des phénomènes peu intéressants chez mes sujets, probablement à cause de leur affaiblissement intellectuel. Un matin, à ma visite, j'ai pu par surprise, en le fixant de très près dans les yeux, suivant le procédé du Dr Brémaud, mettre un maniaque chronique en catalepsie, au grand étonnement des personnes présentes. Comme chez l'épileptique précédente, je n'ai pu renouveler l'expérience, le malade s'y étant toujours depuis violemment opposé.

Le sexe joue indubitablement un rôle prédisposant. Les femmes sont hypnotisables en beaucoup plus grand nombre que les hommes, ce qui doit être attribué à l'impressionnabilité plus grande de leur système nerveux. « En général, dit M. Richet, les femmes petites, brunes, aux yeux noirs, aux cheveux noirs abondants, aux sourcils épais, sont des sujets très favorables. Cependant on réussit très bien avec des femmes pâles et lymphatiques, et on échoue avec des personnes très nerveuses. En somme, les femmes délicates, nerveuses, languissantes, atteintes d'une maladie chronique sont certainement plus que toutes les autres aptes à subir l'influence du magnétisme (1). »

L'âge n'est pas moins important à considérer. Les jeunes gens de l'un et de l'autre sexe sont les sujets les plus favorables aux expériences hypnotiques. Les magnétiseurs ne l'ignorent pas : constamment ils recherchent les sujets jeunes ; et parmi ces derniers, l'expérience leur a appris à opérer rapidement une nouvelle sélection. A l'oscillation des pupilles, ils reconnaissent au bout d'un instant ceux qui sont le plus susceptibles d'être influencés. Une expérience curieuse faite dans un lycée par MM. Forfer et Vaisson, semble indiquer que chez les jeunes gens de quinze à vingt et un ans l'anesthésie cutanée serait des plus fréquentes. Peut-être devrait-on en conclure que les individus de cet âge n'ont pas encore un système nerveux parfaitement équilibré, ce qui expliquerait leur grande aptitude à tomber dans le sommeil hypnotique (2).

Certains états physiologiques et pathologiques ont une très grande influence. D'après le Dr Brémaud, les abus alcooliques et l'énervement consécutif aux excès vénériens créent temporairement une prédisposition favorable au développement des phénomènes hypnotiques. L'état anémique, quelle qu'en soit la cause, la chlorose, les affections névropathiques, excepté la folie, sont dans le même cas. A ce propos, il n'est pas inutile de faire remarquer, avec MM. Demar-

(1) Ch. Richet, *L'Homme et l'intelligence*, Paris, 1884.
(2) R. Boussi, thèse de Paris, 1880, et P. Magnin, *Étude clinique et expérimentale sur l'hypnotisme*, Paris, 1884.

quay et Giraud-Teulon, les nombreux points de contact qui existent entre les désordres hystériformes et certains phénomènes hypnotiques.

Mais, de toutes les causes prédisposantes, la plus importante est, à coup sûr, la diathèse hystérique. Chez presque toutes les hystériques, l'hypnose artificielle peut être provoquée. C'est chez elles le plus souvent qu'on rencontre la léthargie, la catalepsie et le somnambulisme naturels ; c'est chez elles également que ces états seront le plus facilement provoqués artificiellement, avec leurs caractères les plus tranchés et les plus typiques, à ce point que pour les auteurs qui ont étudié plus particulièrement le sommeil nerveux chez les hystériques, ces trois états sont pour ainsi dire tout l'hypnotisme, et qu'ils laissent volontairement de côté les innombrables états mixtes et intermédiaires, comme un obstacle à l'étude et une cause d'obscurité et de confusion.

II

Avant d'exposer les procédés à l'aide desquels on détermine l'hypnotisme, rappelons, ne serait-ce qu'à titre de comparaison, les pratiques des magnétiseurs. Ainsi que nous l'avons déjà fait observer, leur manuel opératoire s'est singulièrement simplifié depuis Mesmer ; le baquet, les baguettes, les chaînes, les boîtes magnétiques ont été mis de côté. Les mains seules et le regard sont désormais utilisés. Le calme sera fait autour du patient, les témoins importuns seront soigneusement écartés ; ceux qui resteront devront s'abstenir de toute manifestation et s'unir d'intention avec l'opérateur. Ce dernier se place vis-à-vis du malade commodément assis, prend ses genoux entre les siens, et après l'avoir exhorté à bannir toute crainte et à s'abandonner aux effets du magnétisme, en s'efforçant de ne penser à rien, il commence l'opération.

Il se recueille quelques instants, puis il prend entre ses deux doigts les pouces du sujet, de manière que leur intérieur touche l'intérieur des siens, et il fixe ses yeux sur lui. Il restera de deux à cinq minutes dans cette situation jusqu'à ce que se soit établie une chaleur égale entre les pouces en contact. Ensuite il retirera les mains à droite et à gauche, la face palmaire en dehors ; il les élèvera à la hauteur de la tête, les posera un instant sur les deux épaules du malade, puis pratiquera cinq ou six passes le long des bras en touchant légèrement. Des passes seront ensuite pratiquées depuis la tête jusqu'à l'épigastre. En ce point on s'arrête quelques minutes en posant les pouces au creux de l'estomac et les doigts au-dessous des côtes ; puis on reprend les passes en opérant le long des cuisses et des jambes. Cette manière de procéder doit être continuée tout le temps nécessaire ; on y ajoute si l'on veut, mais ce n'est pas d'obligation, des passes le long de l'épine dorsale, du bassin et des hanches.

Telle était la méthode de Deleuze. M. Teste (1)

---

(1) M. Teste, *Manuel pratique du magnétisme animal*, Paris, 1853, 1 vol. in-18.

l'a encore simplifiée. Il se place debout devant le malade et se contente de faire devant lui des passes dirigées de haut en bas, en ayant soin de lui présenter toujours, en descendant, la face palmaire de la main, et en remontant, la face dorsale. Ce procédé si simple réussirait surtout chez les personnes qui ont déjà été magnétisées.

Les magnétiseurs indous, dont se servait le Dr Esdaile, vers 1846, dans son hôpital mesmérique de Calcutta, employaient le procédé que voici : L'individu à endormir, en partie dépouillé de ses vêtements, était étendu sur le dos dans une salle obscure. Le magnétiseur se plaçait à la tête du lit, et se penchait sur le malade, les yeux fixés sur ses yeux, de manière à ce que son visage touchât presque le sien. Une de ses mains était appliquée sur le creux épigastrique du patient, tandis que l'autre faisait des passes devant sa figure et principalement sur les yeux. En outre, il lui soufflait doucement et fréquemment dans le nez, entre les lèvres et sur les globes oculaires. Le silence le plus complet était observé pendant toute la durée de l'opération.

Ce procédé combine divers moyens, entre autres les passes et la fixation du regard. Mais on peut employer la magnétisation au moyen du regard seul. « Ce procédé, dit M. Teste, ne peut pas être employé par tout le monde. Il exige dans celui qui s'en sert un regard vif, pénétrant et susceptible d'une longue fixité; encore ne réussirait-il que fort rarement sur des sujets qu'on magnétiserait pour la première fois; quoiqu'il me soit arrivé dernièrement d'endormir par la seule puissance du regard, et dès la première séance, un homme de trente ans sans contredit plus robuste que moi. Au surplus, je ne magnétise presque jamais autrement mes somnambules habitués, lorsqu'il s'agit de quelque expérience de vision, car j'ai cru remarquer que ce genre de magnétisation augmente la clairvoyance. Voici la manière de procéder : Vous vous asseyez vis-à-vis de votre sujet. Vous l'engagez à vous regarder le plus fixement qu'il pourra, tandis que, de votre côté, vous fixez sans interruption vos yeux sur les siens. Quelques profonds soupirs soulèveront d'abord sa poitrine; puis ses paupières clignoteront, s'humecteront de larmes, se contracteront fortement à plusieurs reprises; puis, enfin, se fermeront. »

III

Ce procédé est encore un de ceux qui sont le plus efficacement employés pour produire l'hypnotisme. Il n'est pas nécessaire, bien entendu, comme le supposent les magnétiseurs, d'avoir un regard doué d'une puissance spéciale; ni pendant l'opération, de tendre toute sa volonté vers le but à atteindre. A la condition de tenir son œil fixe, on peut laisser sa pensée suivre le fil qu'il lui plaira et le premier venu réussira aussi bien que le magnétiseur le plus fluidifère.

Si au bout de quelques minutes les yeux du

sujet ne se ferment pas spontanément, on applique les pouces sur ses paupières supérieures qu'on maintient abaissées. Chez les hystériques, disent MM. Bourneville et Regnard (1), le sommeil est alors immédiat; la malade tombe en arrière en poussant quelques soupirs, tandis qu'un peu d'écume monte à ses lèvres.

Employée seule, sans fixation préalable du regard, l'occlusion des paupières jointe à la pression des globes oculaires par les doigts de l'opérateur réussit quelquefois chez les sujets dont la turbulence s'oppose à l'usage d'un autre procédé. C'était le procédé qu'employait Lasègue pour produire la léthargie chez les hystériques, comme nous l'avons dit dans le chapitre précédent.

Braid employait la méthode suivante : « Prenez un objet brillant quelconque (j'emploie habituellement mon porte-lancette) entre le pouce, l'index et le médius de la main gauche; tenez-le à la distance de vingt-cinq à quarante-cinq centimètres des yeux, dans une position telle au-dessus du front que le plus grand effort soit nécessaire du côté des yeux et des paupières pour que le sujet regarde fixement l'objet. » Il ajoute qu'il faut faire entendre au patient qu'il doit tenir ses yeux constamment attachés à cet objet, et ne se laisser distraire par aucune pensée étrangère. Par suite de la convergence forcée des globes oculaires, il se produira d'abord une contraction des pupilles, puis une dilatation consi-

---

(1) Bourneville et Regnard, *Iconographie photographique de la Salpêtrière* et *Progrès médical*, 1881, p. 258.

dérable précédée de quelques oscillations. A ce moment, si l'on dirige les doigts un peu écartés de l'objet vers les yeux, les paupières se fermeront d'elles-mêmes avec un mouvement vibratoire.

A la Salpêtrière, ce procédé a été un peu modifié. Au lieu de tenir l'objet brillant à une distance plus ou moins grande des yeux, on le place entre les yeux mêmes, à la racine du nez. La convergence forcée est augmentée, la fatigue est plus prompte, et le sommeil plus rapide.

Certains modes d'excitation sensorielle, pourvu qu'ils soient faibles, monotones et suffisamment répétés ont aussi une influence très active dans la production de l'hypnose. C'est à Heidenhain surtout que l'on doit l'étude de ces divers moyens. La répétition des passes magnétiques devant les yeux a pour effet de déterminer une excitation de la rétine de la nature de celle dont nous parlons, et c'est ainsi que se produit le sommeil dans les expériences des magnétiseurs. M. Ch. Richet se sert précisément, dans ses expériences, du procédé des passes. Il fait asseoir le sujet, prend ses pouces dans chacune de ses mains, et les lui serre assez fortement pendant quelques minutes. Cette manœuvre produit déjà, en général, un certain engourdissement des membres supérieurs. Puis il fait des passes, ou mouvements uniformes exécutés avec les mains étendues, sur la tête, le front, les épaules et surtout les paupières.

Une impression auditive faible et monotone, laissant l'esprit du sujet indifférent, et suffisamment prolongée, détermine facilement l'hypnose. Trois étudiants, placés par Heidenhain au bord d'une table où se trouvait une montre dont ils devaient écouter le tic-tac les yeux fermés, s'endormirent au bout de deux minutes. Les impressions tactiles faibles, un grattement de certaines régions du corps, de légères percussions sur d'autres, sont également somnifères, mais il s'agit de trouver la zone hypnogène qui peut varier selon les individus. Chez les hystériques, l'excitation des zones hystérogènes et érogènes détermine parfois des accès de somnambulisme. C'est ce qui arriva chez une malade du Dr Taguet (de Bordeaux) dont nous parlerons plus en détail dans une autre partie de ce travail : la compression de l'ovaire déterminait un état léthargique d'où on la faisait passer en somnambulisme par l'excitation des téguments de l'oreille.

Un des moyens les plus communément employés actuellement pour provoquer le somnambulisme chez les hystériques consiste dans une légère pression ou friction du vertex. Ce procédé a été trouvé en 1878 par M. P. Richer (1). La malade doit être préalablement plongée en léthargie par un procédé quelconque, la fixation du regard, par exemple, si on exerce alors une pression sur le sommet de la tête, il se produit quelques mouvements convulsifs, un peu d'écume aux lèvres et un état de rigidité générale ;

---

(1) Richer, *Études cliniques sur la grande hystérie*, 2e édition, Paris, 1885.

la malade est alors en somnambulisme et peut se montrer sensible aux suggestions.

Un aimant plus ou moins puissant, approché, même à leur insu, de certaines hystériques, détermine le sommeil léthargique. On doit un cas de ce genre à M. Landouzy. M. Chambard en cite plusieurs autres (1).

M. Ochorowicz a même prétendu faire de cet agent un criterium de la sensibilité à l'hypnotisme. En plaçant le doigt indicateur du sujet entre les deux pôles de l'aimant, on constate au bout de quelques minutes si quelque action s'est produite.

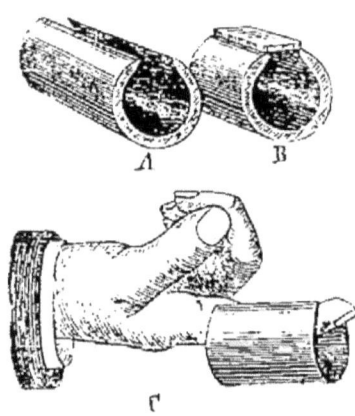

Fig. 7. — Hypnoscope de M. Ochorowicz.

L'instrument à l'aide duquel M. Ochorowicz fait ses expériences est un aimant ayant la forme d'un cylindre fendu longitudinalement d'un côté; les bords de la fente forment les deux pôles de l'aimant et sont recouverts par l'armure. Ce cylindre a 5 ou 6 centimètres de long sur 3 ou 4 centimètres de diamètre et pèse de 150 à 200 grammes ; c'est un aimant très puissant, car il peut soutenir des objets ayant vingt-cinq fois son poids. Les figures a et b représentent l'aimant avec et sans son armature et la figure c

---

(1) Dict. encyclop. des sc. méd., 3ᵉ série, t. X, p. 367.

donne une idée de la façon dont on l'applique sur le doigt du sujet en expérimentation. Les deux bords de la fente, après l'éloignement de l'armure, appuient sur la face palmaire.

Sur cent personnes soumises à l'expérience par M. Ochorowicz, soixante-dix ne ressentirent rien de particulier en mettant le cylindre magnétique sur leur doigt; mais, par contre, les trente autres présentèrent des phénomènes d'ordre subjectif ou objectif (1). Tout sujet qui se montre sensible à ce moyen serait hypnotisable; tous les autres ne le seraient pas.

Ce mode d'essai, qui serait des plus commodes, demande encore confirmation (2).

Des excitations sensorielles intenses et subites produisent également le sommeil nerveux, mais plus particulièrement certaine phase de ce sommeil, la phase cataleptique. Le bruit soudain d'un gong, le son d'un grand diapason fait tomber instantanément en catalepsie une malade assise sur la caisse de l'instrument. L'arrêt subit des vibrations fait passer le sujet de la phase cataleptique à la phase léthargique. Des effets identiques sont produits par l'éclat soudain d'une lumière oxyhydrique ou électrique, par l'explosion d'un paquet de fulmicoton enflammé, par l'étincelle électrique. « Un jour, racontent MM. Bourneville et Regnard, une de nos malades jouant avec un tam-tam qui se trouvait au laboratoire, le laissa tomber et demeura en cata-

---

(1) *Science et Nature,* 22 août 1885 (n° 91).
(2) *Société de Biologie,* 17 mai 1884.

lepsie ; c'est en ne l'entendant plus remuer qu'un des assistants alla la chercher et la trouva immobile, fixe et dormant. » M. Richer (1) rapporte une scène amusante dont il fut témoin pendant ses recherches sur l'hypnotisme faites à la Salpêtrière. Une hystérique était soupçonnée de voler les photographies du laboratoire, mais elle s'en défendait avec indignation. Un matin, M. Richer, qui venait de faire des expériences sur d'autres malades, aperçoit la voleuse la main dans le tiroir aux photographies. Il s'approche, elle ne bouge pas. Le bruit du gong percuté dans la salle voisine l'avait frappée de catalepsie, au moment même où elle commettait son larcin.

IV

Il existe tout un ordre d'agents hypnogéniques que l'on peut appeler psychiques.

On sait que certaines émotions violentes comme la frayeur, par exemple, amènent parfois, en dehors de toute expérimentation hypnotique, la catalepsie ou la léthargie. Les auteurs rapportent de nombreux exemples de ces accidents produits par la foudre. M. Dumontpallier a communiqué à la Société de Biologie le cas d'une malade de son service que la frayeur

---

(1) P. Richer, *loc. cit.*, p. 778.

avait plongée en léthargie. Elle était dans un état nerveux très analogue à la phase léthargique de l'hypnotisme expérimental. On constatait chez elle le phénomène de l'hyperexcitabilité musculaire, mais l'activité du sens de l'ouïe était conservée ainsi que la mémoire. Réveillée *par la seule action du regard* sur ses paupières abaissées, elle put rendre compte de ses impressions, de son complet anéantissement et de son impuissance à entrer en communication avec le monde extérieur pendant sa période de mort apparente (1).

Mais l'action hypnogénique d'une impression morale vive et inattendue ne peut guère, on le comprend, être utilisée à titre de procédé expérimental.

Nous avons déjà à plusieurs reprises signalé l'insistance qu'apportent les expérimentateurs à réclamer de leurs sujets une concentration obstinée de leur attention sur l'idée du sommeil. Ce n'est pas sans un puissant motif qu'ils insistent sur ce point ; c'est qu'à elle seule, cette concentration de la pensée suffit pour isoler le sujet du monde extérieur et placer le cerveau dans un état tel qu'il reste fermé aux excitations sensorielles et par conséquent dans les conditions les plus favorables à la production du sommeil. L'état psychique de l'homme plongé dans une méditation profonde n'est pas sans analogie avec le début du sommeil hypnotique ; on en peut aussi

---

(1) Séance du 3 juin 1882, V. *Comptes rendus de la Société de Biologie*.

rapprocher l'extase que déterminait chez nombre de religieux et religieuses des époques ferventes, la contemplation intérieure.

L'attention expectante, c'est-à-dire l'attente d'un phénomène, la croyance en sa production prochaine — dans le cas actuel l'attente du sommeil hypnotique — suffit pour le provoquer chez certains sujets. L'idée seule qu'ils seront hypnotisés amène le sommeil chez ceux qui sont entraînés par la répétition des expériences, ceux surtout qui ont foi en la puissance de l'opérateur et se sentent incapables de se soustraire à son influence. Voici quelques exemples empruntés à l'ouvrage déjà cité de MM. Bourneville et Regnard.

« Une malade de la Salpêtrière, persuadée que l'un de nous avait sur elle un pouvoir particulier, tombait hypnotisée, quel que fût l'endroit où elle le rencontrait. Un jour qu'en plaisantant on lui avait fait croire qu'elle serait subitement endormie, *par la volonté*, au milieu d'une cérémonie publique, elle préféra ne pas se rendre à cette cérémonie, tant elle était persuadée que la chose était immanquable.

« Une autre fois, nous disions à une malade que, de chez nous, nous l'endormirions à trois heures du soir. Dix minutes après, nous avions oublié cette plaisanterie. Le lendemain, nous apprenions qu'à trois heures la malade était endormie. »

Heindenhain annonce à un étudiant que le soir du même jour, à quatre heures, il serait magnétisé à distance ; à l'heure dite, il s'endormit.

Ce sont des exemples de ce genre qui ont tant excité l'enthousiasme des magnétiseurs et leur ont fait croire qu'ils étaient doués d'un pouvoir mystérieux irrésistible. Les auteurs que nous venons de citer quelques lignes plus haut ont répété tous leurs prodiges en affirmant simplement leur puissance magnétique. A un sujet, ils offraient une tasse d'eau prétendue magnétisée, et il s'endormait aussitôt après l'avoir bue. A d'autres, ils faisaient croire que tous les boutons de portes étaient magnétisés et qu'ils ne pourraient y toucher sans tomber dans le sommeil hypnotique, et tout se passait suivant le programme annoncé (1).

(1) Un ancien président de la Société du mesmérisme, M. Morin, a du reste reconnu l'inanité des prétentions de ses collègues à ce point de vue. Il a maintes fois constaté qu'il suffisait de faire croire à une somnambule que son endormeur l'actionnait à distance pour qu'elle tombât aussitôt en somnambulisme. Par contre, si, le sujet ne s'y attendant pas, le magnétiseur dans une pièce voisine se livrait à ses gesticulations habituelles et s'efforçait de lancer des torrents de fluide dans sa direction, aucun effet n'était produit. « On voit donc, dit l'auteur, que quand l'imagination fait défaut, l'action magnétique est nulle; cette action est donc imaginaire. » Il raconte en outre les expériences que fit la Société en question pour vérifier l'action magnétique à distance, et qui échouèrent complètement. Il déclare avoir eu connaissance de nombreux autres essais du même genre, qui tous donnèrent également des résultats négatifs. Les magnétiseurs promettent toujours des expériences probantes, mais ces faits, qui triompheraient sans doute d'une incrédulité opiniâtre, n'arrivent jamais. « Ils se contentent d'attaquer les savants, de tonner contre l'incrédulité, à l'exemple des prédicateurs, et ils ne sont pas plus empressés que ces derniers de satisfaire les légi-

Il y a enfin toute une catégorie de sujets qui se rapprochent de ceux dont nous venons de parler et que l'on pourrait désigner sous le nom d'*hypnotisés par persuasion*. Ce sont ceux, et ils seraient nombreux, d'après le professeur Bernheim, chez qui, par simple suggestion, on peut produire le sommeil. Dans les premières épreuves, l'opérateur leur fait fixer un objet, ses doigts ou ses yeux, pendant qu'il leur insinue, par des paroles convenables, l'idée du sommeil : « Vous allez sentir une lourdeur dans les paupières, une fatigue dans vos yeux ; vos yeux clignotent ; ils vont se mouiller, la vue devient confuse ; les yeux se ferment. » Quelques sujets ferment les yeux et dorment immédiatement. Chez d'autres, il faut insister davantage, multiplier les suggestions : « Vos paupières sont collées, vous ne pouvez plus les ouvrir ; le besoin de dormir devient de plus en plus profond ; vous ne pouvez plus résister. » L'expérimentateur ajoute, sur un ton tantôt impérieux, tantôt doux, suivant les sujets : « dormez ! » et le patient se met à dormir. Beaucoup de sujets se montrent influencés dès la première séance, d'autres au bout de quelques séances seulement. Puis l'entraînement marche rapidement, et bientôt il suffit en les regardant d'étendre les doigts devant leurs yeux et de prononcer l'injonction : « dormez ! » pour que le sommeil se produise instantanément, au bout de quelques secondes (1).

times exigences de la raison. » (A.-S. Morin, *Du magnétisme et des sciences occultes*, Paris, 1860.)

(1) Bernheim, *loc. cit.*

Ce procédé diffère peu de celui qu'employait l'abbé Faria, qui se contentait de donner impérativement l'ordre de dormir aux sujets qui se soumettaient à ses expériences.

Notons cependant que l'intervention de l'imagination n'est pas nécessaire pour amener le somnambulisme, puisqu'on peut le produire pendant le sommeil ordinaire. Berger, que nous citons d'après M. P. Richer (1), employait, pour déterminer ce résultat, l'imposition des mains : il approchait ses mains chaudes de la tête du sujet endormi : au bout de quelques minutes, le sommeil naturel était changé en sommeil somnambulique. Cependant, il n'y avait là aucun agent particulier autre que la chaleur, puisque, à l'aide de plaques convenablement chauffées, Berger obtenait le même résultat.

V

Après les hypnotisés par persuasion, nous pourrions ranger, pour clore la série, les *hypnotisés par erreur* ou *par surprise*. Nous faisons allusion à certains faits d'autohypnotisation dans lesquels le sommeil nerveux n'est pas recherché et provoqué par le sujet lui-même, comme chez les Fakirs de l'Inde ou les moines omphalopsychiens du mont Athos, mais est produit à son insu et contre sa volonté. Braid raconte à ce sujet une anecdote amusante.

(1) P. Richer, *loc. cit.*

Un jour se présente chez lui une personne qui désirait être endormie. Etant occupé à ce moment, il la confia à M. Walker, son ami, qui était présent et qui se chargea de l'hypnotiser. Peu de temps après, Braid, qui était entré dans la chambre, vit le gentleman assis, fixant les yeux sur le doigt de M. Walker qui, lui, se tenait debout et ne quittait pas du regard les yeux de son sujet. Quel fut son étonnement quand, s'étant approché, il constata que M. Walker était profondément endormi, son bras et son doigt dans un état de rigidité cataleptiforme, tandis que le gentleman qu'il avait voulu endormir était complètement éveillé !

Voici un autre fait curieux emprunté à M. Dumontpallier :

Une hystérique de son service, en se coiffant devant un miroir, tomba subitement en catalepsie. Elle était restée immobile, les yeux à demi-ouverts fixés sur le miroir, tandis que ses bras, conservant l'attitude qu'ils avaient au moment de l'invasion du sommeil cataleptique, étaient élevés au-dessus de la tête, dans l'attitude d'une femme qui accommode sa chevelure. L'observateur ajoute que pour la réveiller il lui suffit de fixer pendant quelques instants son regard sur le miroir dans l'image des yeux de la malade (1).

Nous devons à M. Azam (2) des exemples ana-

---

(1) *Comptes rendus de la Société de Biologie*, 18 mars 1882.

(2) Azam, *Annales médico-psychologiques*, 1876, t. II, p. 14.

logues : « M. Baillarger a cité devant moi, à la Société médico-psychologique, une jeune fille qui tombait en catalepsie en se regardant à la glace. — Je pourrais nommer un pasteur éminent de l'église réformée qui s'endort à volonté pendant une demi-heure en fermant les yeux et en convulsant les globes oculaires en haut et en dedans. » De même, M. Bouchut a observé, en 1875, dans son service, une jeune fille qui tombait en somnambulisme avec symptômes cataleptiques chaque fois qu'elle travaillait à des boutonnières, ouvrage difficile qui exige une certaine attention et une grande fixité du regard.

VI

En résumé, nous voyons qu'il existe des procédés presque indéfiniment variés de produire le sommeil hypnotique, soit qu'on puise dans le domaine des agents psychiques, soit dans celui des agents sensoriels ou physiques ou même mécaniques. Parmi ces derniers nous devons citer outre la convergence forcée du regard et la compression légère des globes oculaires, dont nous avons parlé, l'abaissement progressif des paupières sur les yeux suivant la pratique du professeur Bernheim ; enfin l'ébranlement de la masse encéphalique par une secousse brusque imprimée à la tête, procédé employé par le magnétiseur danois Hansen, et qui ne semble pas avoir été toujours du goût de ses sujets d'expériences.

Chaque opérateur choisira dans cet arsenal les procédés qui lui sembleront les plus efficaces; il les associera, les variera, suivant les sujets; un peu aussi suivant la couleur de son esprit, et ne tardera pas à se rendre maître de quelques-uns. Tous les hypnotisés sont loin de se ressembler; il existe parmi eux de nombreuses catégories : le procédé qui endormira une hystérique échouera complètement sur un individu bien portant. Celui qui amènera rapidement le sommeil chez un sujet entraîné par des expériences précédentes, sera absolument sans effet sur la personne qui se soumettra pour la première fois à l'épreuve magnétique. La méthode que l'on recommande d'employer au début, celle qui occasionne le moins de déception est encore la méthode de Braid. Malheureusement elle n'est pas toujours applicable. Chez les aliénés, par exemple, où il y aurait un intérêt si puissant à produire le sommeil hypnotique, il est presque impossible d'obtenir la fixité du regard. Il est bien plus impossible encore de fixer l'attention.

L'action exercée sur le système nerveux par les différentes manœuvres hypnotiques étant selon toute probabilité une action inhibitoire ou d'arrêt (1), on s'explique facilement et l'action diverse des agents employés, et l'impressionna-

(1) Voyez plus loin, chapitre ix.

bilité variable des personnes qui y sont soumises. Chez les uns, rien ne peut mettre en jeu cette action d'arrêt; chez la plupart, elle ne peut être excitée qu'à un degré très léger. Chez quelques-uns plus particulièrement prédisposés, elle est relativement facile à provoquer. Ces derniers, d'habitude, montrent une tendance de plus en plus grande à tomber dans le sommeil hypnotique à mesure que les expériences sont plus répétées. En dernier lieu, l'influence la plus insignifiante suffit pour amener le sommeil. Si, fait observer M. Ch. Richet (1), on endort plusieurs fois dans une même séance la même personne, en la réveillant successivement, on verra le sommeil survenir de plus en plus vite. Un de ses sujets, magnétisé une première fois pendant vingt minutes, résiste à l'hypnose. Dans une séance suivante, il s'endort au bout de quinze minutes. Réveillé, il est endormi de nouveau au bout de deux minutes, puis instantanément. Une femme qu'il hypnotisait à l'hôpital Beaujon était devenue tellement sensible qu'elle s'endormait aussitôt qu'il entrait dans la salle; au début cependant, le sommeil n'était provoqué que difficilement et la première tentative avait échoué complètement. Nous avons vu précédemment avec quelle facilité s'endorment les sujets observés à la Salpêtrière et à la Pitié, évidemment en raison de l'entraînement qu'a subi leur système nerveux par suite de la répétition des expériences. L'éducation au somnambu-

(1) Ch. Richet, *loc. cit.*

lisme est donc un fait acquis : nous en verrons des preuves de plus en plus convaincantes au fur et à mesure que nous avancerons dans cette étude.

Un fait assez remarquable, c'est que les symptômes précurseurs du sommeil hynotique semblent varier non seulement selon les sujets, mais aussi suivant le procédé hypnogénique employé. Le procédé des passes détermine une sorte de torpeur, de fatigue générale et d'impuissance ; la physionomie devient inerte ; bien qu'il n'y ait pas de modification marquée dans le rythme de la respiration, le patient éprouve un sentiment d'oppression. La fixation du regard sur un objet brillant, produit la congestion des yeux, le larmoiement, des éblouissements et un trouble de plus en plus grand de la vision (1). Les impressions monotones répétées amènent un engourdissement très semblable à celui qui précède le sommeil naturel. Les impressions violentes et subites déterminent l'état cataleptique de préférence à toute autre phase du sommeil hypnotique. D'une façon générale les moyens doux produisent le somnambulisme ; les violents la catalepsie. Mais nous ne voulons pas insister actuellement sur ce sujet, sur lequel nous serons obligé de revenir au fur et à mesure que nous aurons à relater les expériences des divers observateurs qui ont étudié l'hypnotisme dans ces dernières années.

(1) Richer, *loc. cit.*

VII

Un mot pour terminer sur les procédés par lesquels on peut provoquer chez les animaux certaines manifestations de nature hypnotique. Quelques animaux sont bien manifestement susceptibles d'être influencés de diverses manières.

Tout le monde connaît la fascination qu'exercent les reptiles sur les crapauds, les grenouilles et quelques oiseaux; celle des grands oiseaux carnassiers sur leur proie; celle du chien de chasse sur le gibier qu'il tient en arrêt. On raconte des charmeurs de serpents d'Orient, des choses étonnantes (1). M. Azam a vu dans les foires du midi, des bateleurs charmer des coqs en leur plaçant le bec sur une planche, et en traçant une ligne noire sur le prolongement de la crête. Au bout de quelques instants, le coq tombe en catalepsie et reste dans l'attitude où on l'a mis (2).

En 1646, le Père Kircher faisait connaître un moyen analogue de rendre les poules cataleptiques. On leur lie les pattes, on les pose sur le sol, et quand après s'être débattues en vain, elles entrent de guerre lasse dans une immobilité complète, il suffit de tirer sur le sol avec de la

---

(1) Voyez *Science et nature*, tome I, et Brehm, *Merveilles de la nature, les Reptiles*, édition Sauvage.
(2) L. Figuier, *loc. cit.*, p. 396.

craie une ligne droite qui parte de l'œil de l'oiseau. On peut ensuite le délier, il sera incapable de sortir de son immobilité.

Czermak a obtenu les mêmes résultats sur d'autres petits animaux, notamment sur des écrevisses.

D'après Preyer (1) des écrevisses, des grenouilles, des cochons d'Inde, peuvent être hypnotisés de différentes façons. D'après de nombreuses hypnotisations d'animaux, il est arrivé à cette conclusion que par des excitations périphériques on peut mettre en action le pouvoir d'inhibition des centres nerveux supérieurs; l'état produit est tantôt une sorte de paralysie due à la frayeur, à l'épouvante; tantôt une sorte de stupeur. Le premier état succède à l'emploi de moyens brusques et violents, le second à des excitations périphériques, faibles mais prolongées et uniformes.

Si l'on saisit un cochon d'Inde en le maintenant de force immobile, le ventre en l'air, au bout d'une ou de deux minutes, il restera inerte et stupide; on peut faire la même expérience avec un coq ou un lapin. Les excitations sensorielles restent sans effet pour tirer l'animal de son engourdissement. Les très jeunes sujets et les vieux sont complètement réfractaires à l'hypnotisme.

On peut hypnotiser des grenouilles de la manière suivante, d'après M. Ch. Richet et

---

(1) Preyer, *La cataplexie et l'hypnotisme des animaux* (en allemand), Iéna, 1878.

M. Heubel. On prend une grenouille vigoureuse et agile, on la tient pendant deux minutes entre le pouce placé sur le ventre et les quatre autres doigts appliqués sur le dos. La grenouille s'agite puis finit par rester immobile : si alors on la place sur une table le ventre en l'air, elle reste un quart d'heure, une heure et plus dans cette position inusitée.

« Il est probable, dit M. Ch. Richet, que sous l'influence des excitations périphériques, les parties du cerveau qui président à l'arrêt des actions réflexes et volontaires entrent en jeu et paralysent les parties sous-jacentes de la moelle épinière (1) ».

On attribue à des effets hypnotiques la facilité qu'ont certains dompteurs à dresser les chevaux. Dans une lettre écrite au rédacteur du *Progrès médical* (2), M. Netter explique en quoi consiste la méthode du célèbre Rarey, qui après être resté quelques temps en tête à tête avec le cheval le plus rétif, reparaissait monté sur son dos, et exécutait des tours de manège qu'on ne peut obtenir ordinairement que de chevaux parfaitement dressés. Après être resté enfermé trois heures avec l'étalon *Cruiser*, l'un des animaux les plus vicieux qui aient jamais existé, il le rendit tellement souple qu'on pût le monter immédiatement, alors que depuis trois ans aucun palefrenier n'avait osé s'en approcher même pour

---

(1) C. Richet, *L'Homme et l'intelligence*, Paris, 1884, p. 210.
(2) *Progrès médical*, 1881, p. 329 et 427.

le pansage. Rarey procédait en concentrant le regard du cheval sur sa personne, en produisant, par la répétition incessante des mêmes paroles avec la même intonation flatteuse, une action monotone sur l'ouïe de l'animal, et en excerçant de douces frictions, sortes de passes magnétiques, sur son cou ou sur son nez. Cependant une objection se présente : comment des pratiques hypnotiques auraient-elles, en une seule séance, le pouvoir de modifier radicalement les dispositions vicieuses d'un animal ? M. Netter invoque l'opinion qui a cours en hippologie, d'après laquelle les chevaux n'auraient pas de *moi*. « Les animaux que Rarey a traités par des procédés rappelant l'hypnotisation, dit-il, ne sont pas revenus à un état de conscience et n'ont pas opposé de nouveau leur volonté contre les mouvements qu'on leur faisait exécuter, parce que ces bêtes n'ont jamais été des êtres conscients, et leurs précédentes violences n'ont été que des mouvements involontaires, effets de fâcheuses dispositions natives. »

Tous ces faits, comme on peut le voir, rentrent surtout dans la fascination et la catalepsie provoquée. L'état somnambulique consistant surtout dans des modifications psychiques annihilant la spontanéité, la volonté et la conscience, il n'est pas étonnant qu'on ne puisse pas le provoquer chez les animaux, chez qui ces diverses facultés sont ou rudimentaires, ou complètement absentes, le fond des facultés mentales de l'animal consistant alors en un automatisme instinctif plus ou moins parfait.

CHAPITRE V

PHÉNOMÈNES GÉNÉRAUX DE L'HYPNOTISME
MOTILITÉ

I. — Complexité des phénomènes hypnotiques. — On ne les rencontre guère au grand complet que chez les hystériques. — Nosographie de l'hypnotisme d'après le professeur Charcot. — État cataleptique : ses caractères. — État léthargique : hyperexcitabilité neuromusculaire. — État somnambulique : contractures cataleptoïdes.
II. — Le réflexe cutané peut dans les trois périodes de l'hypnotisme provoquer des contractures. — États mixtes.
III. — L'état cataleptoïde peut se rencontrer dans les diverses périodes hypnotiques.
IV. — Excitation du crâne et du cuir chevelu : expériences galvaniques de M. Charcot; expériences de M. Dumontpallier; expériences de MM. Féré et Binet. — Action produite, selon M. Dumontpallier par des excitations excessivement faibles du cuir chevelu.
V. — Hypnose hémilatérale : chaque moitié ou plus généralement différentes parties du corps peuvent être placées dans une phase différente de l'hypnotisme.
VI. — Action des æsthésiogènes sur les phénomènes hypnotiques. — Transfert. — Action anti-hypnotique.
VII. — Ordre de succession des états hypnotiques.

I

L'hypnotisme est un ensemble de phénomènes complexes. Tous les hypnotiques ne sont pas susceptibles des mêmes observations ni des mêmes expériences ; il y a des hypnotisés frustes, dont on ne tire pas grand'chose ; il y a les incohérents, chez qui les phénomènes magnétiques se mêlent, se brouillent de façon à dérouter l'expérimentateur. Il y a enfin les hypnotisés corrects, j'allais dire les classiques chez qui, très souvent par suite de l'entraînement et de l'éducation, la névrose atteint à la perfection. Ce sont ceux-là qu'il faut prendre tout d'abord pour sujets d'étude, et on les trouvera dans les rangs des hystériques. De l'avis de tous les expérimentateurs, les hystériques présentent une impressionnabilité nerveuse telle, qu'elles offrent pour l'étude de l'hypnose cérébrale, les qualités du réactif le plus sensible qui soit mis en usage dans un laboratoire (1).

Ce sont les hystériques qui ont servi à M. le professeur Charcot à débrouiller les symptômes de l'hypnose, à les classer méthodiquement suivant leur ordre d'apparition, et suivant leurs affinités particulières, en un mot, à faire la nosographie de l'hypnotisme. Le 13 février 1882, il lut à l'Academie des sciences sa « *Note sur les divers états nerveux déterminés par l'hypnotisation chez les hystériques* » dans laquelle il rattache le symptomatologie de l'hypnotisme à trois types qui sont : 1° l'état cataleptique ; 2° l'état léthargique ; 3° l'état somnambulique. Nous ne pouvons mieux faire, pour donner une idée de ces trois états, que de résumer les travaux du savant professeur et ceux de son collaborateur M. P. Richer.

(1) Bérillon, *Hypnotisme expérimental*. Thèse de Paris, 1884.

L'*état cataleptique*, s'il est primitif (et il l'est toujours chez les sujets où l'on voit se développer la complète succession des phénomènes de l'hypnotisme) est produit par un bruit intense et subit, l'éclat d'une vive lumière, la fixation d'un objet brillant, ou tout autre procédé. On peut le produire encore chez un sujet en état de léthargie en lui ouvrant les yeux dans un lieu éclairé.

« Le trait le plus saillant de l'état cataleptique, dit M. Charcot, c'est, on peut le dire, l'immobilité. Le sujet cataleptisé, alors même qu'on l'a placé debout, dans une attitude forcée, se maintient en parfait équilibre et semble comme pétrifié. Les yeux sont ouverts, le regard fixe, la physionomie impassible. » Par suite de l'immobilité des paupières, les larmes s'écoulent sur les joues. La respiration devient plus rare et moins profonde.

Les membres soulevés ou fléchis par l'opérateur n'offrent aucune résistance et semblent d'une légèreté extraordinaire ; il prennent et gardent fort longtemps (1) les attitudes même les

---

(1) M. P. Richer conclut de ses expériences que les cataleptiques ne gardent guère plus longtemps les attitudes communiquées que ne pourrait le faire un homme vigoureux et très bien musclé, ce qui, fait-il remarquer, pour des hystériques peu musclées et parfois amyosthéniques est déjà considérable. « Au bout de dix à quinze minutes, le membre étendu commence à descendre, et au bout de vingt à vingt-cinq minutes au maximum il est retombé dans la verticale. »
L'espace de temps pendant lequel le cataleptique garde l'attitude donnée n'est donc pas le criterium de la simulation. Il faut le chercher ailleurs : chez le cataleptique, la

plus bizarres et les moins naturelles dans lesquelles on les place (fig. 8). L'excitation des tendons, des muscles et des nerfs ne détermine plus ni réflexes ni contractures musculaires.

L'hystérique en catalepsie est une statue, mais une statue à qui l'opérateur peut communiquer une sorte de vie. Si, en effet, la peau est frappée d'insensibilité absolue, les sens gardent un certain degré d'impressionnabilité, de telle sorte qu'en les excitant par suggestion, on peut transformer la statue en automate, lui inspirer certaines idées et lui faire exécuter des mouvements plus ou moins complexes en rapport avec elles. Abandonné à lui-même le sujet cataleptique retombe dans son immobilité première.

Nous verrons tout à l'heure que la caractéristique de la période léthargique est l'hyperexcitabilité neuro-musculaire. Dans la catalepsie, M. P. Richer (1) a observé le phénomène absolument inverse, c'est-à-dire la possibilité de provoquer pendant l'état cataleptique, le relâchement musculaire et la paralysie. Dans les cas les plus favorables, la paralysie peut être localisée à un seul muscle ou à un groupe musculaire. Au début des expériences, le phénomène

---

contraction musculaire ne donne lieu à aucune oscillation, la respiration n'est pas modifiée. Chez le simulateur, un tremblement de plus en plus accentué envahit le membre étendu, et la respiration s'accélère et devient irrégulière. Le cataleptique ne connaît pas la fatigue : le simulateur au contraire la subit manifestement ainsi que l'indiquent les tracés myographiques et pneumographiques. (*Études cliniques sur l'hystéro-épilepsie*, 2ᵉ édition, p. 615.)

(1) *Société de Biologie*, 1ᵉʳ décembre 1883.

se montre plus diffus, et une excitation portée sur un seul point d'un membre détermine la

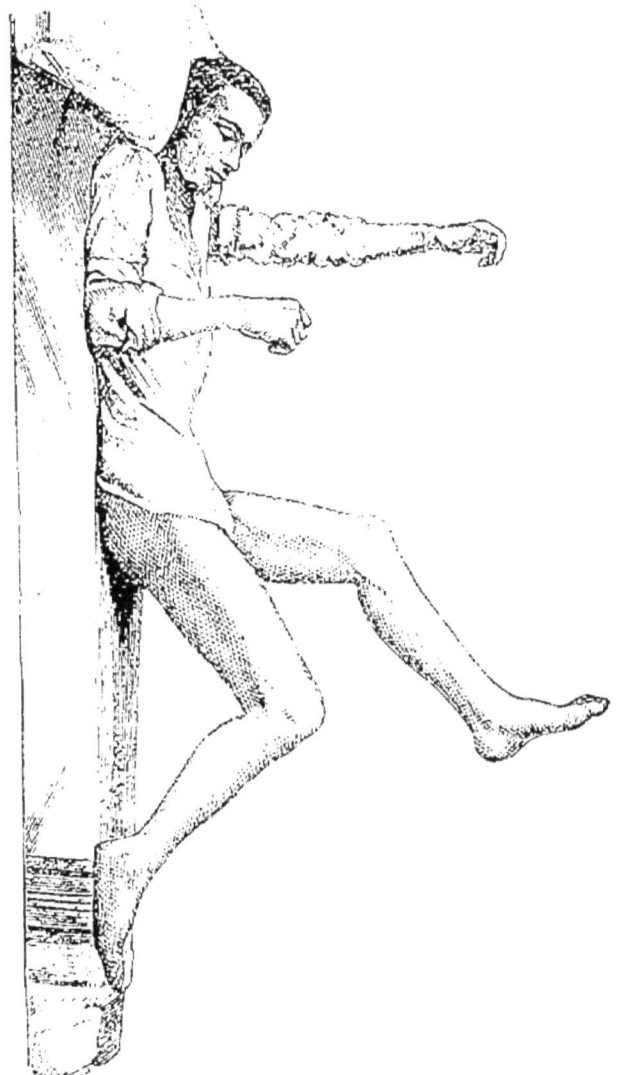

Fig. 8. — Position des muscles chez un cataleptique.

paralysie de ce membre tout entier. L'effet de cette paralysie, étant donné l'état spécial du système musculaire dans la catalepsie, produit une simple modification dans l'attitude du mem-

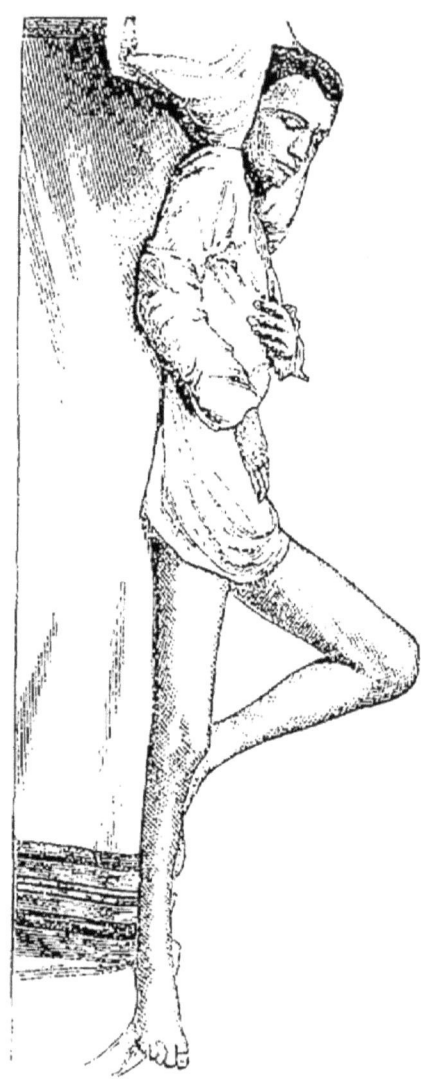

Fig. 9. — Aspect d'un individu frappé de léthargie.

bre, et non sa flaccidité. Par exemple, le bras étant fléchi, si on provoque la paralysie des fléchisseurs, l'action antagoniste des extenseurs mettra le membre en extension. Cependant, par une excitation prolongée, l'état de flaccidité peut être obtenu, et la paralysie, ainsi provoquée, continuera à exister dans les phases ultérieures de l'hypnotisme ; c'est-à-dire que ce membre ne pourra être contracturé, soit par les excitations profondes dans la léthargie, soit par les excitations légères et superficielles dans le somnambulisme.

La léthargie s'obtient primitivement par la fixation du regard ou tout autre procédé. On peut aussi la développer chez un sujet cataleptique en le mettant dans l'obscurité, ou en abaissant ses paupières. Au début du phénomène il se produit parfois un bruit laryngé, un peu d'écume monte aux lèvres, et le patient s'affaisse dans une résolution complète de tous les membres qui soulevés retombent inertes le long du corps. Les globes oculaires sont convulsés en haut et en dedans sous les paupières plus ou moins complètement closes. L'analgésie semble complète ; l'activité sensorielle n'est pas complètement abolie, mais les tentatives de suggestion ne sont habituellement suivies d'aucun effet (fig. 9).

Ce qui caractérise cet état, c'est l'exaltation de l'irritabilité de la moelle épinière décelée par l'exagération des réflexes tendineux et le phénomène décrit par MM. Charcot et Richer sous le nom d'*hyperexcitabilité neuromusculaire* (1).

(1) Charcot et Paul Richer, *Archives de neurologie*, t. II, III, V. *Contribution à l'étude de l'hypnotisme chez les hys-*

Voici en quoi consiste ce phénomène. Si l'on percute le tendon d'un muscle à l'aide d'un petit marteau à cet usage, il se produit aussitôt une contraction du muscle qui soulève la partie du membre à laquelle il appartient. Parfois, il y a *diffusion du réflexe*, et le choc du tendon donne lieu à des contractions réflexes dans les membres d'un ou des deux côtés du corps. En même temps la contraction musculaire se présente sous une forme inusitée; elle se prolonge, comme dans le tétanos, et devient une sorte de contracture de courte durée. Dans certains cas cette contracture devient permanente. Tantôt elle affecte un membre, tantôt une moitié du corps, tantôt enfin, le corps tout entier.

En dehors du choc, on peut obtenir aussi la contracture par le froissement ou la friction prolongée des tendons, par l'excitation directe des nerfs, ou encore par la malaxation des fibres musculaires.

On peut chez quelques sujets répéter les curieuses expériences de Duchenne (de Boulogne) sur l'action des muscles de la face, dans l'expression des passions (1). Ces muscles n'entrent pas en contracture permanente, mais à l'aide de baguettes, on peut provoquer leur contraction soit isolément, soit simultanément, et obtenir

---

tériques; *du phénomène de l'hyperexcitabilité neuromusculaire.*

(1) Duchenne, *Mécanisme de la physionomie humaine. Analyse électro-physiologique de l'expression des passions,* 2ᵉ édition, Paris, J.-B. Baillière et fils, 1876, 1 vol. gr. in-8 avec planches photographiques.

ainsi les jeux de physionomie les plus singuliers, l'attention, la réflexion, la douleur, la joie, le rire, le pleurer.

La contracture due à l'hyperexcitabilité neuro-musculaire cède facilement à l'excitation des muscles antagonistes, produite par friction ou légère malaxation. Cette contracture peut, dans certains cas, persister à l'état de veille ; par exemple quand, avant de réveiller la malade, on l'a fait passer d'abord par la période cataleptique; ou bien encore, dans certains cas, sans aucune manœuvre préalable.

Ces contractures artificielles ont une très grande analogie avec les contractures permanentes des hystériques ; et si on n'avait soin de les faire cesser en endormant de nouveau le sujet et en excitant les antagonistes, peut-être persisteraient-elles pendant un certain temps (1).

D'un sujet à l'autre, le phénomène de l'hyperexcitabilité neuromusculaire peut présenter de grandes différences au point de vue de la précision et de l'intensité. Chez une même malade le degré d'hyperexcitabilité est très variable d'un moment à l'autre sans qu'on puisse toujours en saisir la cause. La répétition des expériences les rend de plus en plus nettes : et au point de vue de ce phénomène comme au point de vue de tous les autres observés pendant le sommeil provoqué, les hypnotiques se montrent susceptibles d'une éducation de plus en plus parfaite.

(1) P. Richer, *Études cliniques sur l'hystéro-épilepsie*, 2ᵉ édition, 1885.

Le réflexe qui produit la contracture léthargique a pour point de départ les nerfs sensitifs des tendons, des aponévroses musculaires, ou du corps du muscle lui-même. Ce qui le démontre, c'est que si l'excitation se borne au tégument externe, aucun mouvement réflexe ne se produit chez un sujet plongé dans l'état léthargique type dont il s'agit ici.

L'état somnambulique peut être, lui aussi, primitif ou secondaire. En exerçant une pression ou une friction légère sur le vertex, on peut le produire chez les individus mis préalablement en léthargie ou en catalepsie. Il se développe aussi d'emblée par l'emploi des moyens ordinaires. Si cet état est le plus intéressant au point de vue psychologique, il ne présente pas au point de vue purement physique des caractères aussi tranchés que les états précédents.

Dans le sommeil somnambulique, les yeux sont clos ou demi-clos(1), et les paupières sont souvent agitées de petits frémissements. La résolution musculaire existe, mais à un moindre degré que dans la léthargie. On ne constate pas l'hyperexcitabilité neuromusculaire, mais on observe cependant, sous l'influence d'excitations minimes portées sur les téguments, un faible souffle, de légers attouchements par exemple, la production d'une rigidité musculaire qui diffère

---

(1) On obtient chez de nombreux sujets hypnotisables un état somnambulique avec yeux ouverts qui ressemble beaucoup à l'état de veille en raison de la tendance du sujet à l'activité, qui même semble parfois plus grande qu'à l'état normal.

de l'hyperexcitabilité neuromusculaire de la phase léthargique en ce qu'elle ne cède pas, comme cette dernière à l'excitation des muscles antagonistes; tandis qu'elle s'évanouit au contraire sous l'influence de l'excitation même qui a servi à la provoquer. Elle diffère aussi de celle de l'état cataleptique en ce qu'on éprouve une certaine résistance quand on veut modifier l'attitude d'un membre mis dans cet état de rigidité que M. Charcot propose d'appeler « *cataleptoïde* ou *pseudo-cataleptique*, pour la distinguer de l'immobilité sans raideur, qui appartient seule à l'état cataleptique ».

La contracture somnambulique peut persister dans différentes conditions : 1° pendant l'état léthargique; on peut alors provoquer la contracture léthargique dans tous les muscles qui ne sont pas en contracture somnambulique, et comparer facilement les deux ordres de phénomènes; 2° pendant l'état cataleptique, qui ne saurait être provoqué que dans les parties non somnambulisées ; 3° pendant la veille. La contracture somnambulique peut être alors différenciée de la contracture léthargique, qui, comme nous l'avons vu, est susceptible aussi de persister à l'état de veille, en ce que l'application des aimants produit le transfert de la seconde, tandis qu'il est sans influence sur la première (1).

Les téguments sont frappés d'analgésie, mais certains modes de la sensbilité de la peau, le sens musculaire et les sens spéciaux sont le siège

---

(1) P. Richer, *loc. cit.*, p. 619.

d'une hyperexcitabilité considérable qui permet de provoquer par suggestion chez le sujet des phénomènes automatiques extrêmement complexes et variés.

On fait cesser le sommeil somnambulique en exerçant une légère pression sur les yeux; le sujet devient alors léthargique. C'est l'état cataleptique qui se produit au contraire, si on ouvre largement les paupières.

II

Tel est l'exposé sommaire de ce qui constitue en quelque sorte l'hypnotisme idéal. A côté de cette page qu'on considérera comme détachée d'un traité didactique de pathologie nerveuse, il convient d'en ajouter une qui représentera plus particulièrement la clinique. C'est qu'en effet, la diversité des faits est telle qu'il y aurait quelque témérité à affirmer qu'ils doivent tous rentrer dans la classification établie par le professeur Charcot. C'est surtout quand il s'agira des hypnotiques ordinaires que nous verrons l'impossibilité de constituer des groupes aussi tranchés. Mais sans nous écarter de notre but, qui actuellement est surtout l'exposé de l'hypnotisme chez les hystériques, nous pouvons déjà, sans cesser du reste en cela, de suivre l'école de la Salpêtrière, faire quelques réserves indispensables.

Il y a lieu, en effet, fait observer M. P. Richer (1), d'attacher une importance capitale aux

(1) P. Richer, *loc. cit.*, p. 644.

phénomènes neuromusculaires qui caractérisent chaque période de l'hypnotisme des hystériques, mais il ne faut s'attendre à les retrouver avec netteté que chez un cinquième à peine de sujets. Chez les autres, « souvent les phénomènes neuromusculaires de la léthargie et de l'état somnambulique se confondent, pendant que l'état cataleptique conserve les caractères qui lui sont propres. Quelquefois la confusion est encore plus grande et les phénomènes neuromusculaires restent les mêmes, quelle que soit la phase de l'hypnotisme. » Et l'auteur cite une observation très concluante, d'une hystérique susceptible de passer par les trois périodes hypnotiques et chez qui, pendant la durée des trois états, l'aptitude à la contracture persistait d'une façon identique.

M. Dumontpallier, à qui l'on doit de remarquables recherches sur l'hypnotisme des hystériques, n'admet pas que les contractures provoquées soient de nature différente suivant les périodes du sommeil nerveux, et il a cherché à démontrer que l'hyperexcitabilité neuromusculaire pouvait se manifester dans toutes les périodes de l'hypnotisme. Seulement, les procédés qui réussissent dans un état ne réussissent pas dans l'autre. Ainsi, dans la léthargie, c'est la pression des masses musculaires ou un choc sur le nerf : ces moyens sont impuissants dans la catalepsie, mais le vent d'un soufflet, une goutte d'éther dans la gouttière épitrochléenne, par exemple, réussissent à déterminer la griffe cubitale. L'application de ces mêmes agents, renouvelée, défait les contractures produites. Dans une phase intermédiaire, catalepto-léthargique, les deux ordres de moyens sont capables d'agir et même de se remplacer pour faire et défaire la contracture (1).

Un de ses élèves, M. Magnin, a soutenu les mêmes idées. Nous allons résumer quelques-unes des expériences relatées dans son travail (2).

Chez une hystéro-épileptique en état somnambulique, l'attouchement léger d'une zone cutanée de la jambe détermine la contracture du muscle correspondant, et le pied, fléchi et renversé en dedans, se trouve immobilisé dans cette position. On détermine à volonté, par le même procédé, la contracture des muscles des bras et de la face.

Des excitations encore plus légères, le bruit produit par le tic tac d'une montre, par exemple, déterminent le même phénomène. On se sert d'un tube de caoutchouc long de huit à dix mètres et dont l'un des bouts est muni d'un porte-voix. On approche l'extrémité libre du tube de telle ou telle région du corps du sujet mis préalablement en état de somnambulisme, tandis que la montre est approchée du porte-voix. La contracture apparaît aussitôt dans les muscles sous-jacents à la zone cutanée excitée, et cela par mouvements saccadés, isochrones au tic tac de la montre. Des expériences de même genre ont été faites à l'aide du téléphone et du microphone; et les vibrations si peu intenses de ces instru-

---

(1) *Société de Biologie*, séance du 4 mars 1882.
(2) P. Magnin, *Étude clinique et expérimentale sur l'hypnotisme*, Paris, 1884.

ments ont déterminé des contractions musculaires.

Avec la lumière d'une lampe de Drummond, ou la lumière solaire réfléchie par un miroir, les expérimentateurs ont obtenu des résultats identiques.

En dirigeant un rayon lumineux sur telle ou telle région musculaire, ils en ont immédiatement déterminé la contracture.

La chaleur agit de même. Une goutte d'eau tiède, déposée sur la peau au niveau d'un muscle, le fait immédiatement se contracturer.

M. Magnin conclut de ces expériences que dans la période de somnambulisme, « des excitations infiniment faibles peuvent donner naissance à des contractures intenses et localisées(1). »

De même, dans l'état cataleptique, il a toujours pu produire chez ses malades des contractures intenses et localisées. Des divers agents physiques employés, le souffle, le plus léger courant d'air, semble avoir l'action la plus efficace : dirigé sur un point du tégument déterminé, on voit aussitôt se produire la contracture du muscle ou du groupe de muscles sous-jacents.

Enfin, dans la période léthargique la contracture s'obtient non seulement par des excitations vives portées sur les tendons, les nerfs ou la fibre musculaire elle-même, mais aussi par les excitations les plus légères déjà énumérées précédemment.

« Faut-il croire, dit M. Magnin, que dans

---

(1) Magnin, *loc. cit.*

toutes nos expériences nous ayons commis une erreur, non plus quant aux faits relatifs aux contractures, mais bien quant à la nature des périodes de l'hypnotisme en lesquelles nous placions le malade ? » L'auteur n'hésite pas à écarter cette hypothèse.

III

En résumé, contrairement à l'opinion défendue par MM. Charcot et Richer, MM. Dumontpallier et Magnin soutiennent que le simple réflexe cutané suffit à déterminer les contractures dans toutes les phases de l'hypnotisme, qu'il soit somnambulique, cataleptique aussi bien que léthargique.

M. Brémaud a également soutenu devant la Société de biologie (1) que la contracture était facilement obtenue dans la catalepsie hypnotique, chez les sujets sains. Chez un sujet mis en catalepsie et qui présente tous les signes de la catalepsie hystérique provoquée décrits par M. Charcot, il suffit d'un choc peu violent pour contracturer immédiatement les masses musculaires excitées. Un choc brusque agissant à la partie supérieure de l'axe vertébral détermine une rigidité générale du corps qui permet de le déplacer en masse. Enfin, un courant d'air dirigé sur une région musculaire quelconque en produit la contracture ; s'il est dirigé sur la nuque, il amène une contracture générale. Les sujets qui ont subi un long entraînement peuvent devenir tellement

(1) *Société de Biologie*, 12 janvier 1884.

impressionnables que le choc de l'air déplacé par un mouchoir ou un éventail, à quelques mètres de distance, peut suffire à amener chez eux une contracture généralisée (fig. 10).

Fig. 10. — Contractures cataleptoïdes généralisées.

Qu'on nous permette une réflexion. Nous avons déjà dit, et tout le monde s'accorde à le reconnaître, que la névrose des hypnotiques, surtout des hypnotiques hystériques, est susceptible d'une éducation de plus en plus parfaite à mesure qu'on répète les expériences. Ne pourrait-on pas supposer que si les hypnotiques de M. Charcot et celles de M. Dumontpallier ont réagi différemment dans les expériences conduites par ces observateurs, cela tient, au moins en partie, à un entraînement des sujets dirigé des deux parts dans un sens différent?

Dans une communication faite à la Société de de Biologie, M. Paul Richer maintient tous les faits observés par M. Charcot et lui, et semble penser que M. Dumontpallier et ses élèves ont expérimenté surtout sur des sujets ne présentant pas de caractères tranchés, ce qui expliquerait la divergence des résultats expérimentaux obtenus par eux (1). Il déclare avoir rencontré beaucoup de cas où les phénomènes sont incomplets, rudimentaires, et se mêlent confusément. Il existe des sujets exclusivement somnambules ou léthargiques : « Chez quelques-uns, les deux formes de contracture dont nous venons de parler existaient en même temps dans une même phase de l'hypnotisme, participant ainsi de la léthargie et du somnambulisme. » Chez d'autres, il n'est pas possible de séparer la phase léthargique de la phase cataleptique; il se produit alors une sorte d'état mixte qui se manifeste par les phénomènes de l'état cataleptoïde.

(1) P. Richer, *Des phénomènes neuromusculaires de l'hypnotisme. De la méthode à suivre dans les études sur l'hypnotisme.* (*Progrès médical*, 1884, p. 5, et *Comptes rendus de la Soc. de Biologie*, décembre 1883.)

Dans cet état cataleptoïde, les yeux sont le plus souvent fermés, les globes oculaires convulsés ; les membres gardent l'attitude qu'on leur donne, mais il y a dans les articulations une certaine raideur ; l'hyperexcitabilité musculaire et les réflexes tendineux existent dans une certaine mesure. En somme, il ne s'agit pas de catalepsie véritable, mais de contracture musculaire déterminée par les manœuvres de l'opérateur qui déplace le membre. Il faut en général insister pour que l'attitude donnée se maintienne, et la friction ou le massage des muscles produit toujours la résolution du membre ainsi contracturé.

L'état cataleptoïde se manifeste également dans le somnambulisme, comme nous l'avons vu en étudiant cette période du sommeil provoqué : il ne diffère du précédent qu'en ce qu'il coexiste chez le sujet avec les symptômes ordinaires de l'état somnambulique (1).

Les états mixtes sont admis également par MM. Dumontpallier et Magnin (2). « Ce ne sont là, dit le dernier de ces auteurs, que des phases intermédiaires, les traits d'union entre les précédents, et en somme, tous les états différents décrits dans l'hypnose ne sont que des degrés d'une même affection, degrés entre lesquelles il ne saurait y avoir de transition brusque. L'hypnotisme doit être envisagé comme un pro-

---

(1) P. Richer, *loc. cit.*
(2) Dumontpallier et Magnin, *Comptes rendus de la Société de Biologie*, 1882.

cessus essentiellement progressif, et depuis l'état de veille jusqu'à la léthargie qui nous semble être le degré le plus profond du sommeil provoqué, on observe tous les intermédiaires ; soit du moins au plus et sans parler des périodes mixtes, le somnambulisme et la catalepsie. Cela est si vrai qu'on peut, au moyen d'une même excitation suffisamment prolongée, faire passer le sujet de l'état de veille à l'état somnambulique, puis insensiblement à l'état cataleptique, et de là, enfin, à l'état léthargique (1). »

Ces idées, comme on le voit, diffèrent notablement de celles des observateurs précédents. M. Dumontpallier a insisté à plusieurs reprises sur l'existence de nombreuses phases intermédiaires entre les trois états tranchés décrits par M. Charcot. Dans ses communications à la Société de Biologie, il a cherché notamment à établir les rapports, suivant lui très directs, qui unissent le somnambulisme et la catalepsie. Ainsi, sur une malade somnambulique, une pression légère exercée sur le vertex amène la catalepsie ; et la même pression répétée quelques temps après fait apparaître de nouveau l'état somnambulique (2). Ainsi la même cause fait et défait son œuvre qui, dans les deux cas, ne peut évidemment différer que par de simples nuances.

Quoi qu'il en soit, nous croyons que pour l'étude, la classification du professeur Charcot

---

(1) P. Magnin, *Étude clinique et expérimentale sur l'hypnotisme*, Paris, 1884.
(2) *Société de Biologie*, 25 février 1882.

doit être conservée, quand bien même elle ne s'appliquerait qu'à un petit nombre de cas seulement. On peut dire qu'elle a fait faire un grand progrès à l'étude de la somniation provoquée, et jeté une vive lumière sur beaucoup de faits obscurs et fugitifs dont la connaissance jusqu'alors purement empirique n'avait été d'aucune utilité pour les progrès de la science.

IV

En dehors de ces symptômes somatiques en quelque sorte fondamentaux de l'hypnose provoquée chez les hystériques, les expérimentateurs, poursuivant le cours de leurs recherches, en ont signalé d'autres encore plus surprenants.

C'est d'abord la possibilité d'influencer le cerveau chez les sujets hypnotisés, soit directement à travers la boîte crânienne, soit indirectement par une action réflexe dont le mécanisme n'est pas connu.

Par exemple, l'excitation de certaines parties du crâne ou simplement du cuir chevelu, chez les hystériques hypnotiques réagit sur le système musculaire du corps, de façon à déterminer des contractions en rapport avec la région excitée.

M. Charcot s'est servi du courant galvanique pour faire ses expériences. Le tampon positif était placé sur le crâne, au niveau des régions motrices, et le négatif sur le sternum ; ou bien encore le positif était mis en rapport avec la partie supérieure de la zone motrice, et le négatif soit devant, soit derrière l'oreille. Si pendant l'état léthargique on faisait passer le courant dans ces conditions, il se produisait, sans réveil du sujet, soit à l'interruption, soit à l'ouverture, une secousse très nette, le plus souvent dans la partie opposée du corps à l'application du tampon positif; quelquefois dans le même côté. Chez quelques malades, ce mode de galvanisation céphalique a pu provoquer les mêmes phénomènes à l'état de veille. M. Charcot avait d'abord pensé, pour expliquer ces faits, à invoquer l'hyperexcitabilité des régions motrices du cerveau; mais le fait que les contractions galvaniques peuvent se produire du même côté que l'excitation est contraire à cette manière de voir (1), ce qui l'a détourné d'accepter cette explication. Peut-être s'agit-il d'une action réflexe provoquée par l'excitation de la dure-mère cérébrale.

M. Dumontpallier (2) a rendu témoin la Société de Biologie de quelques expériences sinon comparables, du moins analogues par les résultats obtenus. Une malade de son service, plongée dans le sommeil hypnotique, ne présente pas les phénomènes d'hyperexcitabilité musculaire : endormie par le regard de l'observateur et cataleptisée en soulevant les paupières, on provoque chez elle un grand nombre de mouve-

---

(1) P. Richer, *loc. cit.*, et Charcot, *Société de Biologie*, 21 et 28 janvier 1882.
(2) *Société de Biologie*, 14 janvier 1882.

ments automatiques en dirigeant sur les téguments du crâne le souffle projeté par un tube capillaire à l'aide d'un appareil en caoutchouc. Les mouvements déterminés sont invariablement les mêmes pour le même point du crâne excité. L'excitation renouvelée, au bout de quelques instants, par le jet d'une nouvelle colonne d'air, reproduit, en sens inverse, le premier mouvement. Il serait loisible, de la sorte, d'après l'expérimentateur, de diviser le crâne en centimètres carrés et de délimiter chaque zone réflexogène d'un mouvement déterminé. Le mécanisme de ces mouvements réflexes est encore à trouver.

On sait que le somnambulisme est facilement obtenu chez les hystériques par la friction du vertex. En excitant les téguments du crâne en divers points, MM. Féré et Binet ont obtenu de singuliers phénomènes de somnambulisme partiel dont ils ont donné connaissance à la Société de Biologie. Si pendant qu'un sujet, qui offre les caractères du grand hypnotisme, est en catalepsie ou en léthargie, on fait la friction du vertex, il entre en somnambulisme ; si la friction est latérale, c'est l'hémisomnambulisme qu'elle provoque. Si au lieu de faire une friction étendue du vertex on pratique une forte pression sur certains points du cuir chevelu en rapport avec les centres moteurs, on détermine le somnambulisme partiel du membre dont le centre moteur a été impressionné. « On peut ainsi somnambuliser isolément une moitié de la face, un bras, une jambe, ou les deux bras, les deux jambes, la totalité de la face. Il est même possible de déterminer le somnambulisme isolé de la partie supérieure de la face en excitant un point du crâne situé au-dessus d'une ligne horizontale passant par l'arcade sourcilière et en arrière d'une ligne verticale passant en arrière de l'apophyse mastoïde (1). » En excitant isolément et successivement ces divers points, on provoque un état de somnambulisme partiel généralisé dans lequel le sujet parle, entend, est susceptible d'être halluciné. Cependant ce somnambulisme n'est pas complet. M. Féré cite une malade qui possède à la partie supérieure du sternum une zone érogène sensible seulement pendant la période somnambulique. Or, dans l'état de somnambulisme obtenu par les procédés sus-indiqués, la zone érogène n'est pas sensible. Il faut, pour la rendre sensible, exciter la région occipitale du cerveau.

Des expériences encore plus extraordinaires que les précédentes ont été relatées devant la Société de Biologie par M. Dumontpallier (2). Elles ont paru tellement surprenantes qu'elles ont motivé de la part du professeur Charcot des réserves qu'il semble prudent de maintenir. Par l'*action du regard* seul, l'habile expérimentateur déclare avoir fait entrer certains muscles en contraction chez une hystérique hypnotisée. Le même sujet, sortant à demi du sommeil hypnotique, parle, écrit et reconnaît les objets qu'on lui présente. Si à ce moment, on porte le doigt ou simplement

(1) Ch. Féré et Binet, *Comptes rendus de la Société de Biologie*, 19 juillet 1884.
(2) *Société de Biologie*, séance du 24 décembre 1881.

le regard sur la région qui recouvre la troisième circonvolution frontale gauche, la patiente devient muette ; l'aphasie est complète. Le même geste ou le même regard fait disparaître ces étranges phénomènes. En agissant par les mêmes procédés sur diverses circonvolutions cérébrales, on abolit les facultés correspondantes ; sur d'autres on provoque les mouvements qui en dépendent.

Braid prétendait accomplir des expériences aussi surprenantes pour prouver l'exactitude de la doctrine phrénologique de Gall. Notre moderne phrénologie (1), assise sur des bases autrement solides, pourra peut-être trouver dans ces expériences un surcroît d'appui, mais nous ne saurions trop nous défier de nos sens, tant tout cela tient du prodige.

Le mécanisme de ces actions réflexes, comme nous l'avons déjà dit, échappe pour le moment à toute explication. Mais, du moins, peut-on se rendre compte de la cause qui les met en œuvre. Nous verrons, dans un chapitre subséquent, jusqu'à quel degré extraordinaire peut être poussée l'hyperesthésie sensitive et sensorielle dans le somnambulisme ; c'est cette hyperesthésie qui, vraisemblablement, est mise en jeu

---

(1) On sait que les régions du cerveau dévolues à la motricité volontaire sont parfaitement délimitées, et se trouvent placées autour de la scissure de Rolando. Les expériences de Ferrier surtout, et quelques faits anatomo-pathologiques tendent à prouver que les régions postérieures sont dévolues à la sensibilité et les régions antérieures à l'intelligence proprement dite. (Voy. les travaux de Fritsch, Hitzig, Ferrier, Charcot, Carville et Duret, etc., etc.)

dans ces expériences, par le rayon lumineux que refléchit l'œil de l'opérateur sur le point précis vers lequel il dirige son regard. Ainsi peut s'expliquer encore le réveil, soit d'une somnambule, par un simple regard dirigé sur ses paupières abaissées, soit d'une cataleptique, placée devant un miroir, par le rayon visuel dirigé sur les yeux de l'image et réfléchi dans les yeux du sujet.

V

Un deuxième ordre de faits nouveaux sont ceux que l'on désigne sous le nom d'*hypnose unilatérale*, et d'*hypnose bilatérale de caractère différent pour chaque côté*.

Il est possible de limiter les phénomènes hypnotiques à un seul côté du corps. Braid (1) avait déjà remarqué que si, chez un sujet hypnotisé présentant de la torpeur de tous les sens et une rigidité du corps et des membres, on exerce une pression légère ou on lance un léger courant d'air sur un œil, on lui rend la vue en même temps que la sensibilité et la motilité reparaissent dans la moitié du corps correspondant à cet œil.

Heidenhain (2), pour produire l'hypnotisme unilatéral sur une personne sensible, exerce

(1) Braid, *loc. cit.*, p. 62.
(2) Heidenhain, *Die sogenante thierische Magnetismus*, Leipsig, 1880.

des frictions prolongées sur l'un des côtés de la tête. Il obtient alors une sorte d'état parétique des muscles du côté opposé ; l'état parétique s'accentue, l'hyperexcitabilité neuro musculaire apparaît, et on se trouve bientôt en présence d'une véritable hémiléthargie. Les frictions opérées à droite produisent non seulement la léthargie gauche, mais encore un certain degré d'aphasie qui s'oppose à ce que les sujets puissent lire ou répéter les mots prononcés devant eux.

Dans certains cas, les phénomènes se sont montrés non pas du côté opposé aux excitations, mais du même côté. Ainsi, chez un sujet, l'excitation de la partie droite du cuir chevelu produisait la catalepsie du même côté.

Ladame (1), en frictionnant le côté gauche de la tête, a déterminé dans le côté droit une contracture si violente et si soudaine que le sujet aurait été renversé si on ne l'eût maintenu. Pendant ce temps, l'œil droit avait recouvré le sens des couleurs tandis que le gauche était resté achromatopsique. En même temps il se produisit certains troubles de la parole qui firent prononcer au sujet un substantif pour un autre.

M. Charcot et ses élèves (2) ont montré à maintes reprises qu'il était possible de dédoubler un sujet en état d'hypnotisme en déterminant chez lui l'hémicatalepsie et l'hémiléthargie.

---

(1) Ladame, *La névrose hypnotique*, Neufchatel, 1881.
(2) Descourtis, *Progrès médical*, 1878; thèse de Paris, 1882; *l'Encéphale*, janvier-février 1885.

M. P. Richer (1) a aussi signalé des faits d'hémiléthargie et d'hémisomnambulisme.

M. Dumontpallier s'est livré à de très nombreuses expériences d'hypnose hémicérébrale (2); il a montré que certains sujets pouvaient être divisés en deux moitiés sus et sous-ombilicales, susceptibles d'être placées dans une phase différente de l'hypnotisme.

Les procédés employés pour produire ces divers phénomènes sont des plus simples. Ouvrez en pleine lumière l'un des yeux d'un léthargique, aussitôt la moitié correspondante du corps présente les caractères de la catalepsie, tandis que l'autre demeure en léthargie.

Sur une malade en état de somnambulisme, si l'on comprime l'un des deux yeux, aussitôt le même côté du corps est frappé de léthargie.

Pour obtenir l'hémisomnambulisme et l'hémicatalepsie, il suffit d'exercer d'un côté une pression légère sur le vertex, et d'ouvrir l'œil de l'autre côté.

M. Dumontpallier agit isolément sur chaque hémisphère cérébral de la manière suivante (3) : Il place un bandeau sur l'œil gauche, et par la fixation du droit, obtient l'hypnotisme; mais le côté droit seulement du sujet présente les diverses manifestations hypnotiques, c'est-à-dire les phases léthargique, cataleptique, somnambu-

(1) P. Richer, *Études cliniques sur l'hystéro-épilepsie*, 1885.

(2) Dumontpallier et Magnin, *Société de Biologie, comptes rendus*, 1881-1882.

(3) Bérillon, *Hypnotisme expérimental*, Paris, 1884.

lique. Le côté gauche, en complète résolution, reste absolument indifférent aux excitations. Chez quelques malades, on aurait, mais très rarement, semble-t-il, observé une marche alterne croisée des phénomènes. Si l'on provoquait, par exemple, la léthargie à gauche et la catalepsie à droite, il arrivait que la léthargie se montrait à gauche dans la partie sus-ombilicale, et à droite dans la partie sous-ombilicale, et inversement en ce qui concerne la catalepsie (1).

En raison de l'importance psychologique de quelques-uns de ces faits, nous y reviendrons dans un chapitre spécial ; aussi nous contentons-nous de les signaler pour le moment.

VI

Il existe encore toute une catégorie de phénomènes des plus curieux que l'on observe chez les hystériques hypnotisables ; nous voulons parler de l'action des æsthésiogènes pendant le sommeil hypnotique. On sait que le Dr V. Burq, dans ses nombreuses communications aux sociétés savantes et dans ses livres, a fait connaître que chez les individus dont la sensibilité était modifiée par diverses maladies, on pouvait obtenir l'amendement de ces troubles de la sensibilité et même leur guérison par l'application de divers métaux sur la surface cutanée, chaque malade étant doué d'une idiosyncrasie

---

(1) P. Magnin, *loc. cit.*

métallique spéciale, c'est-à-dire étant plus spécialement influencé par un métal donné. Depuis, le nombre des substances dites æsthésiogènes s'est fort accru; et on a reconnu que non seulement les métaux, mais beaucoup d'autres agents et, en particulier, les aimants jouissaient de la propriété de ramener la sensibilité sur une surface frappée d'anesthésie. En 1879 (1), MM. Charcot, Luys et Dumontpallier, chargés par la Société de Biologie d'examiner les idées de Burq, découvrirent un nouveau phénomène, la possibilité de transférer par les substances æsthésiogènes, au côté malade la sensibilité du côté sain, qui reste à son tour anesthésique. Depuis, on a encore fait de nouvelles découvertes; non seulement l'emploi de ces agents modifie la sensibilité ou en opère le transfert, mais ils ont une action analogue sur divers troubles de la motilité, sur les paralysies et les contractures.

Eh! bien, les divers états hypnotiques eux-mêmes sont susceptibles du phénomène du transfert (2).

Lorsqu'une hypnotique est en hémiléthargie et en hémicatalepsie, si on applique un aimant à quelques centimètres du côté léthargique, on voit au bout de deux minutes le bras et la main de ce côté s'agiter d'un tremblement léger, prendre peu à peu la consistance des membres cataleptiques, et se placer dans la position

---

(1) *Société de Biologie*, 1879.
(2) Ch. Féré et A. Binet, *Note pour servir à l'histoire du transfert chez les hypnotiques*. (*Progrès médical*, 12 juillet 1884.)

qu'occupe le bras opposé, qui en même temps tombe dans la flaccidité léthargique après une sorte de trépidation épileptoïde.

Que l'hémisomnambulisme soit associé à l'hémiléthargie ou à l'hémicatalepsie, il est susceptible d'être transféré comme les deux autres états. Les phénomènes hypnotiques pris isolément peuvent être aussi transférés, comme les contractures de la période léthargique, les attitudes de la période cataleptique, ou les désordres fonctionnels, hallucinations, impulsions, paralysies, anesthésies, suggérés pendant la période somnambulique.

Enfin les æsthésiogènes auraient, dans certain cas, une autre influence, celle d'empêcher l'hypnotisme de se produire. M. Dumontpallier a remarqué que l'application d'un métal approprié empêchait la production des phénomènes hypnotiques. Si la malade était endormie, l'application métallique la réveillait et ramenait la sensibilité (1).

VII

Toutes les hystériques hypnotisables, comme nous l'avons déjà dit, ne sont pas aptes à passer par les trois phases de l'hypnotisme. Les unes peuvent passer successivement de la catalepsie

---

(1) Dumontpallier, *Société de Biologie*, 10 et 17 décembre 1881.

à la léthargie, puis au somnambulisme (1). D'autres ne tombent jamais qu'en somnambulisme et en léthargie. Chez d'autres enfin, on ne peut provoquer que le somnambulisme. Pour d'autres auteurs (2), la série se présenterait dans l'ordre inverse et commencerait par le somnambulisme. Viendrait ensuite la catalepsie, et enfin la léthargie. Pour revenir à l'état de veille, le sujet passera par les mêmes phases dans un ordre inverse : léthargie, catalepsie, somnambulisme. Ce dernier somnambulisme se rapproche beaucoup plus que l'autre du somnambulisme naturel et est, par conséquent, plus parfait, la perte de connaissance étant plus complète. Chez un certain nombre d'individus sains hypnotisables, sur des femmes surtout, on peut produire d'une façon marquée ces divers états classiques ; mais, comme nous le verrons plus loin, chez le plus grand nombre, on n'observe que le somnambulisme et des diminutifs très nombreux de cet état.

Mais comment provoquer ces divers états et comment les faire disparaître chez les sujets qui sont aptes à les subir? D'après MM. Dumontpallier et Magnin, l'agent qui a fait apparaître le sommeil hypnotique, quel que soit le mode sous lequel ce dernier se présente, est le plus capable de détruire l'œuvre qu'il a faite, et de ramener l'hystérique à l'état normal d'où il l'a fait sortir.

Chez une hystérique hypnotisable, on abaisse

---

(1) Charcot, *Acad. des sciences*, *loc. cit.*
(2) Magnin, *loc. cit.*

les paupières supérieures et on exerce la pression des globes oculaires : la léthargie se produit. Ces mêmes moyens employés de nouveau la feront cesser; la malade se réveillera.

L'action de la lumière a-t-elle amené la catalepsie ? cette même action déterminera le réveil.

La pression du vertex détermine-t-elle le somnambulisme ? la pression du vertex le fera disparaître.

Enfin supposons le même sujet successivement rendu léthargique par le frottement des globes oculaires, cataleptisé par un rayon lumineux et enfin devenu somnambule par une pression sur le vertex. Il reviendra à l'état normal sans la moindre secousse sous l'influence des mêmes agents physiques employés (1) dans un ordre inverse.

M. Dumontpallier a formulé ces phénomènes en lois :

En hypnotisme, *l'agent qui fait, défait.*

L'agent mis en œuvre est toujours celui qui défait le plus rapidement sa propre action.

Une même excitation peut produire des effets opposés, etc.

Mais la marche que nous venons d'indiquer pour produire ou faire cesser le sommeil nerveux n'a rien d'exclusif. N'importe quel procédé peut être employé soit pour faire, soit pour défaire; mais alors, on marche en aveugle, on n'est pas sûr d'avance des résultats qui vont

---

(1) *Comptes rendus de la Société de Biologie*, 1882.

être obtenus, on peut enfin produire ces états mixtes, incertains, qui sont une cause d'obscurité et d'erreur.

Le moyen le plus simple et le plus communément employé dans le petit hypnotisme pour réveiller le sujet est de lui souffler sur les yeux et le visage.

CHAPITRE VI

PHÉNOMÈNES GÉNÉRAUX DE L'HYPNOTISME
SENSIBILITÉ

I. — Objet du chapitre. — État des sens et de l'intelligence dans la léthargie.
II. — Dans la catalepsie la sensibilité générale est abolie, la sensibilité spéciale est en partie conservée. — Persistance du sens musculaire. — Suggestions provoquées par son intermédiaire : attitudes passionnelles suivies d'un jeu de la physionomie approprié, et inversement. — Excitations sensorielles : hallucinations de l'ouïe. — Mouvements automatiques sous l'influence de l'excitation de la sensibilité tactile. — Hallucinations de la vue, fascination. — Caractères de la suggestion dans l'état cataleptique. — Imitation.
III. — Modifications de l'innervation organique dans l'hypnotisme : effets du procédé hypnogénique et de l'émotion.
IV. — État de la sensibilité dans le somnambulisme. — Analgésie. — Hyperesthésies sensorielles diverses. — Effets dus à l'hyperesthésie cutanée et tactile. — Attraction magnétique.
V. — Observation d'hyperesthésie de la vue et de l'odorat.
VI. — État des facultés dans le somnambulisme. — Conscience, mémoire, imagination. — Rêves spontanés ; délire ; pseudo-ébriété. — Modifications du caractère, de la sensibilité morale.
VII. — Suggestion.

I

L'état de la sensibilité générale et spéciale des fonctions organiques des facultés intellectuelles pendant les différentes phases du sommeil hypnotique fera l'objet de ce chapitre. Nous y commencerons aussi l'étude de la suggestion, des illusions et des hallucinations provoquées, principalement dans la période cataleptique, le chapitre suivant devant être consacré à l'étude des mêmes phénomènes dans la phase somnambulique.

De l'état léthargique, il y a peu de choses à dire, les manifestations sensitives, sensorielles et psychiques étant presque entièrement négatives. L'anesthésie des divers modes de sensibilité est telle que les excitations restent impuissantes et qu'il est impossible de communiquer avec le patient et de produire chez lui les phénomènes suggestifs.

Cependant, il y a quelques exceptions. On a noté, chez quelques sujets, malgré l'anéantissement général de la sensibilité et de l'intelligence, la possibilité d'exciter l'organe de l'ouïe ; mais en raison de leur impuissance, ces excitations restent la plupart du temps sans résultat ; ils font comprendre par un signe qu'ils ont entendu, et c'est tout. Quelquefois, dit M. Richer (1), on voit l'hystérique en léthargie répondre par quelques mouvements respiratoires précipités à l'appel réitéré de son nom ; on peut, en la tirant par la manche, réussir à la faire lever ; mais c'est là tout ce qu'on peut obtenir d'elle.

Dans un cas où la parole était incapable d'éveiller l'attention du sujet, M. Brémaud (2)

---

(1) P. Richer, *loc. cit.*
(2) *Société de Biologie*, 1884.

en lui appliquant un cornet acoustique dans le conduit auditif externe ou dans le creux de la main, le bras étant en contracture, a pu se faire entendre. Pour cet auteur, du reste, il n'y a pas de différence fondamentale entre la léthargie, surtout dans ses formes atténuées, et le somnambulisme.

II

Dans l'état cataleptique, la sensibilité générale est encore complètement abolie ; quant à la sensibilité spéciale, elle est très variable, suivant les sujets. Ceux chez qui elle est supprimée ne peuvent être influencés ; un certain nombre de ceux dont les sens restent au moins partiellement ouverts aux impressions extérieures, peuvent recevoir des suggestions par leur entremise.

Le sens musculaire étant conservé, c'est par son intermédiaire qu'il est généralement le plus facile de produire des phénomènes suggestifs chez les cataleptiques. Si, par exemple, on donne aux membres une attitude en rapport avec une passion vive, telle que la colère, la menace, la prière, ces mouvements sont suivis d'autres mouvements principalement dans les muscles de la face, destinés à compléter l'expression du sentiment dont il s'agit. « On peut ainsi varier les attitudes à l'infini. L'extase, la prière, l'humilité, la tristesse, le défi, la colère, l'effroi peuvent être représentés. Il est véritablement surprenant de voir avec quelle constance un simple changement dans l'attitude des mains réagit sur les traits du visage (1). » L'effet inverse peut se produire : en développant sur la face par des excitations électriques le masque de la terreur, par exemple, on voit bientôt les membres prendre l'attitude qui convient à ce sentiment. C'est à MM. Charcot et Richer que l'on doit les plus remarquables expériences de ce genre. La contraction musculaire développée par le courant faradique persiste après qu'il a cessé d'agir; les positions des membres complémentaires de l'expression, persistent également, de telle sorte que le sujet toujours cataleptisé conserve sa nouvelle attitude à la façon d'une statue immobile et muette. Une expression différente peut être provoquée dans chaque moitié de la face; des gestes différents en rapport avec chacune d'elles se développent dans chaque moitié du corps correspondante. C'est ainsi que le visage sourit à droite, et que la main droite envoie un baiser, tandis que le bras gauche montre le poing et que la face du même côté exprime la colère. Le développement de ces curieuses manifestations ne suit pas immédiatement l'excitation faradique ; cette dernière a besoin d'être prolongée, et l'expérience doit être répétée un plus ou moins grand nombre de fois pour arriver à la perfection.

Par des excitations sensorielles appropriées il est possible, comme nous l'avons dit, de suggérer

(1) P. Richer, *loc. cit.*, p. 669.

au cataleptique des hallucinations, ou l'accomplissement de certains actes. Ces phénomènes ne diffèrent pas notablement de ceux que nous étudierons dans l'état somnambulique ; ils sont seulement plus automatiques ; il y a quelque chose de fatal dans leur mode de développement auquel le sujet ne concourt guère qu'à titre de simple machine. Le somnambulique, lui, est moins passif, et en général son imagination prend une certaine part à la réussite de l'expérience. Ces différences, on le voit, ne sont pas fondamentales ; un fait qui en atténue encore la portée c'est que pendant que la suggestion opère, l'état cataleptique disparaît, pour ne reparaître qu'après la cessation de tout phénomène suggéré.

En éveillant l'ouïe par des paroles prononcées d'un ton brusque, on peut suggérer à une cataleptique qu'elle entend la voix d'une personne amie ou ennemie ; et les sentiments de satisfaction ou de mécontentement qu'elle éprouve se refléteront sur son visage.

Par le toucher, on peut lui suggérer l'idée de mouvements automatiques de toute nature. En mettant dans sa main un objet dont l'usage lui est familier, elle fait aussitôt le simulacre de s'en servir. Elle pourra se livrer automatiquement à un ouvrage d'aiguille, de tricot ; mais au lieu d'exécuter correctement le travail, elle ne fera qu'une chaîne sans fin, répétant des heures entières la même maille ou la même tresse.

Par la vue, il est possible également de déterminer non seulement des hallucinations, mais encore une sorte de *fascination*. Ce mot est employé par les adeptes du magnétisme pour exprimer la puissance qu'ils prétendent exercer sur les personnes soumises à leurs pratiques. Inutile de dire que ce n'est pas dans ce sens que l'emploient les savants qui étudient l'hypnotisme. C'est faute d'un terme meilleur qu'ils le mettent en usage, et pour exprimer le phénomène qui consiste à capter entièrement l'attention du sujet d'expérience.

Quoi qu'il en soit, voici comment MM. Bourneville et Regnard décrivent ce phénomène : « On regarde fixement la malade, et on lui fait regarder le bout de ses doigts, puis on se recule lentement. Dès lors le sujet vous suit partout, mais sans quitter vos yeux ; il se baisse si vous vous baissez, et tourne vivement pour retrouver votre regard si vous vous retournez vous-même. Si vous vous avancez vivement le sujet tombe en arrière, tout droit et d'une pièce (1). »

Dans ce même état de fascination, on peut déterminer des hallucinations en simulant certains actes. Si, par exemple, on fait le geste de poursuivre un oiseau, une hallucination de la vue se produit chez l'hypnotisée et lui fait voir l'oiseau, qu'elle se met à poursuivre, et cherche à saisir par des mouvements automatiques appropriés. Si l'on a l'air de craindre un serpent, aussitôt la même terreur s'empare d'elle (2) ; mais

---

(1) Bourneville et Regnard, *Iconographie photographique de la Salpêtrière*, t. III.
(2) Ch. Féré, *Les hypnotiques hystériques considérées comme sujets d'expérience en médecine mentale*. (Annales médic. psych. et Archives de neurologie, 1883.

aussitôt qu'on met un terme à la suggestion, elle redevient immobile et cataleptique.

Sauf dans quelques cas, les suggestions provoquées chez les cataleptiques n'ont qu'une durée éphémère ; on ne peut obtenir d'elles que des actes mécaniques et isolés, et il semble impossible de provoquer l'exécution des mouvements qui exigent une certaine association d'idées. Ainsi, on ne peut les faire écrire qu'en leur dictant les mots syllabe par syllabe (1). Néanmoins on peut, en prenant certaines précautions, obtenir ainsi des autographes qui diffèrent peu de ceux qui sont exécutés à l'état de veille. Les conséquences de ce fait sont importantes, si l'on veut bien observer que le sujet ne conserve aucun souvenir de ce qu'on lui a fait faire pendant le sommeil cataleptique.

La musique semble avoir une grande action sur l'hypnotisé cataleptique qui prend aussitôt l'attitude en rapport avec son genre d'expression, dansant si c'est une musique joyeuse, se jetant à genoux dans une pose de prière, si c'est un air religieux, passant soudainement d'une attitude à l'autre, si la musique change elle-même brusquement de caractère.

On peut encore dans ce même état provoquer une série d'actes automatiques qui relèvent de l'imitation. Si l'on exécute devant le cataleptique en état de fascination un acte quelconque, on le verra le répéter ponctuellement, quelle qu'en soit la nature. On le fera rire, siffler, mon-

---

(1) Ch. Féré, loc. cit.

trer la langue, faire un pied de nez. Bizarre, ridicule ou dangereux, l'acte suggéré n'en sera pas moins exécuté avec une ponctualité, une précision absolues.

Nous ne croyons pas devoir insister sur la description de ces manifestations hypnotiques, qui n'ont rien de bien spécial, et que nous retrouverons avec tous les développements nécessaires un peu plus tard.

III

Quelques modifications se produisent dans l'innervation organique chez les hypnotiques en somnambulisme. On a noté des sueurs abondantes principalement aux extrémités, aux pieds, aux mains et sous les aisselles. Les sujets se plaignent aussi parfois d'une sensation anormale de chaud ou de froid. Une épileptique hypnotisée par nous se plaignait à son réveil d'avoir éprouvé pendant la somniation un sentiment vif et pénible de chaleur par tout le corps : elle était en sueur. La respiration serait accélérée, le pouls également (1).

Braid (2) raconte qu'avant ses expériences, examinant un sujet soumis à l'influence mesmérique, il fut frappé de l'état de son pouls au poignet; ce pouls était si petit et si rapide qu'il ne put arriver à le compter. Chez les hypnoti-

---

(1) E. Chambard, *Dict. encyclop. des sc. médicales*, art. SOMNAMBULISME PROVOQUÉ.
(2) Braid, *Neurypnologie*, passim.

sés, il a trouvé le pouls et la respiration d'abord plus lents qu'à l'ordinaire, mais ils ne tardent pas à s'accélérer sous l'influence de la contraction musculaire. Pour l'hypnotisé chez qui on développe la rigidité cataleptiforme des muscles, l'accération du pouls serait de cent pour cent, tandis qu'elle n'est que de vingt pour cent chez un sujet éveillé qui fait tendre ses muscles pendant cinq minutes.

Heidenhain a constaté les divers phénomènes que nous venons d'énumérer.

Pau de Saint-Martin, dans un cas de léthargie hypnotique, note également l'accélération du pouls et de la respiration, ainsi que les sueurs. D'après M. Richer, dans la léthargie, la respiration est à peu près régulière. Au début, elle est notablement accélérée, puis elle se calme et finit par se ralentir : les inspirations sont profondes, parfois stertoreuses. Au début de l'état cataleptique, il y a suspension complète de la respiration ; puis elle se rétablit, mais reste lente et superficielle. Pendant la période somnambulique, cette fonction reprend ses caractères habituels, mais avec une grande tendance à l'irrégularité. Dans les états léthargique et cataleptique, la fréquence du pouls semble augmenter un peu. Il va sans dire que les suggestions modifient considérablement la circulation, suivant leur nature, ainsi que font du reste les divers sentiments que nous éprouvons à l'état de veille.

Dans un cas de léthargie cataleptiforme spontanée, chez un aliéné observé par nous, le pouls était descendu à quarante-deux pulsations (1). Chez un épileptique que nous hypnotisons en ce moment, le pouls tombe parfois à cinquante et s'y maintient pendant l'expérience.

Le professeur Lasègue, relatant ses propres observations d'hypnotisation, déclare avoir vu manquer dans toutes ses expériences l'agitation signalée par Braid au début du sommeil nerveux. « Était-ce dû, dit-il, à l'inhabileté de l'opérateur ou à l'imperfection de la méthode encore plus rudimentaire que celle de Braid ? La question pouvait aisément se résoudre en changeant l'opérateur ou en suivant à la lettre les prescriptions de Braid. J'ai fait l'un et l'autre, et, malgré ma meilleure volonté, je n'ai pas réussi à déterminer une crise d'agitation, ni extrême, ni même moyenne. »

M. Bernheim (2) soutient l'opinion que les modifications de l'innervation chez les hypnotisés sont le résultat du mode d'hypnotisation et de l'émotion plus ou moins vive qu'ils éprouvent. Chez ceux qu'il endort par suggestion, ou chez ceux qui, ayant été déjà plusieurs fois hypnotisés, s'endorment sans émotion, il n'a jamais constaté ni accélération, ni ralentissement du pouls et de la respiration. Aucune différence sensible ne lui a paru exister sous ce rapport entre l'état de veille et l'état hypnotique.

En somme, il semble résulter de ces opinions

---

(1) Cullerre, *Catalepsie chez un hypocondriaque persécuté.* (*Annales méd. psychol*, mars 1877.)
(2) Bernheim, *De la suggestion dans l'état hypnotique et dans l'état de veille*, Paris, 1884.

divergentes : d'abord, que dans le somnambulisme, les fonctions circulatoires et respiratoires ne s'éloignent pas sensiblement de la normale, mais que ces modifications sont plus accusées dans les autres états. En second lieu, que quand des perturbations graves sont observées, elles doivent vraisemblablement être mises sur le compte du procédé employé pour obtenir l'hypnotisation, et de l'émotion des sujets. La question n'est pas complètement élucidée.

IV

Dans le somnambulisme provoqué, l'insensibilité à la douleur, l'analgésie, est la règle. Cependant il y a de fréquentes exceptions : quelquefois elle est seulement partielle, ou bien on la constate dans une expérience et elle manque dans une autre chez le même sujet. Dans quelques cas la sensibilité à la douleur causée par une piqûre, un pincement, peut être considérablement exaltée comme les autres modes de sensibilité.

Braid [1] a constaté chez un grand nombre de ses sujets d'expérience une excitation extrême des sens à l'exception de la vue. Les mensurations auxquelles il s'est livré lui ont permis de constater que l'ouïe est environ douze fois plus sensible qu'à l'état normal. « L'odorat, dit-il,

---

[1] Braid, *Traité du sommeil nerveux ou hypnotisme*, traduction Jules Simon, Paris, 1883.

est également exalté à un point extraordinaire ; une dame put suivre une rose que l'on tenait éloignée d'elle de quarante-six pieds. Ceci n'expliquerait-il pas le fait que rapporte le Dr Elliotson de son sujet Okey qui pouvait reconnaître l'odeur particulière des malades *in articulo mortis ?* »

L'hyperesthésie tactile est si considérable que le contact le plus léger est ressenti, et fait entrer aussitôt les muscles en action. Les sensations de chaleur, de froid et de résistance sont aussi exaltées à un degré suffisamment élevé pour permettre au sujet de sentir quoi que ce soit sans contact immédiat. Qu'on répande, par exemple, sur une table un parfum pénétrant, le patient s'approchera pour le respirer, mais il reculera avant d'arriver au contact du froid du meuble. Si l'on met sur la table un mouchoir imprégné du même parfum, il s'approchera le plus possible ; il s'éloignera de nouveau si l'on enlève le mouchoir, et ainsi de suite ; ce phénomène d'attraction et de répulsion pouvant être renouvelé à volonté.

Pour M. Azam (1), l'hyperesthésie sensorielle est extrême dans l'hypnotisme, sauf aussi pour la vue. L'ouïe devient tellement fine qu'une conversation peut être entendue à un étage inférieur ; le bruit d'une montre est entendu à huit mètres de distance. L'odorat acquiert la puissance de celui des animaux. Des odeurs dont les vêtements ont été imprégnés plusieurs jours aupa-

---

(1) Azam, *Archives générales de médecine*, 1860.

ravant et qui ne sont plus appréciables pour personne donnent des nausées à un hypnotisé. Le goût est également hyperesthésié. Mais c'est surtout le sens de la température et le sens musculaire qui sont développés à un point extraordinaire : si derrière le patient, à une distance de trente ou quarante centimètres, on présente un corps froid, ou simplement la main ouverte, il accuse immédiatement un sentiment de froid ou de chaud qui prend les proportions d'une véritable douleur. Le sens musculaire acquiert une telle finesse que les sujets exécutent des actes vraiment surprenants, comme d'écrire très correctement malgré l'interposition d'un gros livre entre le visage et le papier, ou d'enfiler une aiguille très fine dans la même position, marcher les yeux bandés dans un appartement sans autre guide que la résistance de l'air perçue par le sens musculaire hyperesthésié.

Il y a des hypnotisés, selon Braid, qui sentent un courant d'air provenant des lèvres ou d'un soufflet à la distance de cinquante à quatre-vingt-dix pieds. Ils sont attirés ou repoussés par des impressions de même nature, suivant qu'elles sont faibles ou fortes, les impressions faibles étant agréables et les fortes pénibles.

C'est dans cette extrême sensibilité qu'il faut chercher la cause de beaucoup de phénomènes réputés extraordinaires, comme la possibilité de faire contracter, par la seule approche des doigts, les muscles d'une région donnée. Nous avons vu, dans le chapitre précédent, quels effets surprenants obtient M. Dumontpallier à la Pitié, soit avec un simple rayon lumineux, soit à l'aide d'un soufflet capillaire, soit avec la vibration infinitésimale produite par le tic tac d'une montre, soit avec le courant d'air développé par la seule approche du doigt de la région qu'il s'agit d'exciter. L'hyperesthésie tactile est la cause de ces divers phénomènes. Les partisans du magnétisme les attribuaient à une puissance magnétique particulière à l'opérateur. Rappelons les curieuses expériences de ce genre relatées dans le rapport de Husson à l'Académie; expériences qui aujourd'hui n'ont rien de bien extraordinaire, mais qui à cette époque avaient quelque chose de quasi merveilleux. La Commission académique ne réussit pas tout d'abord à constater le phénomène, annoncé par les magnétiseurs, de la contraction musculaire à distance.

Plusieurs tentatives faites sur divers somnambules avaient échoué complètement. Elles réussirent cependant sur un M. Petit, instituteur à Athis : « Il fut endormi très promptement; et c'est alors que la Commission, pour prévenir tout soupçon d'intelligence, remit à M. du Potet une note rédigée en silence à l'instant même, et dans laquelle elle avait indiqué par écrit les parties qu'elle désirait qui entrassent en convulsion. Muni de cette instruction, il dirigea d'abord la main vers le poignet droit, qui entra en convulsion; il se plaça ensuite derrière le magnétisé et dirigea son doigt en premier lieu vers la cuisse gauche, puis vers le coude gauche, et enfin vers la tête. Ces trois parties furent presque aussitôt prises de mouvements convulsifs. M. du Potet dirigea sa jambe gauche vers celle du magnétisé; celui-ci s'agita de manière qu'il fut sur le point de tomber. M. du Potet dirigea ensuite son pied vers le coude et la main gauche, et des mouvements convulsifs très forts se développèrent dans tout le membre supérieur. »

Jusqu'ici l'expérience avait parfaitement réussi; mais pour faire une contre-épreuve, la Commission fit recommencer les expériences après qu'on eût appliqué un bandeau sur les yeux du sujet. Elles furent alors beaucoup moins nettes. A l'approche des doigts, il se produisait toujours des mouvements convulsifs, mais qui tendaient à se généraliser et n'étaient plus en rapport avec la direction du doigt de l'opérateur : « En résumé, dit le rapport, la Commission quoique témoin de plusieurs cas dans lesquels cette faculté contractile a été mise en jeu par l'approche des doigts ou des tiges métalliques, a besoin de nouveaux faits pour apprécier ce phénomène sur la constance et la valeur duquel elle ne se croit pas assez éclairée pour se prononcer. »

Dans les expériences précédentes, il pourrait bien se faire que la vue ait été pour une certaine part dans la précision des contractions obtenues; toutefois, le fait que des contractions musculaires se produisaient encore, bien qu'avec une perfection moindre, après l'obturation des yeux, est une preuve évidente de la part que prennent le courant d'air déplacé par le geste de l'opérateur, et l'hyperesthésie cutanée du sujet dans la production du phénomène.

C'est l'hyperesthésie du tact qu'invoque M. P. Richer pour expliquer le singulier phénomène de l'attraction magnétique. Certaines somnambules sont comme attirées par l'opérateur qui les a endormies en les touchant sur le sommet de la tête. Il ne peut s'éloigner d'elles sans qu'aussitôt elles ne manifestent la plus grande inquiétude, le plus grand malaise ; et elles ne rentrent en repos que quand elles l'ont retrouvé et rejoint. Si l'attouchement *du point magnétique* est opéré immédiatement, par l'intermédiaire d'un objet quelconque, l'état somnambulique est produit, mais l'attraction n'a pas lieu. Qu'une personne touche un endroit du corps de la malade, principalement une partie nue, et aussitôt le phénomène se produit à l'égard de cette personne, quelle qu'elle soit. Ce qui prouve bien qu'il s'agit d'une simple manifestation particulière du tact, c'est que si deux observateurs entrent simultanément en contact avec la malade, il se produit une double attraction pour chacun d'eux : « La malade, dit M. Richer, de chaque main, presse celle de chacun des observateurs et ne veut pas les abandonner. L'état spécial d'attraction existe à la fois pour les deux ; mais la malade se trouve en quelque sorte divisée par moitié. Chaque observateur ne possède la sympathie que d'une moitié de la malade et celle-ci oppose la même résistance à l'observateur de gauche, lorsqu'il veut saisir la main droite, qu'a l'observateur de droite lorsqu'il veut saisir la main gauche (1). »

(1) P. Richer, *loc. cit.*, p. 665.

Une des malades, citée par l'auteur, manifestait dans la période somnambulique, plusieurs phénomènes d'hyperesthésie remarquables. Elle sentait à plusieurs mètres de distance un léger courant d'air, en était incommodée, et se mettait à frissonner sur sa chaise. La sensibilité au tact était telle, que même au travers des vêtements elle reconnaissait certaines personnes et ne se trompait jamais, quels que fussent les artifices imaginés pour la tromper. Elle ne supportait que le contact de celui qui l'avait mise en somnambulisme, l'approche de toute autre personne lui était insupportable. Cette sorte d'action élective pour certains individus se rencontre parfois dans le somnambulisme spontané ; MM. Lasègue et Billet en ont fourni des exemples.

Quoi qu'en disent Braid et M. Azam, la vue est hyperesthésiée parfois à un point extraordinaire. Une somnambule peut voir à travers la fente palpébrale la plus étroite ; et même, suivant M. Chambard (1), l'abaissement complet des paupières n'est pas un obstacle complet à l'exercice de la vision en raison du léger degré de transparence de cette membrane en face d'une vive lumière. Certains hypnotiques même lisent dans l'obscurité.

---

(1) Chambard, *loc. cit.*

V

Comme exemple authentique d'hyperesthésie sensorielle dans le somnambulisme, nous citerons le fait que notre ami, le Dr Taguet, a présenté à la Société médico-psychologique, sous ce titre : « *Hypnotisme avec hyperesthésie de la vue et de l'odorat* (1). »

Il s'agit d'une jeune fille qui, dès son enfance, avait présenté les caractères habituels de l'hystérie constitutionnelle. A dix-neuf ans, elle eut pour la première fois des attaques franches d'hystéro-épilepsie. Après de nombreuses tentatives infructueuses, on parvint à l'hypnotiser. C'est alors que M. Taguet fit, au point de vue de l'hyperesthésie sensorielle dans le somnambulisme, les curieuses observations qui vont suivre.

Voici d'abord ce qui concerne l'exaltation de l'acuité visuelle :

« Pendant que Noëlie est en crise convulsive, en catalepsie ou en léthargie, que nous déterminons à volonté et successivement par la pression, à des degrés divers, de la même zone ou de zones différentes, nous imprimons sur son visage un certain nombre de taches au crayon ou à l'encre, les unes très nettes, les autres à peine perceptibles. Cela fait, nous l'endormons par la compression des opercules de l'oreille. Après avoir placé devant ses yeux un des objets dont nous venons de parler pour opérer la prise du regard,

---

(1) *Annales médico-psychologiques*, t. Ier 1884.

un carton si l'on veut, nous réveillons (1) la malade par le procédé indiqué. Ses yeux ont à peine rencontré le plan du carton qu'elle s'étonne d'avoir la figure sale et efface une à une toutes les taches dont nous avons maculé son visage, se servant du corps opaque comme d'une véritable glace. Les empreintes qui ne viennent pas se réfléchir directement dans un point déterminé du miroir ne sont pas perçues, à moins que celui-ci ne soit élevé ou abaissé ; ou que l'on ne porte la tête de la malade soit à droite, soit à gauche, suivant les cas, le regard restant attaché sur l'écran. Nous tenons au-dessus ou bien en arrière de sa tête, mais de telle sorte qu'ils se trouvent dans le champ du carton, divers objets, tels qu'une bague, une montre, une pipe, de petits bonshommes en papier, un crayon, une pièce de monnaie, etc. ; elle ne tarde pas à les apercevoir, elle en décrit la forme, la couleur. Nous ferons remarquer qu'il existe toujours un certain retard dans la perception des objets, c'est ainsi que si nous substituons brusquement une pièce de dix centimes, par exemple, à une montre, elle n'en continuera pas moins à chercher à lire l'heure, puis tout à coup elle s'écriera : la montre a disparu, voilà deux sous.

« Noëlie ayant toujours le regard attaché sur le carton, nous allons nous placer derrière elle, notre tête dominant légèrement la sienne ; elle nous salue aussitôt, nous fait une demande, nous rappelle une promesse ; si nous lui envoyons un baiser avec la main, elle s'écrie que nous nous moquons d'elle ; si nous insistons, elle s'emporte et crache sur le miroir. Nous plaçons en arrière de son front deux doigts que nous écartons légèrement, elle devient triste et fait plusieurs signes de croix, elle s'écrie qu'elle voit le diable avec ses cornes, et invite une amie, qu'elle croit auprès d'elle, à unir ses prières aux siennes. La vue d'un crucifix, d'un chapelet, la comble de joie, elle cherche à

---

(1) Ce nouvel état n'est pas la veille véritable, mais le somnambulisme, puisque la malade ne conserve aucun souvenir des expériences auxquelles elle est soumise.

s'en emparer en portant ses mains en arrière ; vient-elle à les toucher, elle ne les sent pas. Les pantins que l'on agite au-dessus de sa tête l'amusent toujours au plus haut degré. Un objet quelconque, un scapulaire si l'on veut, est appliqué directement sur le carton, à la condition, toutefois, de ne pas intéresser complètement la partie faisant office de miroir, la malade ne s'en aperçoit pas et continue à désigner les objets qui viennent se réfléchir devant ses yeux. Nous enlevons bientôt le scapulaire et nous poursuivons nos expériences ; après un moment, nous le substituons à l'objet que la malade était occupée à décrire, et aussitôt elle s'écrie : « Tiens, voilà mon scapulaire, quelle drôle de glace, j'y vois tour à tour le bon Dieu, le diable, des pantins, mon scapulaire. » Nous lui présentons, un jour, sa jarretière qui s'était détachée pendant une crise convulsive, elle la reconnaît aussitôt et se demande comment elle se trouve dans ce miroir.

« Quatre, cinq, dix personnes qui lui sont complètement inconnues, passent successivement derrière son lit, elle dit un mot sur chacune d'elles, celle-ci est jeune, celle-là est vieille, telle aura la barbe noire, telle autre l'aura blanche ; l'une est gaie, l'autre est moqueuse ; elle découvre le moindre geste, le moindre mouvement des lèvres. Un de nos confrères prend un cigare et fait le simulacre de fumer : « Ne te gêne pas, » dit la malade. Un autre fait un signe de croix, elle s'écrie : voilà un bon chrétien ! Le visage de personnes connues venant interrompre ce long défilé d'étrangers la comble de joie ; il semble qu'elle ait déjà oublié les impressions qui viennent de se produire. Nous plaçons au-dessus de sa tête un écriteau avec ces mots : « Je suis le diable ! » Aussitôt qu'elle l'a aperçu, elle fait un signe de croix, embrasse ses médailles ; tout indique chez elle la frayeur la plus vive, le découragement le plus complet. Nous remplaçons cet écriteau par le suivant : « Je suis le bon Dieu ! » Aussitôt sa figure s'éclaire et exprime sa joie la plus grande. On varie à l'infini ces inscriptions, chacun apportant la sienne ; la malade n'arrive pas à les lire toutes à haute voix, mais l'expression de sa physionomie, les réflexions qu'elles lui suggèrent indiquent d'une manière certaine que le sens de la phrase n'a pu lui échapper. Pendant qu'elle est occupée à déchiffrer, nous élevons le carton à une certaine hauteur, ce qui l'oblige à rejeter fortement la tête en arrière ; ayant ainsi acquis la certitude qu'elle ne peut nous voir, nous mettons à nu un de ses seins, sa figure ne trahit aucune émotion; nous baissons insensiblement le miroir, puis tout à coup, elle rougit et répare précipitamment le désordre de sa toilette. Mais il suffit de lui contenir les mains pour lui faire oublier le mouvement commencé, et de remettre le carton en place pour dissiper son trouble passager. »

Voici maintenant ce qui a trait à l'hyperesthésie de l'odorat.

Noëlie est mise en somnambulisme par le procédé précédemment indiqué.

« Nous opérons la prise du regard à l'aide d'une carte de visite que nous déchirons, presque aussitôt, en un certain nombre de morceaux. Pendant que nous la faisons maintenir de vive force sur son lit, nous nous rendons dans la pièce voisine et là nous les dissimulons sous le tapis, derrière les meubles, dans des verres, dans des pots de fleurs, dans le poêle, dans les poches des personnes présentes, puis nous revenons vers la malade n'ayant plus qu'un seul bout de carton que nous lui remettons. La malade le flaire à plusieurs reprises, hésite un instant, puis se précipite dans la salle, reniflant comme un chien ; tout à coup elle s'arrête, renifle encore et, après quelques tâtonnements, elle salue par un cri de joie la découverte d'un des précieux fragments. Elle passe indifférente devant les objets, les personnes qu'elle sait ne rien recéler de ce qu'elle cherche ; s'arrête, au contraire, devant les autres et ne s'éloigne que lorsqu'elle est arrivée à ses fins. C'est inutilement qu'on proteste, qu'on se défend, qu'on la rebute; tout est inutile.

« Lorsqu'elle a découvert de la sorte un certain nombre de ces bouts de carton, elle cherche à le reconstituer ; puis, elle compte, additionne le chiffre qu'elle connaît avec celui des morceaux qui lui restent à trouver, le total annoncé correspond exactement à celui que nous connaissions. Le résultat n'est pas aussi satisfaisant, lorsque la carte a été déchirée loin de son regard, dans une pièce voisine, par exemple, et il lui arrive de commettre des erreurs qui, disons-le, ne portent que sur un chiffre, deux au plus. C'est là un fait constaté un grand nombre de fois, par nos internes, par des médecins, des professeurs de la Faculté des lettres.

« Les dernières recherches sont de beaucoup moins précises; il arrive, assez souvent, à la malade de perdre la piste, de revenir par deux fois au même endroit, de soulever, par exemple, un grand nombre de verres avant de mettre la main sur celui qui seul recèle l'objet de sa convoitise. Ces recherches seront d'autant plus sûres que le nombre des fragments sera moins considérable.

« Pendant que la malade est tout entière à la reconstitution de la carte de visite, nous jetons un bandeau sur ses yeux, elle n'en continue pas moins le travail commencé et arrive, après quelques tâtonnements, à donner à chaque bout de carton sa place respective; est-ce un simple effet du hasard, ou devons-nous admettre une certaine hyperesthésie ? Pendant que la vision est ainsi interrompue mécaniquement, précaution d'ailleurs inutile, puisqu'elle n'existe pas, nous invitons par signe, une des personnes à faire disparaître un ou plusieurs bouts de carton; la malade, d'abord impassible, paraît bientôt ennuyée, inquiète, elle compte à nouveau, puis tout à coup ses traits se contractent, le regard devient farouche, et elle se jette sur le voleur comme une furie, criant, gesticulant, le frappant avec une brutalité excessive, et cela, tant qu'elle n'est pas rentrée en possession de son bien. Si la personne a quitté la salle, elle la suit à la piste, la perd, la retrouve, et arrive, en général, assez rapidement à découvrir sa cachette, n'ayant d'autre guide que l'odorat.

Noëlie étant toujours occupée à son travail de reconstitution que nous avions interrompu momentanément, nous glissons entre ses doigts des bouts de carton semblables aux premiers, mais provenant d'une autre carte et nous mêlons le tout. Elle flaire à nouveau, met de côté ceux qui appartiennent à la première et jette les autres; mais si nous renouvelons l'expérience un certain nombre de fois il lui arrive de se tromper, ou bien elle perd patience, s'irrite, cache le tout dans son corsage, ou va le remettre à son propriétaire en le priant de l'excuser de le lui remettre en si mauvais état.

« Nous jetons sur son lit divers objets, des gants, des clefs, un carnet, différentes pièces de monnaie appartenant à autant de personnes présentes; la malade n'y prête d'abord aucune attention, lorsqu'il ne faut pas les lui mettre en mains propres, elle les flaire à plusieurs reprises, s'arrête devant chaque personne qu'elle flaire également et remet à chacune ce qui lui appartient; ou bien elle met en réserve les objets dont elle ne trouve pas les propriétaires et va ensuite à leur recherche lorsque sa distribution est terminée. Cette répartition, il faut le reconnaître, laisse parfois à désirer, et si elle arrive, le plus souvent, à corriger son erreur en allant reprendre un objet indûment donné, il lui arrive également de se tromper d'une manière complète, ou de garder l'objet ne sachant plus à qui le remettre, après avoir flairé à plusieurs reprises tout le monde. Dans ces moments, elle n'oppose aucune résistance et ne fait aucune difficulté à nous abandonner un bien qui ne lui appartient pas, se contentant de nous prier de le remettre à qui de droit, si nous ne tenons pas à engager notre conscience.

« Cette distribution sera d'autant plus facile que les objets seront moins nombreux, que les personnes lui seront plus familières. L'hyperesthésie de l'odorat, tout comme celle de la vue, a ses limites, et après un temps variable excédant rarement une demi-heure, il survient une fatigue excessive, des tremblements et des nausées.

« Au réveil, Noëlie n'a conservé aucun souvenir des expériences auxquelles elle a été soumise. Elle ne manifeste aucune surprise de se trouver à moitié habillée sur son lit, entourée d'étrangers qu'elle tutoie. A l'état de sommeil comme à l'état de veille, l'anesthésie des membres du tronc et de la tête reste complète. »

Il y a lieu de remarquer que cette double hyperesthésie sensorielle ne marche jamais de front, l'une fait place à l'autre; et pendant qu'elles existent tous les autres sens paraissent abolis. Il semble que toute la puissance d'action dont est susceptible le système nerveux soit accaparée momentanément par les sens dont l'acuité est exaltée à un degré si extraordinaire.

VI

Dans l'état de somnambulisme parfait, le sujet n'a aucune conscience des lieux où il est, ni des personnes et des objets qui l'entourent, et il ne conserve au réveil aucun souvenir des expériences auxquelles il a été soumis. Comme nous le verrons dans un chapitre ultérieur, cet état de somnambulisme parfait est loin d'être toujours atteint, chez les hypnotisés, ce qui explique les divergences des auteurs sur ce point. Admettons que des deux parts on puisse avoir raison, les uns basant leur opinion sur l'observation qu'ils ont faite de cas types, dans lesquels tout souvenir de la période somnambulique est absent, les autres se fondant sur ce que, dans certains états mixtes, ils ont constaté qu'au réveil, les sujets avaient affirmé s'être rendu compte d'une façon plus ou moins confuse de ce qu'ils avaient éprouvé.

Bien que sa conscience soit plus ou moins obscurcie, et qu'il ait perdu la notion de son propre état, au point de refuser énergiquement de se soumettre aux pratiques hypnotiques alors qu'il est plongé dans une somniation profonde, l'individu en état de somnambulisme provoqué a conservé le souvenir de sa vie normale, et même de ses accès de somnambulisme antérieur. La mémoire est parfois surexcitée d'une façon extraordinaire ; et comme dans le rêve, les impressions, les images, les idées, enfouies depuis un temps indéfini dans les profondeurs du souvenir, émergent en foule et se pressent, confusément parfois, dans la pensée du malade. Il suffit de lire une fois devant certaines somnambules hystériques de longs passages d'un livre pour qu'elles les répètent ensuite avec une sûreté de mémoire parfaite. Un jeune homme en état de somnambulisme provoqué à qui on avait dicté une page d'écriture en ayant soin de lui soustraire au fur et à mesure qu'il écrivait les feuilles de papier placées devant lui, ponctuait et relisait imperturbablement le texte entier, n'ayant à la main qu'une feuille blanche, qu'il voyait couverte de son écriture (1). Une malade

---

(1) Bottey, *Magnétisme animal*.

de M. Ch. Richet, qui chantait l'air du deuxième acte de l'*Africaine* pendant son sommeil, fut incapable d'en retrouver une seule note une fois réveillée.

Les autres facultés peuvent être excitées également ou même perverties. On a observé chez les hypnotisés somnambules, non seulement des rêves analogues au rêve physiologique, mais de véritables accès de délire.

M. Bernheim rapporte l'observation d'une jeune fille hystérique qu'il hypnotisa pendant longtemps, avec laquelle il ne put jamais se maintenir en rapport et qui se montrait indifférente aux suggestions qu'il voulait lui donner en dehors d'un certain ordre d'idées. A peine endormie, elle se mettait à rêver. Ainsi, par exemple, elle se croyait chez sa mère, et dès ce moment s'organisait dans son esprit un rêve tout entier dérivé de cette idée principale. L'opérateur pouvait intervenir par suggestions dans cette direction, mais dans toute autre, ses tentatives restaient infructueuses. Si on l'abandonnait à elle-même, son rêve continuait à dérouler ses péripéties, et la malade à son réveil le racontait non seulement avec les particularités suggérées, mais avec celles qui s'étaient spontanément développées dans son esprit.

MM. Charcot et Richer citent l'observation d'une hystérique chez qui les pratiques d'hypnotisation déterminaient des accès de délire. Ce délire était parfois incohérent, d'autres fois roulait sur des sujets variés se rapportant aux incidents qui ont marqué la vie de la malade; mais il pouvait en outre être provoqué et conduit dans la direction qu'il plaisait à l'observateur de lui donner.

Une de nos malades, épileptique non habituellement aliénée, mais présentant à des intervalles très éloignés des accès de délire consécutif à des séries d'accès convulsifs, hypnotisée un jour par nous, ne tarda pas à tomber dans un état de somnambulisme léger. Pendant quelques instants nous essayâmes sans trop de succès de lui imposer diverses suggestions. Peu à peu, on vit se manifester chez elle une certaine excitation; un rire spasmodique la secoua, des paroles incohérentes sortirent de ses lèvres; elle se mit à nous tutoyer, à nous apostropher de la façon la plus inconvenante; enfin un véritable accès maniaque se déclara. C'était un spectacle singulier que cette fille qui délirait, étendue sur une chaise, les membres flasques, les paupières closes et frappées d'un spasme tel, que lorsque après une heure environ d'hypnotisation nous la réveillâmes, il fallut pour les empêcher de se contracter de nouveau les maintenir ouvertes quelques instants avec les doigts. Cependant, malgré le réveil, le délire persista spontanément jusqu'au soir.

Le lendemain, la malade revenue à elle-même, s'excusant de ses incivilités de la veille, nous raconta qu'elle avait eu une interminable altercation avec une personne qu'elle prenait pour son frère et qui n'était autre que nous, ce qui expliquait la façon plus que familière avec laquelle elle nous avait traité avant et après l'expérience.

L'hypnotisme agit un peu sur l'intelligence à la façon de certains toxiques. Braid avait déjà fait cette observation. « Ces effets, dit-il, sont comparables à ceux qu'on attribue à l'usage de l'opium et rappellent la description donnée par sir Humphrey Davy d'expériences faites sur sa personne avec le protoxyde d'azote (1) ». D'autres auteurs rapprochent l'état du somnambulisme provoqué de celui qui est déterminé par l'ivresse commençante du haschisch (2) ou même de l'alcool et du chloroforme. Étant en quelque sorte distraits du monde extérieur, les sujets perdent en effet les sentiments de réserve et de dissimulation que leur inspire inconsciemment le milieu dans lequel ils vivent d'habitude. Alors leurs penchants, leurs instincts, les tendances bonnes ou mauvaises de leur nature s'étalent avec la plus grande ingénuité aux yeux de tous. Certains somnambules manifestent des impulsions au vol et à l'homicide. Quelques hystériques se montrent d'un érotisme parfois cynique. Il suffit de leur suggérer une idée de cet ordre pour les voir se livrer aux actes les plus offensants pour la morale. Que serait-ce si l'expérimentateur excitait par inadvertance une de ces zones érogènes qui existent parfois sur certains points de leurs téguments (3)? Leur carac-

(1) Braid, *loc. cit.*, p. 3.
(2) Chambard, *Dict. encyclop. des Sciences méd.*, 3ᵉ série, t. X.
(3) Chambard, *Du somnambulisme en général*, Paris, 1881.

tère se montre sous son véritable jour ; les exagérations de leur sensibilité morale, leur tendance à une expansion démesurée ou à une concentration non moins extrême se manifestent par une gaîté exagérée ou une dépression quasi mélancolique. On a même signalé chez certaines hystériques en somnambulisme de véritables impulsions au suicide. Tantôt bienveillantes et optimistes, tantôt indifférentes ou haineuses elles ne conservent que rarement pendant le sommeil provoqué, l'équilibre déjà naturellement instable de leur sensibilité affective.

VII

Il est en général facile d'entrer en communication avec un sujet en état de somnambulisme provoqué. Il entend ce qu'on lui dit et peut répondre aux questions qu'on lui pose. Nous avons vu que certaines somnambules ne subissaient pas toujours sans révolte le joug de l'expérimentateur. Mais ici encore, dans la plupart des cas, la répétition des expériences, la culture de la névrose aiguise les aptitudes et brise les résistances individuelles. C'est à ce point que certaines hystériques, à force d'être pétries par l'expérimentateur, finissent par demeurer dans un état d'obsession permanent qui rappelle une possession dans laquelle ce dernier joue le rôle du diable, étant toujours l'objet des hallucinations spontanées que les malades éprouvent aussi bien à l'état de veille que dans leurs rêves (1). Enfin, il arrive que certains opérateurs acquièrent sur leurs hypnotisés une influence tellement exclusive qu'ils sont seuls capables de déterminer chez eux par suggestion des hallucinations ou des actes automatiques. Ce fait, dont la réalité ne saurait être mise en doute, rappelle encore une des prétentions des magnétiseurs qui, eux, ne se contentent pas d'expliquer leur puissance par le mécanisme de la suggestion, mais prétendent agir par la force de leur volonté et la communication de la pensée.

Dans le somnambulisme provoqué, l'automatisme est moins parfait que dans l'état cataleptique. Un certain nombre de sujets conservent encore assez de volonté pour résister aux injonctions ou aux suggestions de l'opérateur. Il y a des exemples de malades qui accomplissent sans difficulté certains actes, et se refusent obstinément à d'autres. Ainsi, si l'on plaçait les mains d'une hystérique de la Salpêtrière dans l'attitude de la prière, elle se mettait aussitôt en oraison. Le plus souvent il était impossible de lui suggérer l'idée de lire, bien qu'elle y vît parfaitement malgré l'occlusion apparente des paupières. M. Bernheim a cité des exemples analogues. C'est surtout quand l'idée suggérée est fortement en opposition avec le caractère et les sentiments habituels du sujet que l'on rencontre cette résistance. En somnambulisme, la personnalité morale subsiste, à un certain degré, chez quelques

---

(1) Ch. Féré, *Annales méd.-psychol.*, 1883, t. II, p. 299.

somnambules; mais leur force de résistance aux suggestions de l'opérateur est faible et précaire, et il arrive souvent qu'ils finissent par céder, si l'injonction est réitérée avec énergie et sur un ton de commandement.

L'étude de la suggestion dans la période somnambulique devant faire l'objet du chapitre suivant, nous n'insisterons pas davantage pour l'instant sur cette matière.

CHAPITRE VII

LA SUGGESTION HYPNOTIQUE

ILLUSIONS, HALLUCINATIONS, IMPULSIONS PROVOQUÉES

I. — L'état somnambulique et ses variétés. — Hystériques et individus sains : l'hypnotisme chez ces derniers, d'après le professeur Bernheim. — Six catégories, de l'état de somnolence à la période de vie somnambulique.
II. — La suggestion : Braid, Durand (de Gros). — Suggestions motrices : catalepsies, paralysies provoquées. — Mouvements automatiques provoqués. — Amnésies verbales. — Hallucinations sensitives et sensorielles : goût, odorat, ouïe, vue, tact et autres modes de sensibilité. — Exemples.
III. — Somnambulisme profond : transformation de la personnalité. — Rêves provoqués. — Amnésie ; son rôle dans certains phénomènes suggestifs.
IV. — Illusions, hallucinations, posthypnotiques. — Hallucinations négatives et suggestions inhibitoires. — Suggestions à échéance plus ou moins éloignée.
V. — Impulsions posthypnotiques.
VI. — Troubles organiques d'ordre suggestif : les stigmatisés; action à distance des médicaments.

I

Nous avons jusqu'ici considéré l'hypnotisme principalement chez les hystériques; mais l'étude de la suggestion dans la période somnambulique, que nous nous proposons de faire maintenant, nous oblige à élargir notre cadre. Les phénomènes qu'il nous reste à exposer ne sont pas exclusivement du domaine de ce qu'on a appelé le *grand hypnotisme;* ils appartiennent aussi à un certain nombre d'états que l'on détermine chez beaucoup d'individus et qui, sous le nom de *petit hypnotisme*, sont considérés comme des diminutifs ou des aspects variés du somnambulisme provoqué.

Le grand hypnotisme avec ses phases bien caractérisées s'observe principalement chez les hystériques. Mais les hystériques sont des malades. N'y a-t-il pas lieu de se demander si dans les phénomènes du sommeil nerveux qu'on provoque chez elles, il ne se mêle pas quelques manifestations propres à leur maladie ? Ou plutôt, étant donnée la nature des phénomènes hypnotiques, qui empruntent pour se produire le mécanisme même d'un grand nombre de symptômes hystériques, l'inhibition, l'hystérie préexistante ne constitue-t-elle pas un terrain extraordinairement favorable à la culture intensive de l'hypnotisme, et propre à donner des produits d'une venue exceptionnelle ? C'est une question que nous ne voulons pas trancher, mais que se poseront certainement tous ceux qui, après avoir lu les travaux consacrés à l'étude du sommeil nerveux chez les hystériques, liront ceux des savants qui ont expérimenté chez les individus sains.

Chez ces derniers les phénomènes hypnotiques ne se prêtent plus à des distinctions si tranchées, et le somnambulisme profond est même assez rarement atteint. Par conséquent, ce que nous dirons des suggestions provoquées chez cet ordre de sujets, pourra à plus forte raison s'appliquer à ceux chez qui la névrose est plus complètement développée. C'est pourquoi nous nous croyons autorisé à n'étudier qu'un somnambulisme, qu'on le considère dans l'hystérie ou chez les individus exempts de cette maladie.

« Si je n'ai pas accepté comme point de départ de mes études, dit le professeur Bernheim, les trois phases de l'hypnotisme hystérique, telles que Charcot les décrit, la léthargie, la catalepsie, le somnambulisme, c'est que je n'ai pu confirmer par mes observations l'existence de ces états divers en tant que phases distinctes (1) ». L'étude de l'hypnotisme chez les sujets sains ne lui a révélé que les faits suivants : Quand un sujet est hypnotisé par n'importe quel procédé, il arrive un moment où ses yeux restent clos et les bras tombent en résolution. L'auteur se demande si c'est de la léthargie ? Mais le sujet, bien qu'immobile, insensible, inerte, entend tout et peut entrer en communication avec le monde extérieur; il suffit, pour le réveiller, de lui en intimer l'ordre : on peut produire chez lui les phénomènes cataleptiques (2) ou somnambuliques, par simple suggestion vocale. Aucune manipulation n'est nécessaire, ni souffle sur les yeux, ni ouverture des paupières, ni friction du vertex, comme cela se fait à la Salpêtrière. La simple suggestion suffit à déterminer toute la série des phénomènes hypnotiques et une fois le sujet endormi, tout autre procédé non seulement est inutile, mais reste

---

(1) Bernheim, *De la suggestion dans l'état hypnotique*, réponse à M. Paul Janet. Paris, 1884.
(2) Cataleptiformes.

absolument dénué d'efficacité. M. Bernheim n'a jamais rien produit chez les hypnotisés sains par l'ouverture des yeux ou la friction du vertex (1). Tout ce qu'il a constaté, c'est un degré variable de suggestibilité chez les hypnotisés : « les uns n'ont que de l'occlusion des paupières avec ou sans engourdissement; d'autres ont de plus de la résolution des membres avec inertie ou inaptitude à faire des mouvements spontanés; d'autres gardent les attitudes imprimées (catatepsie suggestive); la contracture suggestive, les mouvements automatiques suggestifs entrent ensuite en scène. Enfin, l'obéissance automatique, l'anesthésie, les illusions sensorielles et les hallucinations provoquées marquent les étapes progressives du développement de cette suggestibilité dont le degré culminant est constitué par le somnambulisme actif ou vie somnambulique. C'est ce dernier degré seul, celui où les phénomènes suggestifs sont le plus développés, qui s'accompagne d'amnésie au réveil. Un sujet environ sur six (2) de ceux que l'on hypnotise arrive à ce degré que nous appelons *somnambulisme profond*; et quand il n'y arrive pas d'emblée, par le seul fait de l'hypnotisation,

---

(1) La sensibilité aux actions réflexes étant déjà très développée chez les hystériques, et l'hypnotisme venant encore augmenter cette prédisposition, il est facile de comprendre que les singuliers réflexes qui comme celui du vertex, de l'occlusion, de l'ouverture des yeux, produisent chez les hystériques hypnotisées des effets si marqués, soient inefficaces chez les hypnotisés sains.

(2) « A peine un patient sur dix, dit Braid, arrive-t-il jusqu'à la phase du sommeil inconscient, » p. 244.

aucune des manœuvres que nous avons essayées n'a pu le développer (1). »

En résumé, M. Bernheim n'a mis en œuvre d'autre procédé que la suggestion et « la suggestion, c'est-à-dire la pénétration de l'idée du phénomène dans le cerveau du sujet par la parole, le geste, la vue, l'imitation, lui a paru être la clef de toutes les manifestations hypnotiques qu'il a observées. » Quel que soit l'exclusivisme de ce procédé, l'étude de ses résultats n'en est pas moins des plus intéressantes. Mais avant de nous y arrêter, voyons comment se comportent les individus sains soumis aux pratiques hypnotiques. M. Bernheim, avec M. Liébault, admet, en dehors des sujets complètement réfractaires, six catégories d'hypnotisés.

A un premier degré, caractérisé par un peu de somnolence et de pesanteur, on ne constate rien de particulier dans le plus grand nombre des cas ; dans quelques autres, alors même que le sujet n'éprouve aucune somnolence, il est possible de l'influencer par suggestion, par exemple de lui maintenir les paupières fermées. Il fait de vains efforts pour les ouvrir jusqu'à ce que l'opérateur le lui ait permis.

Dans le second degré, les paupières sont fermées. Les membres sont en résolution ; bien que non séparé du monde extérieur, le patient est assujetti à la volonté de l'expérimentateur. Il est possible de déterminer chez lui la catalepsie suggestive, c'est-à-dire qu'on peut placer ses

---

(1) *Loc. cit.*, p. 6.

membres dans une attitude quelconque et les y faire rester le temps qu'on veut, en lui suggérant l'idée qu'il ne peut modifier leur position. Au réveil il aura conservé le souvenir de tout ce qui s'est passé.

Au troisième degré, le sommeil est plus profond, la peau est plus ou moins insensible ; outre la catalepsie suggestive on peut déterminer chez les sujets des mouvements automatiques, comme de tourner les bras l'un autour de l'autre. On peut, par suggestion, faire continuer ce manège indéfiniment. L'ouïe est conservée.

Dans le quatrième degré, outre les phénomènes observés dans les précédents états, un fait nouveau se produit, la perte des relations avec le monde extérieur. Le patient n'est plus en relation qu'avec l'expérimentateur et n'entend plus que lui.

Le cinquième et le sixième degré constituent le somnambulisme ; ils sont caractérisés au réveil par l'oubli de tout ce qui s'est passé. C'est alors que tous ces phénomènes de suggestion atteignent leur plus complète expression.

Dans ces six catégories purement théoriques d'ailleurs on peut faire rentrer tous les cas particuliers. Ce n'est pas, cependant, qu'il ne s'en produise qui échappent à toute classification ; car chaque hypnotisé a une sorte d'individualité propre ; et particulièrement en ce qui concerne les phénomènes psychiques de l'hypnotisme, le caractère habituel de l'individu, son aptitude plus ou moins grande à se laisser diriger, à ajouter foi aux paroles des autres, joue un rôle prépondérant et son degré de sensibilité aux suggestions est loin d'être toujours en rapport avec la profondeur du sommeil dans lequel il est plongé. Nous avons déjà insisté sur ce point à propos des hystériques.

II

Braid a observé la puissance de la suggestion chez certains individus. On se rappelle que Faria n'employait pas d'autre moyen même pour endormir ses sujets d'expériences. Durand, de Gros, qui admettait deux périodes dans le sommeil hypnotique, la première, *hypotaxique* ou de préparation; la seconde, *idéoplastique*, pendant laquelle le sujet est en état de subir l'influence de l'endormeur, a parfaitement mis en lumière l'omnipotence de cet agent. Nous l'avons déjà étudié rapidement dans la partie du chapitre précédent consacré à la phase cataleptique chez les hystériques. Nous l'étudierons maintenant avec les développements nécessaires dans les états encore moins avancés de l'hypnotisme.

Les suggestions motrices sont des plus faciles à provoquer et n'exigent qu'un degré peu prononcé d'hypnotisation. Si l'on soulève le bras d'un hypnotisé et qu'on lui suggère l'idée qu'il ne peut plus le baisser, le bras se maintient un temps plus ou moins long dans la position donnée. Tantôt, d'après M. Bernheim, le membre reste flexible, facile à déprimer et retombe à la moindre pression qu'on exerce sur lui; tantôt il est contracturé et il ne cède qu'à une pression beaucoup plus forte. De ces deux cas le premier n'est autre chose qu'un état de passivité déterminé par l'injonction de l'endormeur ; dans le second il nous semble voir quelque chose de plus, la contracture cataleptiforme de la période somnambulique. Cependant, la contracture peut être déterminée aussi par suggestion. On peut produire le trismus des mâchoires, la contracture des muscles du cou, de ceux de la main, soit en flexion, soit en extension. La répétition fréquente des mêmes expériences amène une précision telle dans l'obéissance du sujet, qu'un mouvement, un geste de l'opérateur suffit à lui faire connaître sa pensée avant même qu'il l'ait formulée.

Diverses paralysies peuvent être également suggérées. Qu'on dise à un sujet : « votre bras est paralysé, » et si on le soulève il retombe inerte : l'autre au contraire reste cataleptisé. Cette suggestion pourra durer plus ou moins longtemps. M. Bernheim, ayant produit chez un de ses malades, une paralysie d'un bras et un état cataleptiforme de l'autre, les remit dans le lit et s'éloigna. Au bout de quarante minutes, le sujet dormant toujours, l'opérateur revint et souleva vivement les deux bras ; l'un resta en l'air, l'autre retomba.

Aux degrés avancés de l'hypnotisme le sujet exécutera tous les actes commandés. Il dansera, montrera le poing à quelqu'un, se jettera sur lui, le frappera, mettra sa main dans sa poche pour le voler, si on le lui ordonne. Parfois l'automatisme est tellement parfait qu'il imitera tous les gestes que fera l'endormeur, sautera, dansera, tournera les bras, prendra les attitudes les plus bizarres. Les mots prononcés devant lui, il les répétera incontinent à la façon d'une machine. Ce phénomène désigné sous le nom *d'écholalie*, à été observé pour la première fois, paraît-il, par Berger, de Breslau. « Il suffit de placer une main sur le front du sujet et l'autre sur la nuque pour le transformer, suivant l'expression de l'auteur allemand, en véritable phonographe d'Edison. Toutes les paroles prononcées devant lui, sont alors reproduites avec une scrupuleuse exactitude, le grec, le latin, l'hébreu, etc. » (1).

La production des mouvements automatiques s'obtient dans un degré moyen d'hypnotisation. Qu'on lève horizontalement les deux bras du sujet, et qu'on les fasse tourner l'un autour de l'autre, le sujet continue à les tourner soit de lui-même, soit après injonction. L'un d'eux raconte ainsi cette expérience : « L'expérimentateur me dit : tournez vos bras l'un sur l'autre. Allez vite. Bien. Vous ne pouvez plus vous arrêter. Et mes bras tournèrent violemment, indéfiniment, et je ne pus les retenir, malgré que je fisse des efforts résolus et puissants pour les comprimer, les opposant dans des actes contraires, les froissant l'un contre l'autre dans une lutte désespérée. » Cet exemple, emprunté à Durand, de Gros (2), a été fourni par un homme

---

(1) P. Richer, *loc. cit.*, p. 690.
(2) Dr Philips, *Cours théorique et pratique de Braidisme*, Paris, 1860.

âgé et instruit, qui raconte ainsi ce qui se passa pendant qu'il était en état d'hypnotisme :

« — Bientôt commença votre action sur moi, et je devins véritablement machine sous votre volonté motrice. Vous affirmiez un fait : de prime abord j'hésitais à croire ; et tout aussitôt j'étais obligé de me rendre à l'évidence du fait accompli.

« — Vous ne pouvez pas ouvrir les yeux. Et vainement j'essayais d'ouvrir, et vainement mon sourcil se relevait, et la peau de mon front se ridait soulevée : les paupières restaient collées.

« — Vous êtes cloué sur le fauteuil, vous ne pouvez plus vous lever. Et vainement mes bras libres, et qui passent pour très vigoureux encore, s'appuyant aux bras du fauteuil, essayèrent de soulever la masse inerte du bassin et des jambes : j'étais cloué.

« — Levez-vous. Vous ne pouvez plus ni vous asseoir, ni vous baisser. Et tous mes efforts pour changer de place et rompre cet état de paralysie ridicule demeuraient infructueux.

« — Vous ne pouvez plus ouvrir la bouche. Et mes mâchoires se trouvèrent tout à coup soudées indissolublement.

« Pendant que ces opérations suivaient leur cours, je causais avec les spectateurs, et je donnais à la masse du public le détail de mes impressions, soit spontanément, soit pour répondre aux questions qui m'étaient adressées. »

Les expériences sur les suggestions sensorielles échouèrent complètement chez ce sujet ; il ne trouva toujours que le goût de l'eau claire au liquide qu'on lui présenta, bien que l'opérateur lu suggérât l'idée qu'il buvait une liqueur ou un vin exquis. L'expérience sur l'odorat ne

Fig. 11. — Suggestions chez un jeune sujet, hallucinations provoquées.

réussit pas davantage, il ne se produisit qu'un certain degré d'anosmie; les odeurs suggérées restèrent non avenues.

L'expérimentateur lui enjoignit ensuite de bégayer.

« — Vous allez bégayer; bégayez, vous ne pouvez plus vous empêcher de bégayer. Et il bé... bé... gaya. — Vous allez perdre la faculté d'émettre la voyelle A et même la notion de cette lettre. Essayez, vous ne pouvez pas dire A. »
Il lui fut impossible de dire A. L'expérimentateur lui dit ensuite d'écrire son nom. Il écrivit son nom moins les deux A qu'il contenait.

Pendant une séance d'hypnotisation, raconte M. Hack Tuke, un jeune homme voulut prononcer quand même son propre nom, quoiqu'il fût sous l'influence du magnétiseur Hansen, et que ce dernier lui eût défendu de le faire. Malgré des efforts prolongés et de ridicules grimaces, il ne put prononcer que la première lettre B et en fut réduit à des gesticulations silencieuses (1).

Un des sujets du Dr Bernheim, plongé dans un somnambulisme léger, recevait toutes les suggestions qu'il lui plaisait de lui donner. Il le faisait aussi bégayer; il l'envoyait au tableau écrire son nom, en lui suggérant qu'il ne pourrait plus écrire les consonnes, et il écrivait *ee;* qu'il ne pourrait plus écrire les voyelles, et il écrivait *B. r. n. m.* Chez ce sujet, les hallucinations des sens étaient instantanées. On lui suggérait l'idée d'aller s'asseoir sur une chaise où il trouverait un chien; il s'approchait, caressait le caniche imaginaire, semblait craindre

---

(1) *De l'état mental dans l'hypnotisme.* (*Annales médico-psychologiques*, 1883, t. II, p. 392.

d'être mordu. On lui montrait son fils qu'il n'avait pas vu depuis de longues années, il restait comme en extase en le reconnaissant, et ses yeux se remplissaient de larmes.

Il était facile de lui suggérer toutes sortes d'illusions sensorielles. Le sulfate de quinine était pris pour du sucre; un crayon lui servait de cigare, et lui procurait l'ivresse du tabac. « Je lui dis que ce cigare est trop fort et qu'il va se trouver mal : il est pris de quintes de toux, crache, a des nausées, des expuitions aqueuses, pâlit, a des vertiges. Je lui fais avaler un verre d'eau en guise de champagne; il le trouve fort. Si je lui en fais avaler plusieurs, il est ivre, il titube. Je lui dis : « L'ivresse est gaie ; il chante avec des hoquets dans la voix »; je provoque un fou rire. Je dis : « L'ivresse est triste ; il pleure et se lamente ».

Le sujet de ces expériences était un homme de quarante-quatre ans, photographe, présentant des symptômes d'une tumeur cérébelleuse, mais n'ayant jamais éprouvé d'accidents névropathiques.

Chez les grands somnambules surtout, le goût est susceptible d'illusions et d'hallucinations de diverse nature. L'hypnotique, au gré de l'opérateur, prendra de l'eau pure pour du poison ou un breuvage excellent. M. Richet a souvent faire boire à ses sujets hystériques de l'huile ou des liquides d'un goût repoussant en leur suggérant l'idée qu'ils buvaient des liqueurs délicieuses. Un morceau de papier baptisé gâteau par l'expérimentateur sera mangé avec jouissance par le somnambulique, même à son réveil.

L'odorat subit à son tour des illusions analogues. On peut suggérer l'idée d'une odeur quelconque, le parfum d'une fleur ou d'une eau de senteur, des émanations infectes ou nauséeuses. Ces hallucinations pourront persister au réveil comme celles que nous avons précédemment énumérées.

De même pour l'ouïe et pour la vue. L'hypnotisé, si on le lui commande, entendra le chant des oiseaux, une musique délicieuse, la voix d'une personne amie, ou encore des grossièretés, des obscénités, des injures. Il verra tour à tour des objets ou des scènes agréables, pénibles ou terrifiantes (fig. 11).

Les illusions et les hallucinations du sens du tact sont extrêmement nombreuses et aussi variées que peuvent le permettre les divers modes de la sensibilité, soit isolément, soit associés entre eux.

L'anesthésie de la peau et des muqueuses se produit spontanément dans l'hypnotisme. Quand elle n'existe pas, on peut la provoquer par suggestion. A un hypnotisé sensible, on suggère que la surface des ses téguments est anesthésiée, ainsi que sa muqueuse olfactive ; on peut ensuite, sans qu'il manifeste la moindre douleur, lui traverser la peau par des instruments piquants ou lui faire respirer des substances irritantes comme l'ammoniaque.

O peut provoquer de même la cécité ou la surdité. Le sujet sous l'influence de l'idée ainsi suggérée déclare ne plus voir, ne plus entendre, et les bruits les plus assourdissants sont impuissants à le faire tressaillir.

Suzanne, observée par M. P. Richer à la Salpêtrière, grande hystérique susceptible de passer par les trois périodes de l'hypnotisme, est mise en somnambulisme par la pression du vertex. Aussitôt on provoque à volonté chez elle des illusions et des hallucinations de tous les sens, excepté de la vue. Un flacon entre ses mains devient un couteau, elle a peur de se couper et essaye de le fermer. L'éther se transforme en musc ; le bruit atténué du tam-tam se change en bruit de cloches, en concert, en roulements de tambours d'un régiment qui passe : elle finit même par entendre le piétinement des chevaux, mais ne peut *les apercevoir*. La poudre de coloquinte se transforme en sirop de groseilles. « Tour à tour, à la voix de l'observateur, elle reçoit des coups imaginaires, sent l'impression d'un vent froid qui n'existe pas, trouve qu'on la chatouille lorsque personne ne la touche, elle entend la musique au milieu du plus profond silence, elle respire l'odeur de l'encens que rien autour d'elle ne peut lui rappeler, elle a dans la bouche un fort goût d'absinthe qui lui brûle même la gorge, quand elle n'a absolument rien pris. » Une autre malade du même auteur « mord à belles dents dans une pelote qu'on lui dit être un gâteau, boit du rhum qui n'est que de l'eau pure, entend la musique militaire et voit le régiment qui passe ; elle monte sur la tour Saint-Jacques et a le vertige ; elle voit toutes sortes d'animaux, des chats, des chevaux, des éléphants ; le tout au gré de l'expérimentateur. A son réveil, elle a un vague souvenir de tout ce qu'on lui a fait voir. C'est comme un rêve qu'un trop brusque réveil aurait effacé (1). » Dans un certain nombre de cas, chez les grandes hystériques frappées d'hémi-anesthésie, il n'est pas possible de provoquer des hallucinations dans les sens qui ont perdu leur activité. Ainsi les illusions du tact n'auront lieu que du côté sain, et les hallucinations colorées de la vue ne pourront être déterminées pour l'œil achromatopsique.

III

A un degré encore plus avancé d'hypnotisation, la conscience disparaît, la spontanéité psychique est supprimée, et le sujet devient dans toute la force du terme un automate soumis à la volonté, au caprice de l'expérimentateur. Mais dans cet état même, il existe encore quelque chose de propre à l'individu ainsi annihilé ; c'est la façon dont son cerveau réagit sous l'influence de la suggestion, et qui n'est ni la même, ni égale chez tous.

Un des phénomènes les plus extraordinaires de cette phase, c'est la possibilité de faire perdre à un somnambulique la notion de sa propre personnalité et de la transformer en une autre.

Durand, de Gros, dit à une jeune fille en expé-

---

(1) P. Richer, *loc. cit.*, p. 702-703.

rience : Vous êtes un prédicateur ! Aussitôt, elle joint les mains, fléchit les genoux, puis, la tête inclinée et les yeux au ciel, elle prononce, avec une expression de piété fervente, quelques mots d'exhortation (1).

M. Bernheim (2) dit à un de ses sujets : Tu as six ans, tu es un enfant, va jouer avec les gamins. Et il se met à faire le simulacre de jouer aux chiques, à l'attrape, à saute-mouton, le tout avec des détails d'une précision surprenante. Il lui dit : Vous êtes une jeune fille ! Il baisse modestement la tête et fait semblant de coudre. — Vous êtes général, à la tête de votre armée ! Il se redresse et s'écrie : En avant ! — Vous êtes un digne et saint curé ! Il prend un air illuminé, fait le signe de la croix et semble se livrer à une lecture pieuse. — Vous êtes un chien ! Il se met à quatre pattes et aboie.

M. Ch. Richet a cité diverses expériences de ce genre sous le nom d'*objectivation des types* par amnésie de la personnalité. Chez deux personnes du sexe, somnambulisées par des passes magnétiques, il suffisait d'un mot prononcé avec autorité pour opérer la transformation de personnalité. M... est successivement transformée en paysanne, en actrice, en général, en prêtre, en religieuse. A... est transformée aussi en général, en matelot, en vieille femme, en petite fille, en une *personne réelle*, qu'elle a connue. Dans ces objectivations, la modification des sen-

(1) Dr Philips, *loc. cit.*, p. 116.
(2) Bernheim, *loc. cit.*

timents est complète. La timidité de l'une se change en hardiesse si le personnage qu'elle représente l'exige, ses sentiments religieux en irréligion ; B... de silencieuse devient bavarde, de réservée devient provocante ; elles donnent à ces personnages qu'elles représentent les sentiments, les goûts, les allures qu'elles leur supposent dans la réalité. Néanmoins, dans tous ces changements de personnalité, le caractère propre du sujet se révèle et chacun joue son rôle avec ses qualités personnelles et les aptitudes dont il dispose.

Le même auteur ayant réussi à endormir un de ses amis, parvint au bout de quelques séances à lui faire subir quelques transformations de personnalité :

« *En prêtre* : il se dispose à recevoir des confessions, écoute avec la plus scrupuleuse attention les billevesées qu'on s'amuse à lui dire ; s'indigne quand on ne lui parle pas sérieusement. Pendant une demi-heure, il joue ce rôle avec une dignité triste qui ne se démentit pas. Un de mes amis, présent à cette séance curieuse, s'amuse à dire : « A bas la calotte ! » C... joint les mains, et avec une onction ineffable dit : « Pardonnez-leur, mon Dieu ! ils ne savent pas ce qu'ils font. »...

« *En femme*, son premier mot est : « Ne me chiffonnez pas. » Il prend le rôle d'une femme légère.

« *En vieillard*, il s'assied dans un fauteuil en geignant, en se tâtant les genoux ; demande une canne pour marcher, tousse en parlant, respire difficilement. Au lieu de s'imaginer qu'il est devenu un vieillard de l'époque actuelle, il croit être un vieillard de 1933, par exemple. Il parle alors de ses souvenirs de jeunesse, qui sont confus et nageant dans le brouillard, et qui se rapportent à l'époque actuelle. « De mon temps, disait-il, on allait aux pièces de Victor Hugo ; j'ai même assisté du vivant de Victor Hugo à la reprise de *Le Roi s'amuse* »... (1).

Le même somnambulique peut être transformé en divers autres types ; en cabotin, par exemple, ou en personnage de comédie. S'il fait Harpagon, il s'incarne tellement dans son rôle, il est tellement *dix-septième siècle*, que si on lui dit qu'il a des rentes sur l'État et des obligations de chemins de fer, il se passe la main sur le front, se demande ce que cela signifie, n'y comprend rien, a presque une crise nerveuse et éprouve un désordre intellectuel qui persiste pendant quelque temps.

Un sujet du Dr Bernheim, ancien sergent, blessé à Patay, ouvrier de hauts fourneaux, est mis en état de somnambulisme. « Je lui dis : — Vous êtes en 1870, sergent à la tête de votre compagnie ; vous êtes à la bataille de Gravelotte. Il réfléchit un instant, comme pour revivifier ses souvenirs ; ils renaissent, deviennent image, et s'imposent avec une saisissante réalité. Il se lève, appelle les hommes de sa compagnie, commande, marche, les dispose pour l'action : l'ennemi est là ! il se couche, épaule

---

(1) C. Richet, *L'Homme et l'intelligence*, Paris, 1884.

son fusil, tire plusieurs fois de suite ; quelques-uns de ses soldats tombent ; il ramène le courage des autres : « Allons, courage ! abritez-vous derrière ce buisson !... » Ou bien je le remets en imagination au combat de Patay, où un éclat d'obus l'atteint au crâne. Il tombe, reste sans proférer un mot, porte la main sur sa tête, ne bouge pas... En revivant cette partie de son existence, il dédouble pour ainsi dire sa personnalité. Il fait à la fois les questions et les réponses, il parle pour lui et pour les autres, comme s'il faisait un récit. Je le transfère à Dijon où il était en garnison : « Tiens ! caporal Durand, comment vas-tu ? » — Pas mal, et toi ? D'où viens-tu comme cela ? » — Je viens de congé, j'étais à Saverne... Allons au café prendre un bock. » Il cherche des chaises, prie ses camarades de s'asseoir, appelle le garçon, commande des bocks et continue à parler de toute espèce de choses avec ses compagnons, parlant à la fois pour lui et pour eux. Je lui dis : « — Où êtes-vous ? » — Je suis à Dijon. » — Que suis-je, moi ? » — Vous êtes le Dr Bernheim. » — Mais je ne suis pas à Dijon. Vous êtes à l'hôpital Saint-Charles, de Nancy. » — Mais non, puisque je suis à Dijon. Voici mes camarades, je ne vous connais pas. » A son réveil, le souvenir de tout ce qui s'est passé est absolument éteint (1) ».

Tout le monde reconnaîtra les analogies d'un état semblable avec l'état de rêve ou de som-

---

(1) Bernheim, *loc. cit.*, p. 38.

nambulisme spontané. Malgré ces divagations de l'automatisme cérébral, il subsiste au fond de l'individu un vague sentiment de son identité, qui remonte à la surface aussitôt qu'on s'adresse directement à elle. C'est ce qu'on observe chez certains fous, rêveurs d'un autre genre, mais rêveurs tout de même. Voici un grand prince qui s'avance vers vous d'un air majestueux. Vous le saluez : — Bonjour, monseigneur, comment va votre altesse ? » — Fort bien ; je vous remercie. »— Cirez mes chaussures, je vous prie ; pourquoi n'est-ce pas fait ? » — Monsieur m'excusera ; je l'avais oublié. » Ce double personnage avant d'être prince était un valet de chambre.

Mais il est des cas où ce reste d'identité personnelle semble s'effacer à son tour, et où il ne reste plus rien dans le cerveau du sujet, qu'un vide stupéfiant, insondable.

Une des expériences favorites du magnétiseur Hansen, consiste dans la production d'une perte partielle de la mémoire. Ainsi il fait oublier à son sujet son nom, ses prénoms, son âge, son domicile. L'amnésie peut être poussée plus loin, jusqu'à la perte absolue de tout souvenir. M. Liégeois rapporte des expériences où il suggérait à une dame en somnambulisme qu'elle ne se souvenait plus de rien, qu'elle ne savait plus si elle était morte ou vivante, homme ou femme, mariée ou non, mère de famille ou sans enfants. Et la patiente, à toutes les questions, répondait, avec une étrange expression de stupeur : « Je ne sais pas ».

Ces phénomènes d'amnésie partielle peuvent être provoqués dans un état hypnotique où la conscience subsiste encore, comme nous en avons plus haut fourni des exemples dus à Durand (de Gros), Bernheim, Hack Tuke. C'est aussi l'amnésie qui donne l'explication des hallucinations *négatives* dont nous parlerons dans un instant. Elle joue, en somme, un rôle important dans le mécanisme des manifestations hypnotiques, que nous étudierons dans un chapitre subséquent.

Quelques somnambuliques ont des rêves spontanés. Nous ne faisons que signaler ce fait qui a déjà été traité dans un chapitre précédent, à propos des hystériques chez qui il semble plus particulièrement se produire. Cependant on en trouve des exemples chez des hommes.

Un homme de trente-sept ans, hypnotisé par M. Bernheim, se montre docile aux suggestions de tout genre. L'abandonne-t-on à lui-même, il entre en rêves spontanés. Un jour, étant en somnambulisme, il donnait tous les signes de la plus vive frayeur. Il apercevait un tigre, en face de lui, dans un désert. — Il vient ! le voici ! » s'écrie-t-il. — Quoi donc ? » — Le tigre ! le voyez-vous, là-bas ! » Pendant ces rêves spontanés, il restait néanmoins en relation avec la personne qui l'avait endormi.

IV

Un second ordre de faits des plus singuliers observés pendant le somnambulisme, c'est la possibilité de susciter à un somnambule des suggestions d'hallucinations, d'illusions et d'actes qui se manifesteront soit immédiatement après le réveil, soit à une échéance plus ou moins longue. Ramené à lui-même le sujet n'a aucun souvenir de ce qui s'est passé pendant son sommeil. L'idée qui naît dans son cerveau et qui lui a été suggérée à son insu, il la croit spontanée. L'image fictive que le même organe projette au dehors, il la voit réelle et ne songe pas plus à mettre en doute son existence que nous n'avons l'habitude de nous défier de nos sensations ordinaires.

Parmi les somnambules, les uns sont susceptibles de suggestions d'actes, d'autres le sont en même temps d'illusions et d'hallucinations sensorielles limitées à un ou plusieurs sens, ou généralisées ; d'autres peuvent recevoir des suggestions de toute nature. Il est des sujets qui, pour des raisons psychologiques sur lesquelles nous avons insisté précédemment à plusieurs reprises, ne réalisent que partiellement les suggestions qu'ils ont reçues, ou y résistent tout à fait. Il en est donc de même des hallucinations ou impulsions posthypnotiques que de celles qui sont provoquées pendant le sommeil nerveux même.

Quelques mots à propos de suggestions sensorielles. On annonce à un somnambule qu'il éprouvera à son réveil des douleurs dans diverses parties du corps : des crampes dans une jambe, des démangeaisons du cuir chevelu. Ces divers troubles sensoriels seront éprouvés au réveil. On fera réveiller tel sujet avec une plaie imaginaire à un membre, tel autre avec une infirmité répugnante.

La vue est un des sens les plus faciles à affecter. On peut suggérer la vue d'objets qui n'existent pas et qui seront vus au réveil comme ils l'ont été pendant le sommeil hynotique. On peut localiser à son gré l'hallucination, la faire voir à telle ou telle place, sur tel ou tel objet qui servira d'écran ou de réflecteur. Un morceau de carton placé dans un certain sens représentera le portrait d'une personne connue. Qu'on en modifie la position, et le portrait, suivant le mouvement imprimé au carton, sera vu en travers ou la tête en bas. Qu'on en modifie la distance par rapport à l'hypnotisée, et l'image perçue subira toutes les modifications exigées par les lois de la physique.

M. Bernheim suggère à un de ses malades qu'à son réveil il verra une personne présente la figure rasée d'un côté et un immense nez en argent. Après son réveil, le regard du patient s'étant par hasard porté sur la personne en question, il partit d'un immense éclat de rire : « Vous avez donc fait un pari, dit-il, vous vous êtes fait raser d'un côté. Et ce nez ! Vous étiez donc aux Invalides ? »

Le même expérimentateur dit à un autre de ses somnambules : « Quand vous vous réveillerez, vous irez à votre lit, vous y trouverez une dame qui vous remettra un panier de fraises, vous la remercierez, vous lui donnerez la main, puis vous mangerez les fraises. » Ainsi fut fait ; et l'hypnotique mangea les fraises, les suçant avec délice, jetant les pédicules, s'essuyant les mains de temps en temps avec une apparence de réalité dont l'imitation serait difficile (1).

Au gré de l'expérimentateur, le sujet entendra à son réveil une musique délicieuse ; assistera à une violente dispute, à des incidents dramatiques ou à des scènes de comédie. Une jeune fille se verra parée de bijoux charmants, et au bout de quelques minutes, quand l'hallucination disparaîtra d'elle-même, elle manifestera le plus vif chagrin de se trouver dépouillée de ces richesses qui lui étaient venues en dormant, comme dans un conte de fées.

Parfois la durée des hallucinations postnypnotiques est très courte. D'autres fois, elle dure assez longtemps pour que, quand elles sont d'ordre pénible, il soit nécessaire de réendormir le sujet pour les faire disparaître.

On peut provoquer aussi des suggestions viscérales et produire par ce moyen des modifications intenses de l'innervation sympathique. Une pilule imaginaire prise par l'hystérique du Dr Taguet pendant la période de somnambulisme, faisait cesser au réveil une constipation

(1) Bernheim, p. 24.

opiniâtre. Un malade du Dr Bernheim qui avalait pendant son sommeil avec toutes les marques d'un vif déplaisir, une bouteille d'eau de Sedlitz non moins imaginaire, allait dans la journée quatre ou cinq fois à la garde-robe. M. Bottey, ayant fait à une de ses somnambules, l'injonction d'avoir ses règles dans les quarante-huit heures, il se produisit chez cette jeune femme qui était alors très éloignée de son époque menstruelle une telle congestion de l'utérus, qu'elle eut dès le lendemain une leucorrhée extrêmement abondante, qui ne persista pas.

Il est aussi facile de suggérer des besoins imaginaires dont la satisfaction s'impose impérieusement au réveil. Qu'on suggère à une hypnotique qu'une fois réveillée elle aura faim ou soif, ou qu'elle aura un besoin d'un autre genre à satisfaire, et aussitôt sortie de l'état somnambulique, on la verra se jeter en véritable affamée sur les aliments et les boissons, ou s'éloigner avec hâte, ne pouvant dissimuler un malaise croissant, si par quelque artifice on s'efforce de la retenir.

Les suggestions peuvent agir non seulement sur des sens ou des organes isolés, mais encore sur l'individu tout entier. On peut par exemple suggérer à une hypnotique qu'elle est en cire : à son réveil elle manifestera une vive frayeur si elle voit qu'on approche d'elle une allumette enflammée. Si on lui a inculqué l'idée qu'elle est en verre, elle s'écriera qu'il ne faut pas la toucher, de crainte de la briser. Un véritable délire peut s'organiser autour de ces conceptions imposées.

Non seulement la suggestion peut avoir pour effet de modifier les impressions sensorielles, ou d'en faire naître de fictives, mais elle peut encore avoir pour résultat de les suspendre d'une façon plus ou moins complète. Nous avons vu que pendant le sommeil somnambulique on pouvait rendre un sujet aveugle ou sourd à volonté. On peut aussi le faire se réveiller avec les mêmes infirmités. Le phénomène peut être décomposé ; il peut être limité à un sens, à un objet, à un individu : ce sont les suggestions d'*hallucinations négatives* de M. Bernheim et les suggestions *inhibitoires*, de M. P. Richer. Ce dernier démontre en effet que l'intervention de l'opérateur a pour résultat, non pas de supprimer la sensation, mais simplement de l'empêcher d'arriver à la conscience. Si, par exemple, on rend invisible pour un somnambulique un petit carré de papier rouge et qu'on le place sur un point d'une carte blanche que le sujet doit regarder attentivement il ne voit pas le papier rouge, mais il distinguera du vert, couleur complémentaire du rouge. L'impression du rouge a donc pénétré dans les centres nerveux, mais par suite de l'action inhibitoire de la suggestion négative imposée, elle n'entre pas dans le champ de la conscience (1).

M. Féré ayant imaginé de rendre invisible pour une hystérique somnambule un tam-tam

---

(1) Ch. Richer, *loc. cit.*, p. 727.

dont la percussion la rendait instantanément cataleptique, il fut possible désormais de faire résonner l'instrument à ses oreilles sans amener la catalepsie.

M. Bernheim affirma à une de ses malades qu'à son réveil elle ne le verrait plus. Elle se mit à sourire. Quand elle fut réveillée elle le chercha inutilement. — Je suis là, lui dit-il ; vous me voyez bien, je vous touche, je vous chatouille le front. » Elle ne bougea pas. — Vous voulez vous moquer de moi, ajouta-t-il, vous jouez la comédie. Vous ne pouvez vous empêcher de rire ; vous allez partir d'un immense éclat. » Elle ne sourcilla pas davantage. L'escamotage de la personne de l'opérateur était parfait. Pour qu'il redevint visible, il fut nécessaire de suggérer à la malade qu'il allait rentrer par la porte ; alors elle le vit, le salua et se montra contente de le revoir.

Le Dr Liébault suggéra à une dame non hystérique, qu'à son réveil elle ne verrait plus le Dr Bernheim qui assistait à l'expérience ; qu'il serait parti ayant oublié son chapeau ; qu'elle prendrait ce chapeau, le mettrait sur sa tête et le rapporterait au domicile du professeur. A son réveil, ce dernier se plaça en face d'elle : — où est le Dr Bernheim ? » lui demanda-t-on ; et elle répondit : — Il est parti : voici son chapeau. » Malgré tout ce qu'il put faire pour se faire reconnaître, il ne put y parvenir ; bien que présent, il n'existait plus pour elle. Enfin quand elle partit, elle prit le chapeau et le mit sur sa tête. Elle l'eût porté ainsi au domicile du docteur, si

M. Liébault ne le lui avait redemandé. Des expériences analogues purent être répétées chez divers autres sujets en somnambulisme.

Ces illusions et hallucinations posthypnotiques peuvent être commandées pour une époque plus ou moins éloignée. On peut suggérer à un sujet que tel jour, à telle heure il éprouvera tel ou tel phénomène. Une céphalalgie, par exemple ; de la faiblesse d'un membre, de la surdité ; ou qu'il verra un personnage important, assistera à une scène quelconque. — Tout se réalisera conformément à l'injonction de l'endormeur.

V

Je citerai maintenant quelques suggestions d'actes posthypnotiques. Les actes suggérés peuvent être exécutés au moment du réveil ou à une échéance plus ou moins éloignée, selon la volonté de l'opérateur. A un vieux marin employé de chemin de fer, M. Bernheim suggère qu'à son réveil, il lira le chapitre d'un livre de chimie, intitulé : *Or*, et fera ensuite quelques réflexions plaisantes que lui inspirera cette lecture. A son réveil, le sujet prend ses lunettes, ouvre la chimie, cherche à la table le chapitre *Or*, se met à le lire : « Pourquoi, lui dit l'expérimentateur, lisez-vous cet article ? — C'est une idée, » répond-il ; puis au bout de quelques minutes, s'arrêtant dans sa lecture : « De l'or, dit-il, si j'en avais, je vous récompenserais bien ; mais je n'en ai pas. » Et il se remet à lire. S'interrompant de nouveau, au bout d'un instant, il ajouta : « Ce n'est pas la Compagnie de chemins de fer qui enrichit ses employés. »

A un autre, il fut suggéré de voler à son réveil une cuiller d'argent. La première fois, il hésita : « Non, dit-il, ce serait un vol. » Et il n'obéit pas à la suggestion. L'expérience ayant été renouvelée et la suggestion lui ayant été faite d'une voix plus impérieuse, il vit à son réveil la cuiller, hésita un instant, puis dit : « Ma foi tant pis ! » et il la mit dans sa poche.

Dans le cas de suggestions à échéance plus ou moins éloignée tantôt l'idée sommeille ignorée du sujet jusqu'au moment de sa mise en œuvre. D'autres fois, elle s'éveille plus ou moins longtemps à l'avance, et peut se transformer en véritable obsession : mais la première alternative est la plus ordinaire.

On ne connaît pas quelle peut être la limite de temps au bout de laquelle toute suggestion est impossible ; elle est assurément fort variable selon les sujets, mais il est vraisemblable qu'elle peut être considérable. M. Bottey raconte qu'ayant mis en somnambulisme la servante d'une maison où il allait dîner tous les quinze jours, il lui ordonna que lorsqu'elle viendrait lui ouvrir la porte quinze jours plus tard, elle ne pourrait s'empêcher de le frapper. Ce fut en effet ce qui arriva. Au moment fixé, la servante se précipita sur lui et, lui administra une telle quantité de horions qu'il perdit pour longtemps, dit-il, l'envie de renouveler une pareille expérience (1).

M. Richet, avant de réveiller une dame en somnambulisme, lui enjoint de revenir tel jour, à telle heure. Au jour et à l'heure convenus elle arrive : « Je ne sais pas pourquoi je viens, dit-elle, il fait un temps horrible. J'avais du monde chez moi. J'ai couru pour venir ici et je n'ai pas le temps de rester ; il faut que je reparte dans quelques instants. C'est absurde ; je ne comprends pas pourquoi je suis venue (2). » De nombreux exemples de ce genre se trouvent dans le travail du même auteur et dans ceux que nous avons précédemment cités.

A une dame en somnambulisme, M. Liégeois dit : Dans quatre jours, vous irez chez Mme S..., vous la trouverez dans sa salle à manger, vous irez à telle armoire, vous y prendrez un verre de liqueur, puis vous vous moquerez de sa petite fille qui sera bizarrement vêtue. A son réveil, le sujet n'a conservé aucun souvenir de cette suggestion. Au jour et à l'heure dits, elle met ponctuellement à exécution les actes qui lui ont été ordonnés et elle éclate de rire, en voyant l'enfant de Mme S... qui, vêtue de gris, lui semblait affublée d'une robe rouge et d'une toque verte.

Enfin il est possible dans l'état somnambulique de suggérer des idées fixes, des impulsions irrésistibles auxquelles le sujet, après son réveil,

---

(1) Bottey, *Magnétisme animal*, Paris, 1884.
(2) Ch. Richet, *L'Homme et l'intelligence*, p. 253.

obéira avec une précision absolue. Le Dr Taguet raconte ce qui suit dans l'observation de la malade dont nous avons parlé dans un chapitre précédent : « Nous lui ordonnons un jour de se rendre à la préfecture, de monter au deuxième étage, de forcer la première porte qu'elle rencontrera et de décharger un revolver sur les personnes présentes ; au moment où nous allions la réveiller, elle nous arrête et nous dit qu'il lui sera impossible d'accomplir l'ordre donné ; qu'elle attend l'arme annoncée, et nous prie de lui indiquer le jour et l'heure. Notre ordre imprudent, s'il avait été complet, aurait pu coûter la vie à plusieurs personnes si la malade eût été réveillée sous l'impression de cette malheureuse idée que nous dûmes effacer de son cerveau, son souvenir étant subordonné à notre volonté. »

Nous n'insistons pas davantage sur les impulsions posthypnotiques, dont l'examen est réservé au chapitre consacré à la médecine légale.

VI

Dans un paragraphe précédent, nous avons dit quelques mots des perturbations organiques que la suggestion peut déterminer dans le corps humain. Des faits du même ordre, absolument nouveaux, viennent d'être mis en lumière et nous obligent à entrer dans les quelques développements complémentaires qui vont suivre.

Au dernier congrès tenu par l'Association française pour l'avancement des sciences à Grenoble, au mois d'août 1885, de curieuses expériences de nature à élucider la question si controversée des stigmates sanguinolents des extatiques religieux (1), ont été relatées par MM. Bourru et Burot, professeurs à l'école de médecine navale de Rochefort. Ces expérimentateurs sont parvenus à produire ce fameux miracle par simple suggestion chez un hystéro-épileptique mâle soumis à leur observation. Ce malade, hémiplégique et hémi-anesthésique à droite, était hypnotisable et susceptible de recevoir des suggestions de toute sorte. L'ayant mis en somnambulisme, l'un d'eux lui donna la suggestion suivante : « ce soir, à quatre heures, après t'être endormi, tu te rendras dans mon cabinet, tu t'asseoiras dans le fauteuil, tu te croiseras les bras sur la poitrine, et tu saigneras du nez. » A l'heure dite, les divers actes suggérés furent exécutés, et quelques gouttes de sang sortirent des narines du patient.

Un autre jour, l'un de ces expérimentateurs l'ayant endormi, traça son nom avec un stylet mousse sur ses deux avant-bras en lui disant : « Ce soir, à quatre heures, tu t'endormiras et tu saigneras aux bras sur les lignes que je viens de tracer. » L'heure arrivée, le sujet s'endormit, les caractères tracés sur la peau se dessinèrent en relief rouge vif, et des gouttelettes de sang se

---

(1) Voyez Bourneville, *Science et miracle. Louise Lateau ou la stigmatisée belge*, Paris, 1878.

montrèrent en plusieurs points du côté non anesthésié.

Ce malade ayant été transféré à l'asile d'aliénés de La Rochelle, le Dr Mabille, médecin-directeur de cet établissement, renouvela cette expérience et obtint le même succès. Ayant tracé une lettre sur chaque avant-bras, et prenant successivement les deux mains du sujet : « A quatre heures, commanda-t-il, tu saigneras de ce bras, — et de celui-ci. » — Je ne peux pas saigner du côté droit, » dit le malade en désignant ainsi son côté paralysé. Au moment précis indiqué, le sang perla à gauche, mais non à droite.

Ces expériences furent ensuite répétées devant un nombreux public médical. Le 4 juillet dernier, le sujet étant somnambulisé, notre distingué collègue trace une lettre sur son poignet en lui ordonnant de saigner immédiatement en ce point. « Cela me fait grand mal » objecte le patient. « Il faut saigner quand même » lui commande l'opérateur. « Les muscles de l'avantbras se contractent, le membre devient turgescent, la lettre se dessine rouge et saillante, enfin des gouttes de sang apparaissent et sont constatées par tous les spectateurs. Toutefois il faut signaler que, dans cette dernière expérience, il y eut une erreur de lieu. Ce fut la lettre tracée au voisinage l'avant-veille, qui laissa suinter du sang. Peut-être la suggestion n'avait-elle pas été assez précise, peut-être l'exécution était-elle trop rapprochée du commandement, car c'était la première fois que la suggestion n'était pas faite pour un temps éloigné de quelques heures (1). »

S'agit-il encore de phénomènes d'ordre suggestif dans les singulières modifications de l'organisme que, devant le même congrès, les mêmes expérimentateurs ont déclaré obtenir par l'action à distance des médicaments? Ce n'est pas, nous l'avouons, sans quelque hésitation et sans faire de sérieuses réserves, que nous avons résumé pour nos lecteurs la communication de MM. Bourru et Burot, tant tous les faits qui y sont relatés sont étranges et échappent à toute interprétation scientifique.

Ayant essayé l'action des métaux d'après la méthode de Burq sur la paralysie dont était atteint leur hystéro-épileptique, ces médecins constatèrent que l'or surtout se montrait très énergique. Un objet d'or produisait un sentiment de brûlure intolérable non seulement au contact de la peau, mais encore à une distance de dix à quinze centimètres, à travers les vêtements, et même à travers la main fermée de l'expérimentateur. La boule d'un thermomètre à mercure, approchée de la peau, causait à distance un sentiment de brûlure, des convulsions et une attraction du membre. On eut l'idée d'essayer les composés métalliques, et on constata qu'ils jouissaient d'un pouvoir très analogue aux métaux eux-mêmes. Bien plus, on vit l'action physiologique et médicamenteuse de ces diverses substances se manifester avec une certaine éner-

---

(1) Le *Temps*, 23 août 1885.

gie. Un cristal d'iodure de potassium approché des téguments produisit des bâillements et des éternûments répétés; l'opium fit dormir par simple voisinage. Ces faits si surprenants se produisirent non seulement chez le sujet mâle en question, mais encore chez une femme hystéro-épileptique âgée de vingt-six ans que les expérimentateurs eurent ensuite à leur disposition. Un flacon de jaborandi approché de la malade détermina presque immédiatement de la salivation et de la sueur. Un des observateurs avait apporté dans sa poche deux flacons de même grandeur enveloppés de papier et contenant l'un de la cantharide, l'autre de la valériane. Voulant mettre le sujet sous l'influence de la cantharide, il approcha de lui celui des flacons qu'il croyait contenir cette substance. Sa stupéfaction fut grande quand il vit se produire l'action excitante de la valériane; mais tout s'expliqua quand on eût constaté qu'il s'étai trompé de flacon.

Pour l'essai des divers poisons, l'expérience démontra aux observateurs qu'il était préférable d'employer des solutions étendues plutôt que la substance elle-même dont l'action se montrait brutale, toxique et dangereuse, tandis que dissoute dans l'eau dans des proportions déterminées, elle manifestait les propriétés physiologiques que l'expérience a appris à lui reconnaître.

L'action à distance s'exercerait sur tous les points du corps, mais elle serait surtout énergique quand la substance serait présentée près de la tête.

Dans les expériences instituées par les professeurs de Rochefort, les résultats obtenus se montrèrent toujours précis et identiques. Tous les narcotiques amenèrent le sommeil, mais avec les particularités spéciales à chacun d'eux. Le sommeil de l'opium était lourd et le réveil pénible; celui du chloral était léger et se dissipait facilement. Les divers alcaloïdes de l'opium agirent comme dans les expériences physiologiques.

Les vomitifs et purgatifs exercèrent l'action propre à chacun d'eux. Les vomissements causés par l'apomorphine furent très abondants et suivis de céphalalgie et de somnolence; ceux de l'ipécacuanha furent accompagnés d'un goût spécial à la bouche; l'émétique provoqua surtout des nausées et de la prostration. La scammonée détermina manifestement des contractions intestinales.

Chacun des alcools produisit son ivresse spéciale : celle de l'alcool de vin a toujours été gaie; celle de l'alcool de grains, furieuse. L'aldéhyde causa une prostration profonde, et l'absinthe une paralysie des membres inférieurs.

L'eau de fleurs d'oranger, le camphre, se sont montrés de véritables calmants. L'eau de laurier-cerise a amené chez la femme hystéro-épileptique une extase religieuse d'autant plus singulière qu'elle était israélite et que ses hallucinations avaient pour objet la Vierge entourée des attributs hiératiques que lui donne la religion catholique. L'acide cyanhydrique a déterminé des convulsions thoraciques, l'essence de mirbane des secousses convulsives dans tout le corps et des hallucinations.

Les anesthésiques amenèrent une excitation analogue à celle de la première période de l'anesthésie chirurgicale. Le phosphore provoqua des tremblements, la cantharide une excitation instantanément arrêtée par le camphre.

En un mot, par cela seul qu'elles furent maintenues quelque temps à une certaine distance des téguments, les diverses substances de la matière médicale manifestèrent leur action physiologique propre comme si elles avaient été introduites dans l'organisme par les procédés habituels. Quelques faits du même genre auraient été constatés chez des malades de MM. Charcot, Dumontpallier et Brouardel; et MM. Bourru et Burot auraient eux-mêmes fait quelques expériences concluantes sur quelques hystériques moins sensibles que les deux sujets qui leur ont donné des résultats si surprenants.

Ces observations sont-elles incontestables ? Les expérimentateurs n'ont-ils été le jouet d'aucune illusion ? Ces expériences sont trop récentes et trop isolées encore pour qu'on puisse se prononcer en toute connaissance de cause, et seul l'avenir nous dira ce qu'il en faut penser. Mais si les faits sont réels, l'explication nous en semble bien difficile. Les auteurs de la découverte hésitent entre plusieurs théories, notamment celle de la suggestion, et celle de la force neurique rayonnante : cette dernière semble avoir leur préférence.

Mais la force neurique rayonnante, nous l'avons dit ailleurs, est une hypothèse qui nous ramène purement et simplement au fluide des partisans du magnétisme animal, et que rien ne justifie.

Quelques-uns des faits observés par messieurs Bourru et Burot pourraient peut-être être considérés comme d'ordre suggestif; par exemple les phénomènes généraux dénués de caractères spéciaux éclos chez leurs sujets à l'approche d'une substance quelconque, comme le sommeil, les mouvements convulsifs, et même les vomissements. L'idée qu'ils vont être soumis à l'influence d'une substance médicamenteuse peut être suffisante pour déterminer chez les sujets ces symptômes dont la banalité est évidente. Mais comment expliquer l'action *spécifique* des médicaments, de l'opium et du chloral, par exemple, ou de l'émétique et de l'ipécacuanha? La question reste ouverte, et le restera vraisemblablement longtemps encore.

CHAPITRE VIII

LA SUGGESTION A L'ÉTAT DE VEILLE
L'ÉTAT DE FASCINATION

I. — Les sujets hypnotisables, et même certains individus qui ne le sont pas, peuvent recevoir des suggestions à l'état de veille. — Faits analogues tirés de la pathologie : paralysies psychiques. — Expériences de MM. Bernheim, Dumontpallier, Ch. Richet, Bottey, Brémaud : suggestions motrices ; paralysies suggestives ; actes automatiques ; amnésies.

II. — Troubles de la sensibilité : anesthésies, hyperesthésies. — Troubles des sens : vue, ouïe. — Transfert des troubles suggérés : il peut être opéré par l'aimant et par suggestion. — Hallucinations des divers sens.

III. — S'agit-il de suggestions à l'état de veille dans ce qu'on appelle *lecture des pensées*. — Que penser de ce prétendu phénomène ?

IV. — De l'état de fascination décrit par le Dr Brémaud ; procédés pour l'obtenir ; en quoi il consiste. — Sa place dans la série hypnotique. — Les femmes ne peuvent être mises en état de fascination. — Il tend à disparaître par la répétition des expériences.

V. — Exemples de fascination, d'après le Dr Brémaud.

VI. — Phénomènes pathologiques du même ordre : sauteurs du Maine, de Malaisie, de Sibérie.

VII. — Suggestions dans l'état de fascination. — Elles agissent comme dans l'état cataleptique.

I

Dans le chapitre précédent, nous avons montré qu'il suffisait d'un degré d'hypnotisation excessivement faible pour rendre certains sujets aptes à être influencés par suggestion, et qu'alors on pouvait leur faire accomplir automatiquement les actes les plus bizarres, les frapper de paralysie, leur enlever la mémoire, leur procurer des hallucinations de tous les sens.

Chez quelques sujets, ce léger degré d'hypnose n'est même pas nécessaire. Beaucoup d'individus qui ont été hypnotisés d'avance, ne fût-ce qu'un très petit nombre de fois, peuvent, à l'état de veille, recevoir les mêmes suggestions, et, sous leur influence, réagir au moins en partie comme dans la période somnambulique. Bien plus, certaines personnes se sont montrées susceptibles de recevoir des suggestions sans hypnotisations préalables, sans même être sensibles aux procédés hypnogéniques.

Le nombre des suggestions dont sont passibles ces derniers est, on le comprend, très restreint; il l'est moins déjà chez les personnes qui ont subi deux ou trois hypnotisations; il devient très considérable chez les individus dont le système nerveux a été profondément modifié par la pratique répétée de l'hypnotisme.

Quelques faits analogues aux phénomènes suggérés pendant l'état de veille ont été recueillis par la pathologie. En 1869, Russel Reynolds[1] appelait l'attention sur les paralysies causées par la seule imagination. Une jeune dame, qui avait eu à supporter de grands revers et qui s'était épuisée à soigner un père paralysé, éprouva des

[1] Russel Reynolds, *Remarks on paralysis and other disorders of motion and sensation dependent on idea.* (*British. med. journ.*, nov. 1869.)

douleurs dans les jambes et s'imagina qu'elle allait être paralysée à son tour : elle ne tarda pas en effet à contracter une paralysie totale, qui guérit au bout de quelques jours sous l'influence des toniques, des frictions, de la faradisation, et de l'assurance donnée par le médecin que la guérison allait survenir.

Erb (1), en 1878, signalait aussi certains phénomènes nerveux, paralysies, contractures. douleurs, qui peuvent se développer spontanément sous l'influence d'une idée ou d'une émotion.

M. Bernheim a traité, avec de nombreux détails, de la possibilité de produire, chez l'hypnotique éveillé, des phénomènes en tout semblables, quoique moins variés peut-être, à ceux qui sont obtenus chez les somnambuliques.

M. Dumontpallier (2), étudiant l'effet des suggestions à l'état de veille, a reconnu que les expériences de M. Bernheim étaient exactes, et qu'on pouvait obtenir à volonté des transferts de la sensibilité et de la force musculaire en affirmant à une hystérique que l'anesthésie ou la faculté de contracter ses muscles avait disparu d'un côté pour se reporter sur l'autre.

M. Ch. Richet (3) a communiqué à la Société de Biologie plusieurs observations de suggestion sans hypnotisation chez des sujets non hystériques.

(1) Erbin. Ziemssen's, *Handbuck der Krankeiten des nervensystem*, 1878, t. II.
(2) *Comptes rendus de la Société de Biologie*, 27 octobre 1883.
(3) *Comptes rendus de la Société de Biologie*, 8 octobre 1884.

M. F. Bottey (1) a présenté à la même Société plusieurs sujets, une malade hystéro-épileptique et deux jeunes filles absolument saines. Chez les trois, on pouvait à volonté déterminer des hallucinations de toute nature et toute espèce de paralysies par simple suggestion, à l'état de veille. Une affirmation ou une injonction suffisait à les rendre muettes, aveugles, sourdes, insensibles aux odeurs, ou pour les affecter de paralysie, de contractures et d'anesthésie.

Le Dr Brémaud, médecin de première classe de la marine, a fourni également à la Société de Biologie (2) les observations les plus probantes et les plus instructives. Chez un de ses sujets, étudiant âgé de vingt-trois ans, il produisait à sa guise divers phénomènes de contracture et d'anesthésie, à la grande stupéfaction du jeune homme, qui ne pouvait comprendre comment ses membres devenaient ainsi tétanisés malgré lui, et comment il ne sentait pas les épingles dont on lardait la peau de son bras. Un autre étudiant, cloué sur une chaise, ou renversé sur le plancher sans pouvoir se relever, entrait en colère, en constatant son impuissance et le ridicule de ses attitudes.

L'opérateur montra combien il était facile de neutraliser une suggestion par une autre, à l'aide de l'expérience suivante : Il remit à chacun de

(1) *Comptes rendus de la Société de Biologie,* 15 mars 1884.
(2) *Ibid.,* mai 1884.

ces jeunes gens une boîte soigneusement enveloppée, en leur déclarant que, grâce à la vertu antimagnétique du contenu de ces boîtes, ils seraient rebelles à toute suggestion tant qu'ils les garderaient sur eux. A partir de ce moment, toutes les tentatives de contracture, de paralysie et d'analgésie restèrent sans résultat. Puis les boîtes furent ouvertes, et à la confusion des jeunes gens en expérience et à l'hilarité générale des assistants, on constata qu'elles ne contenaient rien !

Qu'on dise à un sujet ayant déjà subi quelques hypnotisations et chez qui on a pu, pendant le sommeil provoqué, réaliser semblable expérience : « Votre bras est paralysé, vous ne pouvez plus le remuer. » Et son bras devient immobile et flasque malgré les efforts qu'il fait pour résister à la paralysie qui le gagne de plus en plus.

A un autre, qu'on dise : « Fermez votre main, vous ne pouvez plus l'ouvrir. » La main se contracture et le sujet est incapable d'étendre les doigts. Ou bien : « Étendez le bras et la main, vous ne pouvez plus la fermer. » Et le bras reste étendu, et la main ne peut se fermer ; à peine observe-t-on un commencement de flexion des phalanges, qui ne tarde pas, du reste, à s'arrêter (1).

Qu'on dise au sujet précédent : maintenant votre main fermée s'ouvre, et votre main ouverte se ferme. Presque aussitôt l'injonction s'accom-

---

(1) Bernheim, *loc. cit.*, p. 47.

plit, et les positions inverses sont obtenues en quelques secondes.

Pour que pareils phénomènes se produisent, aucun artifice de commandement n'est obligatoire et il n'est pas nécessaire que le sujet croie en la vertu irrésistible d'un agent magnétique. « Je n'ai pas besoin de prendre une grosse voix d'autorité, ni de foudroyer mes sujets du regard, dit M. Bernheim; je dis la chose le plus simplement du monde, en souriant, et j'obtiens l'effet, non sur des sujets dociles, sans volonté, complaisants, mais sur des sujets bien équilibrés, raisonnant bien, ayant leur volonté, quelques-uns même ayant un esprit d'insubordination. »

Les paralysies, comme nous venons de le voir, peuvent, comme pendant l'hypnotisme, revêtir deux formes distinctes, entre lesquelles se placent tous les intermédiaires possibles, depuis la flaccidité absolue jusqu'à la contracture tétanique. La paralysie flasque de l'état de veille présente les mêmes caractères que celle qui est obtenue pendant la période somnambulique; c'est-à-dire qu'on constate dans le membre ainsi paralysé l'exagération notable des réflexes tendineux, de la trépidation spinale, et l'abolition complète du sens musculaire. Le membre offre en outre une sensation de froid qui n'est pas seulement ressentie par le sujet lui-même, mais qu'on peut apprécier par le contact de la main. On le voit aussi se couvrir de rougeurs diffuses autour de la moindre piqûre. Tous ces phénomènes indiquent en somme qu'il est le siège de profondes perturbations nerveuses et vaso-motrices (1).

Il est des sujets chez qui on peut provoquer des actes automatiques, comme d'exécuter certains mouvements baroques, de sauter, de tourner les bras l'un autour de l'autre. — « Tournez vos bras ; vous ne pouvez plus les arrêter.» Tous les efforts du patient sont incapables de mettre un terme à cet exercice ridicule. On l'obligera à maintenir les paupières closes, on le rendra muet en le mettant dans l'impossibilité d'ouvrir la bouche, on le fera cul-de-jatte, ou fixant ses bras derrière son dos et en l'empêchant de quitter la position assise, on l'isolera dans quelque coin de l'appartement, en traçant devant lui une ligne qu'il ne pourra dépasser ; on s'emparera de son regard, soit en lui enjoignant de le fixer sur un objet quelconque, soit que l'opérateur lui commande de fixer ses yeux sur les siens, et alors, s'attachant à sa personne, le patient le suivra partout, franchissant les obstacles et s'efforçant de ne pas perdre ses yeux de vue.

De même certaines facultés peuvent être altérées à leur tour. On fera perdre la notion de certains mots, de lettres, de chiffres; la lecture d'un livre deviendra impossible, l'opération arithmétique la plus simple ne pourra être exécutée. Toutes ces expériences et beaucoup d'autres qu'il serait sans intérêt de rapporter, sont

---

(1) P. Richer et Gilles de la Tourette, *Progrès médical*, 1884, n° 13.

absolument les mêmes que celles que nous avons énumérées précédemment à propos de somnambulisme.

II

Des modifications de la sensibilité générale et spéciale peuvent être également obtenues à l'état de veille par le procédé de la suggestion. On produira par simple affirmation, l'insensibilité dans une partie, dans la moitié du corps, dans le corps tout entier. Chez un de ses somnambules, M. Bernheim est parvenu à provoquer à l'état de veille une anesthésie si profonde qu'on a pu pratiquer sur lui les laborieuses manœuvres nécessaires à l'arrachement successif de cinq racines dentaires sans qu'il en éprouvât la moindre douleur. On peut comme pour la paralysie déplacer le trouble suggéré, le faire passer de droite à gauche, ou inversement ; le limiter ou l'étendre au gré de son caprice.

Au lieu de l'anesthésie, on produira l'hyperesthésie cutanée ou divers troubles de l'innervation de ce tégument. Après suggestion tout contact deviendra douloureux, des fourmillements seront ressentis, ou bien le sujet éprouvera une sensation anormale de froid ou de chaud, à laquelle correspondra la contraction ansérine du derme ou la sudation de la partie affectée.

Les fonctions des sens sont susceptibles d'être altérées par simple affirmation. Pour la vue, on produira l'amblyopie, la dyschromatopsie, ou l'achromatopsie complète. Inversement, l'exaltation de l'acuité visuelle peut être déterminée dans de certaines conditions. MM. Bernheim et Charpentier avaient, chez un amblyopique, obtenu une amélioration considérable de la vision à l'aide d'un courant électrique interrompu auquel on adjoignait la suggestion hypnotique. A l'état de veille, en opérant par suggestion en même temps qu'on simulait l'application d'un appareil électrique, on obtint une acuité visuelle supérieure à la normale.

Chez un jeune garçon de quatorze ans hypnotisable, M. Bernheim constate que la vision est normale. Il lui dit pendant l'état de veille : « Tu vois très bien de l'œil gauche; tu vois mal et seulement de très près de l'œil droit. » Il lui fait lire ensuite des caractères d'imprimerie de trois millimètres de hauteur; l'œil gauche les lit à quatre-vingts centimètres, l'œil droit à vingt-quatre centimètres seulement. Par suggestion, il transpose les phénomènes. Alors l'œil droit voit très clair, et la vision de l'œil gauche se trouve considérablement affaiblie.

Chez le même sujet, dont l'ouïe est très bonne, la surdité partielle est produite à volonté d'un côté ou de l'autre, puis la surdité complète d'une oreille, enfin la surdité totale des deux oreilles.

Le transfert des troubles moteurs et sensitifs est non seulement susceptible d'être opéré par voie de suggestion, mais encore par l'influence æsthésiogénique des aimants. L'application d'un aimant produit le transfert des paralysies, des contractures et de l'anesthésie déterminées par suggestion. Un objet simulant parfaitement un aimant véritable, reste sans effet. Pour éviter toute cause d'erreur et les effets suggestifs involontaires, les deux appareils, le vrai et le faux, devront être dissimulés sous un linge. Toutefois, pour détruire l'effet de cette expérience il suffit de faire croire au sujet qu'on lui applique l'aimant véritable, alors que c'est le faux : le transfert s'opèrera encore, mais cette fois par suggestion.

Les hallucinations par suggestion à l'état de veille peuvent être facilement provoquées, tandis que les illusions sensorielles ne semblent pouvoir l'être que plus difficilement, ce qui s'expliquerait par ce fait que l'individu étant éveillé, l'exercice normal et spontané des sens corrige les erreurs suggérées quant à la forme, les dimensions, la couleur, ou les autres qualités des objets.

On suggérera à un sujet la vue d'une personne indifférente ou amie : cette hallucination pourra durer plus ou moins longtemps ou être modifiée, transformée en une autre, ou effacée complètement sur une simple injonction. Un somnambule de M. Bernheim, dont nous avons parlé, reçoit à l'état de veille toutes les hallucinations qu'on lui suggère; on lui dit : « Allez à votre lit, vous y trouverez un panier de fraises. Il y va, trouve le panier imaginaire, le tient par l'anse, mange les fraises, absolument comme nous l'avons vu faire après l'hypnotisation. »

L'ouïe, le goût, l'odorat peuvent être influencés dans les mêmes conditions.

Il est même possible, d'après M. Bottey (1), de provoquer des hallucinations à longue échéance, et des hallucinations rétrospectives. A une de ses patientes, il suggéra l'idée qu'elle trouverait le soir sur son lit une assiette de gâteaux. Elle les vit en effet en se couchant, bien qu'elle n'y eût pas songé de toute la journée, et fut fort désappointée de ne pouvoir les manger. A une autre, il persuada qu'elle avait vu la veille à une heure déterminée, des enfants jouer à saute-mouton sous la fenêtre. Elle finit par en convenir et même par broder sur ce thème imaginaire quelques épisodes non moins fantaisistes.

III

Ces phénomènes pourront paraître bien extraordinaires. Cependant qu'on veuille bien observer que chez la plupart des sujets susceptibles de recevoir des suggestions à l'état de veille, le système nerveux n'est pas intact : ou bien il est sous l'influence de l'entraînement produit par l'habitude de l'hypnotisation ; ou bien il est modifié par un état névropathique préexistant, tel que l'hystérie par exemple. Certains délires partiels se développent par un mécanisme qui n'est pas sans rapport avec celui de la suggestion à l'état de veille. Au lieu de venir de l'exté-

---

(1) F. Bottey, *Magnétisme animal*, p. 123.

rieur, comme dans ce cas, une idée singulière naît spontanément dans l'esprit : elle s'y trouve d'abord comme étrangère en présence de la conscience étonnée et opposante, peu à peu celle-ci se relâche, l'idée maladive y pénètre, s'y incorpore, devient partie intégrante de l'individu et passe à l'état actif sous forme d'acte ou d'hallucination.

Mais si la suggestion *verbale* à l'état de veille est compréhensible, que dire de la suggestion *mentale* et de la *lecture des pensées?* Nous faisons allusion à la prétention, renouvelée des plus beaux temps du magnétisme, qu'ont émise récemment diverses personnes, de lire dans la pensée des autres ou de leur susciter des idées par la seule puissance de la volonté.

Tel est le cas d'un Américain, M. Stuart Cumberland, qui a donné à Paris plusieurs séances de — comment dirait-je? — de divination. « Ce gentleman, dit M. le Dr Lépine (1), retrouve *assez souvent* un épingle cachée, à la condition d'être, au moyen de la main, en contact avec la personne qui a caché l'épingle. Dans certaines séances, M. Cumberland a varié son expérience : il a découvert dans l'assistance la personne à laquelle pensait le *sujet* dont il tenait la main, et il aurait, dit-on, désigné le point du corps où le *sujet* éprouvait une souffrance. »

Tel est encore le cas de M. Blackburn, qui opère devant la Société des *Recherches psychologiques*, de Londres. M. Blackburn a pour sujet

(1) Lépine, *Le cas de M. Cumberland.* (Science et nature, 21 juin 1884.)

M. Smith, un jeune *mesmériste* de Brighton.
« M. Smith est assis, les yeux bandés, dans un des salons de la Société devant une table où se trouvent un crayon et quelques feuilles de papier à sa portée. A côté de lui est posté un membre de la Société qui l'observe attentivement afin de découvrir le moindre « truc » s'il en existe dans l'expérience. Un autre membre du comité quitte alors le salon et, dans une chambre fermée, dessine une figure quelconque. (Fig. 11, 12, 13, 14, 15, A, B, C, D, E.)

« Il appelle ensuite M. Blackburn dans cette chambre, et après avoir eu soin de bien refermer la porte, lui montre le dessin. Ceci fait, M. Blackburn est conduit les yeux bandés dans le salon, et placé (assis ou debout) *derrière* M. Smith, à une distance de soixante centimètres environ.

« Après une courte période de *concentration mentale* intense de la part de M. Blackburn, le sujet, M. Smith, prend le crayon, et au milieu du silence général reproduit sur le papier qui est devant lui aussi exactement que possible, « l'impression » du dessin qu'il vient de recevoir (1). » (Fig. 11, 12, 13, 14, 15, A', B', C', D', E'.)

Tel est encore le cas de jeunes ladies, membres de la même Société magnétique, qui devinent les objets, les nombres, les mots pensés par différentes personnes (2).

Remarquons tout d'abord que le nouveau genre de *lucidité* de M. Smith et des dames en question ressemble à s'y méprendre à celui des

(1) *Science et nature*, 1885.
(2) *Ibidem.*

somnambules magnétiques du temps passé. Autrefois les somnambules pouvaient seules prétendre à la seconde vue, aujourd'hui l'état de sommeil magnétique n'est plus nécessaire : simple affaire de mode. Or la question de la *lecture des pensées*, de la *lucidité*, de la *double vue* est jugée, et jugée définitivement. Pour que l'on consente à la rouvrir, il faudrait d'autres *expériences*, en vérité, que celles que nous offre M. Blackburn.

Fig. 11 et 12. — A et B, dessins pensés par M. Blackburn. A' et B', dessins exécutés par M. Smith.

Rappelons les piteux échecs des sujets se prétendant doués de seconde vue devant l'Académie de médecine. Rappelons encore les aveux loyaux de M. Morin, président de la *Société du mesmérisme* (1). *Habemus confitentem reum;* que

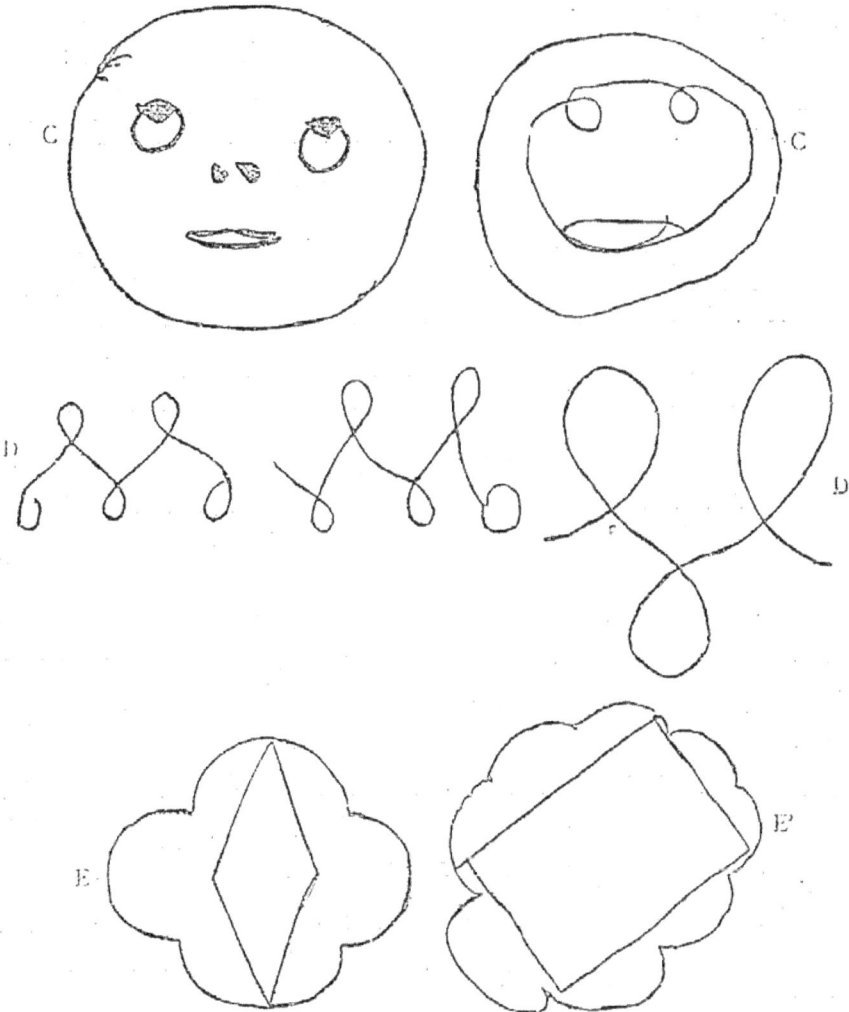

Fig. 13 à 15. — C, D, E, dessins pensés par M. Blackburn. C', D', E', dessins exécutés par M. Smith.

faut-il donc de plus ? Nous conseillons à M. Black-

(1) A. S. Morin, *Du magnétisme et des sciences occultes*, Paris, 1860. Voyez aussi plus haut, ch. IV, § III.

burn, s'il veut convaincre les incrédules, d'essayer ses opérations devant un public moins *selected* que celui de la *Société de recherches psychologiques*. Encore devra-t-il attendre que son sujet, M. Smith, ait acquis une plus grande *pénétration* de pensée, ou une plus grande habileté calligraphique; car il faut beaucoup de bonne volonté pour trouver dans quelques-uns de ses *dessins* une analogie quelconque avec ceux dont on prétend lui avoir suggéré la pensée. Quant aux jeunes ladies, nous ne voyons pas pourquoi elles ne continueraient pas leurs petits exercices de divination, qui rentrent, à n'en pas douter, dans la catégorie des jeux innocents.

Le cas de M. Cumberland est un peu différent. D'abord, il n'élève aucune prétention au surnaturel. Bien qu'il y ait quelque ambiguïté dans ses explications, il attribue les résultats qu'il obtient « à une puissance exceptionnelle de perception dont il est doué, et qui lui permet de saisir les impressions qu'un sujet lui communique par *l'action du système physique?* » Il ne s'agit donc plus à proprement parler de *lecture des pensées* et de *suggestion mentale*, mais tout bonnement d'hyperesthésie tactile, ce qui rentre dans le domaine des faits dont peut connaître la science positive.

M. Garnier, l'illustre architecte de l'Opéra, qui avait servi de sujet à M. Cumberland, répéta lui-même ensuite les expériences de ce dernier et les réussit sans difficulté. « Étant fort nerveux, dit-il, je suis à ce qu'il paraît un excellent SUJET ; mais ma nervosité me rend aussi apte à pénétrer la pensée d'un *sujet*. Je me suis donc essayé à cette devinette, et *trois fois sur trois*, je suis arrivé en quelques secondes à découvrir l'objet qui avait été désigné mentalement... Ce qui me guidait dans mes recherches, c'était simplement le *mouvement insensible* et instinctif de la main que je serrais dans la mienne. »

Ces faits sont connus depuis longtemps. Chevreul, Babinet, Faraday ont démontré la production inconsciente de mouvements d'une très faible intensité. Il y a plus de cinquante ans que M. Chevreul a fait remarquer que l'idée de certains mouvements s'accompagnait d'une *tendance inconsciente* et *involontaire* à les exécuter. Il expliquait ainsi les oscillations d'un pendule tenu à la main et les mouvements des tables tournantes. La même explication convient dans le cas de M. Cumberland. « Les mouvements du *sujet*, dit le *Temps*, n'ont pas le caractère de mouvements complets et *visibles*. Ce sont des indices d'action et de réaction plutôt que des mouvements véritables : un homme tient, par exemple, un pendule à la main, il pense à un mouvement possible : le pendule se met en branle ; il pense que le pendule va s'arrêter : le pendule s'arrête. La cause réelle est

---

(1) Chevreul, *Revue des Deux Mondes*, 1812, et *De la baguette divinatoire, du pendule explorateur et des tables tournantes*, Paris, 1854.

celle-ci : s'imaginer un mouvement, c'est le voir en idée; or l'imagination n'agit pas en dehors des organes; elle provoque le commencement du mouvement qu'elle rêve ».

IV

Le chapitre précédent nous avait notablement éloignés de notre point de départ : il n'y a guère été question de ces phases tranchées qui forment comme le squelette de l'hypnotisme, et qu'il ne faut pas perdre de vue, sous peine de s'égarer. Ce qui va suivre va nous y ramener. En opérant sur des sujets favorables, le Dr Brémaud a réussi à produire non seulement les trois périodes distinctes de l'hypnotisme, mais encore un autre état qui n'avait pas encore été décrit.

En 1883 et en 1884, dans des conférences faites à Paris, et dans des notes présentées à la Société de Biologie, ce médecin faisait connaître le résultat de ses études sur l'hypnotisme chez les sujets sains. Depuis longtemps il s'était aperçu que parmi les jeunes gens de quatorze à vingt-six ans, on en rencontrait un certain nombre qui présentaient sur le corps des zones d'anesthésie, et que c'était précisément ceux-là chez qui il était le plus facile d'obtenir des phénomènes hypnotiques. Ces états nerveux sont analogues à ceux qu'on obtient chez les hystéro-épileptiques et peuvent être aussi classés sous les dénominations de catalepsie, de léthargie et de somnambulisme. Mais il obtient en outre un état qui n'a pas encore été indiqué par les auteurs qui se sont occupés d'hypnotisme, qui précède les autres phases, et qu'il désigne sous le nom d'*état de fascination* (1).

Les nombreuses expériences que le Dr Brémaud a faites à l'École de médecine navale de Brest, et qu'un nombreux public compétent a pu contrôler, l'induisent à admettre que loin de constituer une rare exception, les faits qu'il a observés comportent un caractère étendu de généralisation et ne sont pas imputables à une idiosyncrasie nerveuse particulière de ses sujets : ceux-ci, en effet, bien que tous Bretons, appartenaient à des catégories sociales très diverses : jeunes médecins, étudiants, sous-officiers, matelots, soldats.

A Paris même, M. Brémaud, sur une série de quatre jeunes gens ignorant les phénomènes qu'il cherchait à déterminer, a pu, en quelques minutes, en mettre un en état de fascination suivi de catalepsie et de léthargie. Sur une autre série de jeunes gens, étudiants en médecine, déclarés propres au service militaire, et par conséquent en parfaite santé, dix-sept ont pu être mis dans une même séance en état de fascination, et cela en une période de temps allant de quelques secondes à trois minutes. Il put ensuite obtenir la catalepsie, la léthargie et le

---

(1) Voyez outre les *Comptes rendus de la Société de Biologie*, le *Bulletin du cercle Saint-Simon*, n° 1, 1885 : *Des différentes phases de l'hypnotisme et en particulier de la fascination*, par le Dr P. Brémaud, médecin de 1re classe de la marine.

somnambulisme, ainsi que les phénomènes particuliers à chacun de ces états, contracture, excitabilité neuromusculaire, automatisme, illusions et hallucinations.

Voici en quoi consiste cet état de fascination. Il est provoqué par la fixation d'un point brillant, mais d'une intensité médiocre, ou mieux par la seule action du regard. « Je regarde vivement, brusquement et de très près le jeune homme en lui enjoignant de me regarder avec toute la fixité dont il est capable. » L'effet est rapide, parfois foudroyant, chez les sujets entraînés par des expériences précédentes. Le visage s'injecte, le pouls s'accélère considérablement; les pupilles se dilatent; l'œil grand ouvert est fixé sur le point brillant ou sur l'œil de l'opérateur; l'analgésie se produit; tout muscle que l'on fait entrer en activité, ou que l'on froisse avec la main, entre en contracture. La volonté est paralysée; les fonctions intellectuelles s'exaltent et peuvent être incitées à l'illusion et à l'hallucination. Enfin se développe un instinct d'imitation qui va jusqu'à la reproduction la plus fidèle, la plus servile des mouvements, des gestes, des attitudes, des paroles, des jeux de physionomie de l'opérateur.

M. Brémaud a désigné cet état sous le nom de *fascination*, parce qu'il le considère comme analogue à celui de l'oiseau en face du serpent. Pour le faire cesser, il suffit de souffler sur le visage et les yeux du patient (1).

(1) Il y a de grandes analogies au point de vue psychique

L'expérience prolongée un certain temps s'accompagne d'amnésie. Les muscles ne possèdent pas la propriété cataleptique et ne conservent pas les attitudes données. L'état de fascination s'établit avec une rapidité extrême chez les individus qui l'ont déjà subi ; un coup d'œil de l'opérateur suffit ; et saisi au milieu d'une action quelconque, le patient s'arrête pétrifié. Certains sujets ne peuvent, sans appréhensions et sans malaise, se trouver en présence de celui qui les a déjà fascinés ; un de ceux observés par le Dr Brémaud reconnaissait éprouver un certain sentiment de crainte toutes les fois qu'il le rencontrait et n'être jamais complètement à son aise vis-à-vis de lui.

Dans la série hypnotique, l'état de fascination occupe la première place, il est le premier de ceux que l'on peut provoquer. Il ne peut être obtenu chez les femmes hystériques hypnotisables, très probablement parce qu'en raison de l'impressionnabilité trop grande de leur système nerveux, les pratiques hypnotiques les amènent d'emblée à l'état cataleptique en brûlant la première étape où il est impossible de les

---

entre cet état de fascination et celui qui a été décrit à propos des cataleptiques, chapitre vi. On peut aussi en rapprocher les phénomènes d'imitation automatique, l'écholalie par exemple, observés dans le somnambulisme. M. de Parville (Ch. Richet, *L'Homme et l'intelligence*, p. 197) ayant hypnotisé des Indiens mosquitos avec des bouchons de carafe, ces individus imitaient servilement tous ses gestes : « Je courais, ils couraient, écrit M. de Parville (*Journal des Débats*, 5 août 1880) ; je m'asseyais, ils s'asseyaient ; je m'agenouillais, ils s'agenouillaient ; je levais les bras, ils levaient les bras. »

arrêter et de les maintenir. Il en est de même chez les femmes en parfaite santé et hypnotisables ; le phénomène de la fascination ne peut être produit chez elles, l'état provoqué d'emblée étant toujours la catalepsie.

L'état de fascination serait donc propre au sexe masculin. Chez les jeunes gens chez qui on peut le développer, les caractères en sont d'autant plus tranchés qu'on s'éloigne moins de la première expérience. Par l'effet de l'entraînement produit par la répétition des séances, et de l'accroissement d'impressionnabilité des sujets, la période de fascination finit par disparaître tout à fait. Alors ils entrent d'emblée dans l'état cataleptique comme les individus du sexe féminin. En mars 1884, le Dr Brémaud racontait à la Société de Biologie que les jeunes gens sur lesquels il expérimentait depuis plusieurs mois ne pouvaient plus être fixés dans l'état initial. Chez tous sans exception il s'était passé le fait suivant : à un moment donné, alors que l'état de fascination durait depuis une ou deux minutes, ils s'arrêtaient brusquement au milieu d'une expérience, leur pouls redevenait normal, la catalepsie s'était brusquement établie.

V

Empruntons à l'auteur, en les résumant, quelques-uns de ses exemples. M. Z... est fasciné par le regard : les phénomènes physiologiques annoncés se produisent ; ses yeux sont rivés sur ceux de l'opérateur. Ce dernier recule, il le suit, la tête projetée en avant, les épaules remontées, les bras pendants et immobiles. Sa physionomie est sans expression, ses yeux sont fixes, ses traits figés ; pas un mouvement, pas un geste. « Parlez-lui, il ne vous répondra pas ; insultez-le, pas une fibre de son visage ne tressaillira ; frappez-le, il ne sentira pas la douleur. » Cependant le sujet a conscience de son état, il ne perd rien de ce qui se dit ou se passe autour de lui, et, revenu à l'état normal, il rendra compte de tout ce qu'il a éprouvé.

Cet état rappelle la catalepsie, dont il est d'ailleurs très voisin, et qui le suit immédiatement, pour peu que l'excitation visuelle qui l'a produit augmente un peu d'intensité. Si on dirige l'œil d'un sujet mis en fascination par le regard vers une lumière vive, l'état se modifie immédiatement ; la face, d'empourprée qu'elle était, devient pâle, l'œil demeure fixe, perdu dans une véritable extase, les membres, immobiles le long du corps, peuvent recevoir et conserver les positions qu'on voudra leur donner.

Mais, tout en rappelant la catalepsie, il n'est pas non plus sans analogie, au point de vue psychique, avec le degré de somnambulisme imparfait dans lequel, bien que la conscience soit conservée, le sujet obéit automatiquement aux injonctions de l'opérateur. Citons encore les expériences suivantes (1) :

---

(1) P. Brémaud, *Bulletin du cercle Saint-Simon*, déjà cité.

« Je prie M. C... de fermer vigoureusement le poing, et, l'élevant au-dessus de sa tête, de le faire tomber violemment sur mon épaule ; tant que je ne le regarde pas, il exécute ce mouvement avec une force qui fait honneur à sa musculature et témoigne de sa parfaite indépendance et liberté d'esprit ; mais au moment où, pour la première fois, il va frapper, je le fixe brusquement... le bras est resté suspendu, le poing fermé, le membre est agité de mouvements quasi tétaniques ; c'est que la fascination est survenue, pétrifiant M. C... dans l'accomplissement de son geste énergique. »

« Je prie M. Z... de vouloir bien compter, à haute voix et le plus fort possible, un..., deux..., trois..., etc. Je le regarde maintenant de très près, en le priant de fixer son regard sur le mien. Aussitôt sa parole hésite... il poursuit cependant faiblement : huit..., neuf..., puis se tait. L'état de fascination est survenu, entraînant la contraction des muscles masséters... »

« M. Z... est prié de vouloir bien ramasser le mouchoir déposé sur le parquet. Il se baisse, saisit le mouchoir, mais, au moment de se relever, il me regarde ; un brusque coup d'œil l'hypnotise, les muscles du bras et du tronc se contracturent immédiatement et le sujet reste immobile dans cette position gênante... »

L'imitation se développe chez certains sujets avec une intensité remarquable. Chez l'un d'eux, fasciné par le procédé habituel du regard, l'opérateur obtenait la production de toutes sortes d'actions automatiques.

« Je ris, M. C... rit aussi ; je lève les bras, même mouvement du sujet ; je saute, il saute ; je grimace, il grimace ; je parle, M. C... répète toutes mes paroles avec une parfaite imitation d'intonation musicale. Il répète de même, avec une imitation scrupuleuse d'accentuation, quelques phrases d'allemand et d'anglais, d'espagnol, de russe et de chinois, prononcées par divers auditeurs. »

VI

Il existe, à l'état spontané, une maladie du système nerveux, connue sous différents noms, selon les pays, et qui présente avec ces phénomènes d'imitation les analogies les plus curieuses.

Dans le Maine (États-Unis), on désigne sous le nom de *Jumping* une affection qui se caractérise par un automatisme de ce genre. L'excitabilité du patient est telle qu'à la moindre excitation, il fait un saut, répète à haute voix l'ordre qu'on lui donne et l'exécute irrésistiblement. — « Frappe, » dit-on à un patient de ce genre, et il frappe en répétant l'ordre : « Frappe ! » — « Jette ! » « Jette ! » dit-il, et se met à jeter tout ce qu'il a à la main. Peu importe la langue employée ; il répétera aussi bien du grec que du latin ou toute autre langue, pourvu que l'ordre soit donné d'un ton bref, et en quelques mots.

« En Malaisie, une des classes de névropathes

désignés sous le nom de *latahs* imitent les mots, sons ou gestes de ceux qui les entourent, tout en jouissant d'un état mental parfaitement régulier dans l'intervalle des accès. Un exemple entre autres...

« Le cook d'un steamer était un latah des plus corsés. Il berçait un jour, sur le pont d'un navire, son enfant dans ses bras, lorsque survint un matelot qui se mit à l'instar du cook, à bercer dans ses bras un billot de bois. Puis ce matelot jeta son billot sur un tendelet, et s'amusa à le faire rouler sur la toile, ce que fit immédiatement le cook avec son enfant. Le matelot lâchant alors la toile laissa retomber son billot sur le pont : le cook en fit de même pour son petit garçon qui se tua sur le coup ».

En Sibérie, cette curieuse affection nerveuse est connue également et désignée sous le nom de *Myriachit*. Le Dr Hammond rapporte l'histoire d'un pilote qui était forcé d'imiter avec une exactitude parfaite tous les actes qu'on exécutait devant lui. « Si le capitaine donnait brusquement en sa présence un coup sur son côté, le pilote répétait ce coup de la même manière et sur le même côté ; si un bruit se produisait inopinément ou avec intention, le pilote semblait forcé, contre sa volonté, de l'imiter à l'instant avec une grande exactitude. Les passagers, par malice, se mirent à imiter le grognement du porc ou d'autres cris bizarres ; d'autres battaient des mains, sautaient, jetaient leur chapeau sur le pont, et le pauvre pilote imitait tous ces gestes avec précision, autant de fois qu'on les répétait (1) ».

VII

A côté des manifestations somatiques ou purement matérielles de l'état de fascination, M. Brémaud en signale d'autres d'ordre plus exclusivement psychique : la paralysie de la volonté et l'automatisme provoqué. Il prend un des sujets qui lui ont servi aux expériences précédentes, se met à quelques pas de lui, et lui demande son nom.

— Comment vous appelez-vous ? « — J... » répond le jeune homme en expérience.

— Non, monsieur, vous mentez ; vous vous appelez Bertrand ! »

L'attitude du sujet devient singulière, ses yeux s'injectent, se fixent sur ceux de l'expérimentateur, ses pupilles se dilatent, sa face s'empourpre, les syllabes de son nom sifflent avec colère... puis peu à peu sous l'influence de ce nom de Bertrand répété fermement à plusieurs reprises, « le sujet abandonne son nom peu à peu, lambeaux par lambeaux » ; change d'attitude, devient pâle, et s'abandonne dans un demi-sommeil.

A partir de ce moment, bien que l'état du

---

(1) Voyez le travail de M. Gilles de la Tourette « *Jumping, latah, myriachit.* » (*Archives de neurologie*, juillet 1884.)

patient soit bien toujours la fascination, ainsi que l'indique la tendance à la contracture, la suggestion opère avec la même facilité que dans les autres états hypnotiques, et l'on peut provoquer des illusions, des hallucinations, des actes impulsifs de tout genre dont l'énumération nous semble inutile, après les développements du chapitre précédent. Notons cependant un point important; dans l'état de fascination la suggestion opère *comme dans l'état cataleptique*, et non comme dans l'état somnambulique. En effet, les actes suggérés ne sont spontanés à aucune de leurs périodes. Les somnambules mettent en action dans tous les détails qu'elle comporte l'idée suggérée, ils exécutent des actes plus ou moins compliqués, s'enchaînant ensemble et se déduisant les uns des autres. Les fascinés exécutent mécaniquement l'acte suggéré, après quoi ils retombent dans leur inertie première, et si l'acte est compliqué il aura besoin d'être suggéré dans ses diverses parties, sous peine de rester inachevé. C'est un point de rapprochement de plus à signaler entre l'état de fascination et l'état cataleptique.

CHAPITRE IX

PHYSIOLOGIE DE L'HYPNOTISME

I. — Etat des facultés dans les différents degrés du sommeil hypnotique. — Suspension de la volonté et automatisme des idées. — Obnubilation de la conscience. — Perte du souvenir. — Disparition de la notion du moi. — Automatisme de plus en plus complet. — Suppression de l'activité psychique. — Suspension progressive des fonctions de la couche corticale du cerveau.

II. — Diverses théories. — Brown-Séquard : inhibition et dynamogénie. — Dans l'hypnotisme, une irritation périphérique ou centrale détermine l'arrêt de certaines fonctions corticales. — La suspension de ces fonctions entraîne l'exaltation des réflexes cérébro-spinaux. — Mécanisme de la suggestion pendant l'état hypnotique et pendant l'état de veille.

II. — Analogies avec certains états psychopathiques. — Aboulie. — Impulsions irrésistibles. — Attention, centres moteurs-modérateurs.

IV. — Divers degrés dans les états de conscience. — Cérébration inconsciente. — L'amnésie au réveil ne prouve pas l'absence d'un état conscient dans l'hypnotisme. — Somnambulisme et rêve.

IV. — Pourquoi certains troubles des sens sont plus facilement provoqués que d'autres. — Altération de la personnalité, faits pathologiques.

VI. — Les phénomènes hypnotiques sont-ils d'ordre pathologique ou physiologique ? — Opinion des auteurs à ce sujet.

I

Par quel mécanisme se produit l'hypnotisme ? Telle est la question que nous allons examiner.

Mais auparavant, rappelons sommairement les principaux traits du sommeil provoqué.

Dans un degré léger d'hypnotisation le premier phénomène observé est la perte de la spontanéité psychique, de la volonté. Les personnes qui ayant passé par cet état ont pu analyser leurs sensations, déclarent à l'envi que tout effort pour vouloir est inutile, et que le sujet est complètement à la merci de l'opérateur. « J'éprouvai, dit l'un, une sorte d'accablement, et je vis que j'étais désormais incapable de faire usage de ma propre volonté. » « Bientôt, dit un autre, commença votre action sur moi, et je devins véritablement machine sous votre volonté motrice. Vous affirmiez un fait : de prime abord j'hésitais à croire et tout aussitôt j'étais obligé de me rendre à l'évidence du fait accompli ».

Cependant, l'intelligence subsiste tout entière, mais en quelque sorte, d'une façon latente. Le cours des idées qui, à l'état normal, se pressent, s'associent, s'enchaînent dans le cerveau, est suspendu; de manière que lorsque dans ce calme absolu de l'intelligence, dans ce vide de la conscience, une excitation est jetée, elle y retentit avec une puissance telle qu'elle ébranle toutes les facultés et les met en activité. Comme la volonté sommeille, ou plutôt est entravée et n'exerce plus sa direction habituelle sur les phénomènes psychiques, l'enchaînement des idées a quelque chose de fatal, d'automatique. Supposons, dit M. Ch. Richet, qu'on suscite à un somnambule l'idée de serpent. « Au mot *serpent*, mémoire, imagination, sensibilité, tout entre aussitôt en jeu, absolument comme chez l'individu normal. L'unique différence, c'est qu'à l'état normal, l'idée de serpent peut être dirigée, modifiée, augmentée, entravée par la volonté, tandis que chez le somnambule cette volonté n'existe plus (1) ». Bien que la conscience qui veille encore proteste que c'est absurde et illusoire, le serpent est vu, inspire de la frayeur, provoque des cris et des mouvements de fuite.

A une personne très intelligente, qui n'était pas endormie profondément, qui n'avait perdu la conscience ni de son état, ni de sa personnalité, qui avait conservé au réveil la mémoire des faits qui s'étaient présentés pendant son sommeil, M. Ch. Richet dit : « Voici un lion. » — A quoi bon, répondit-elle, puisque ce n'est pas vrai ; je sais très bien qu'il n'y a pas de lion. » Mais l'opérateur insista en lui répétant qu'il y avait réellement un lion : — Je finirai par le voir, si vous me le dites », assura l'hypnotisé. En effet, il le vit, confusément d'abord, en ayant conscience qu'il s'agissait d'une hallucination. Puis la forme peu à peu se dessina, le lion lui apparut, couché, avec sa crinière, sa queue qui s'agitait, ses yeux jaunes fixés sur lui ; il fit un mouvement de recul, quand on lui dit que le lion se levait. Cependant il savait parfaitement qu'il s'agissait d'une hallucination.

Dans cette période du sommeil somnambulique, les suggestions s'opèrent avec facilité, mais l'automatisme est moindre que dans les sui-

---

(1) Ch. Richet, *L'Homme et l'intelligence*, p. 229.

vantes. Tout en cédant aux suggestions, tout en subissant les hallucinations qui lui sont communiquées, le sujet les discute, les juge, et s'il ne peut y résister, du moins il l'essaye. Dans une période plus avancée du sommeil hypnotique, la conscience s'obscurcit puis disparaît, en sorte que le sujet, au réveil, n'a conservé aucun souvenir de ce qui s'est passé pendant qu'il était en état de somnambulisme. Il répond désormais sans la moindre résistance aux excitations venant du dehors qui seules ont le pouvoir de le tirer de sa passivité complète ; mais quand ces excitations ont pris fin, il rentre dans une sorte de stupeur qui le rend tout à fait étranger au monde qui l'environne.

Cependant, il est encore lui-même. Si la conscience de l'état de veille est supprimée, il en existe au fond de son individu une autre qu'on peut appeler, si l'on veut, inférieure, et qui préside à la vie somnambulique, et à l'exercice des fonctions intellectuelles dans cet état. Pendant leur sommeil, les somnambuliques « témoignent, dit M. Bernheim, d'une parfaite conscience de leur être ; ils répondent aux questions qui leur sont adressées ; ils savent qu'ils dorment. Quand je dis à S... qu'il est sur le champ de bataille, il évoque le souvenir des scènes auxquelles il a assisté ; un vrai travail intellectuel actif s'accomplit en lui ; ses idées, souvenirs remémorés consciemment, deviennent des images auxquelles il ne peut se soustraire ».

A un degré plus avancé, on voit cette conscience de la personnalité disparaître à son tour.

Les sujets endormis et soumis à une suggestion puissante oublient « leur âge, leur vêtement, leur sexe, leur situation sociale, leur nationalité, le lieu et l'heure où ils vivent. Tout cela a disparu, il ne reste plus dans l'intelligence qu'une seule image, qu'une seule conscience : c'est la conscience et l'image de l'être nouveau qui apparaît dans leur imagination. Ils ont perdu la notion de leur ancienne existence. Ils vivent, parlent, pensent, absolument comme le type qu'on leur a présenté ». Cette description de l'état mental des somnambules dont M. Ch. Richet a pu transformer la personnalité, est applicable à tous ceux qui sont susceptibles d'éprouver cette modification.

Poussons plus avant, nous arrivons au cataleptique, chez qui toute trace d'activité intellectuelle consciente a disparu, mais chez qui on peut encore provoquer quelques hallucinations, et quelques idées d'actes très simples. L'automatisme devient de plus au plus complet, et le sujet ressemble de plus en plus au pigeon à qui Flourens avait enlevé les hémisphères cérébraux.

Enfin nous arrivons au dernier degré du sommeil hypnotique, la léthargie. L'hypnotisé de cette catégorie n'est plus qu'une masse inerte, chez qui les fonctions végétatives seules subsistent; c'est un amputé de cerveau.

Si nous résumons en quelques mots cette courte description des phénomènes psychiques observés dans l'hypnotisme, nous voyons qu'ils consistent dans une suspension plus ou moins complète et progressive des fonctions intellectuelles en commençant par les plus élevées, la volonté, d'abord, puis la conscience, puis le sentiment de la personnalité, enfin l'activité psychique inconsciente. Comme il est généralement admis que les facultés intellectuelles ont pour siège la couche corticale du cerveau, on peut donc dire que les phénomènes hypnotiques sont dus à une suspension légère, partielle, ou complète de l'activité de la substance grise de la surface des hémisphères cérébraux.

II

En dehors des théories que nous avons passées en revue dans la partie historique de ce travail et qu'il y a lieu de laisser de côté, plusieurs autres se sont fait jour pour expliquer cette suspension des fonctions corticales.

Rumpf (1) suppose que l'hypnotisme est causé par des perturbations de la circulation cérébrale, produisant des hyperémies ou des anémies dans la substance grise.

Pour Preyer (2), la concentration de la pensée sur une seule idée déterminerait une activité exagérée des cellules cérébrales, et par conséquent une formation anormale de produits oxydables qui, enlevant à la substance son oxygène, produiraient l'engourdissement des cellules.

(1) Rumpf. *Deutsche med. Wochenschrift*, 1880.
(2) Preyer, *Die Entdeck. des Hypnotismus*, 1881.

Carpenter (1) pense que les centres psychomoteurs influencés par la fatigue des muscles de l'orbite, ou par une grande contention d'esprit, laissent le champ libre à l'action des nerfs vasomoteurs dans une certaine étendue de l'écorce au cerveau. Il s'en suit une diminution de rapport du sang dans la masse cérébrale ; d'où un affaiblissement ou même la cessation des fonctions psychiques, en même temps qu'on constate parallèlement un surcroît d'activité dans les autres centres des hémisphères cérébraux.

Heidenhain, au début de ses recherches, avait adopté la théorie précédente et pensait que le sommeil nerveux était causé par l'anémie cérébrale. Mais ayant examiné la rétine pendant l'hypnotisme et ayant constaté que les vaisseaux en cette membrane n'étaient le siège d'aucune constriction, il en conclut que les capillaires du cerveau ne pouvaient être dans un état très différent et qu'il n'y avait pas lieu de les supposer contractés. Et même il arriva à se persuader, par le fait que les individus soumis au nitrite d'amyle sont néanmoins hypnotisables, que la congestion du cerveau n'était pas incompatible avec l'état hypnotique.

Il adopta bientôt une autre théorie, celle de l'inhibition. On sait que l'excitation de certains nerfs produit non un mouvement, mais un arrêt de mouvement. L'excitation du nerf pneumo-

---

(1) D'après Hack Tuke, *L'hypnotisme redivivus*. (*Annales médico-psych.*, 1884, t. II.) — Voyez aussi : Hack Tuke, *Le Corps et l'Esprit*, trad. par le Dr Parant. Paris, 1886.

gastrique arrête le cœur, celle du laryngé supérieur arrête la respiration, celle de la corde du tympan fait cesser la constriction des vasomoteurs de la glande salivaire. D'autres excitations d'ordre différent produisent des effets analogues ; chez certains épileptiques la flexion du gros orteil arrête les convulsions ; une simple piqûre du bulbe suspend immédiatement toutes les fonctions de l'encéphale. L'excitation d'un nerf sensitif diminue la tonicité du sphincter anal, l'excitation d'un nerf de sensibilité générale diminue l'excitabilité réflexe de la moelle, et ainsi de suite. Ce sont ces faits et les faits analogues qui ont servi de base à la théorie de l'inhibition due à M. Brown-Séquard et que ce professeur du Collège de France formule de la manière suivante : « L'inhibition est l'arrêt, la cessation, la suspension, ou si l'on préfère, la disparition momentanée ou pour toujours d'une fonction, d'une propriété, ou d'une activité (normale ou morbide) dans un centre nerveux, dans un nerf un dans un muscle, arrêt ayant lieu sans altération organique visible (au moins dans l'état des vaisseaux sanguins) survenant immédiatement ou à bien peu près la production d'une irritation d'un point du système nerveux plus ou moins éloigné de l'endroit où l'effet s'observe. L'inhibition est donc un acte qui suspend temporairement ou anéantit définitivement une fonction, une activité (1) ».

(1) Braid, *Neurypnologie*, traduction Jules Simon. Préface de Brown-Séquard, Paris, 1883.

Le même auteur, expliquant le mécanisme de l'hypnotisme, écrit : « L'acte initial lui-même, à l'aide duquel un individu est jeté dans l'hypnotisme, n'est qu'une irritation périphérique (d'un sens ou de la peau) ou centrale (par influence d'une idée ou d'une émotion) qui produit une diminution ou une augmentation de puissance dans certains points de l'encéphale, de la moelle épinière, ou d'autres parties, et le braidisme ou l'hypnotisme n'est rien autre chose que l'état très complexe de perte ou d'augmentation d'énergie dans lequel le système nerveux et d'autres organes sont jetés sous l'influence de l'irritation première périphérique ou centrale. Essentiellement donc, l'hypnotisme n'est qu'un effet et un ensemble d'actes d'inhibition et de dynamogénie (1) ».

Ainsi donc, l'irritation périphérique produite par les procédés hypnotiques, ou l'irritation centrale produite par la suggestion déterminent l'arrêt, l'inhibition de tout ou partie des fonctions nerveuses corticales. Dans le cas où l'inhibition est seulement partielle, comme dans le somnambulisme, et ne s'étend qu'à certains réseaux de la couche corticale, on observe dans les autres des phénomènes de dynamogénie, c'est-à-dire d'exaltation fonctionnelle. Ce qui explique l'acuité sensorielle, la soudaineté et la précision des réactions motrices, l'excitation de l'imagination et de certaines parties de la mémoire ; en un mot l'exaltation des réflexes cérébraux et intracorticaux.

(1) *Gazette hebdomadaire*, 1883, p. 137.

Mais les réseaux psychomoteurs de la couche corticale exercent eux-mêmes une action inhibitoire puissante sur les réflexes inférieurs ganglionnaires, bulbaires ou médullaires. Cette action inhibitoire étant supprimée par l'état hypnotique, il devra s'en suivre que les réflexes cérébrospinaux seront considérablement exagérés, et d'autant plus exagérés que plus de parties de la couche corticale seront frappées d'impuissance. C'est en effet ce qui a lieu. Dans la léthargie, l'hyperexcitabilité neuromusculaire démontre l'exagération considérable des réflexes médullaires, le cerveau tout entier semblant frappé d'inertie. Dans la catalepsie, les réflexes cérébrospinaux sont à leur maximum, d'où cette forme si particulière de contracture, qui permet aux muscles de garder pendant un temps plus ou moins long la position qu'on leur donne, et de proportionner leur puissance de contraction à la résistance à vaincre. On sait, en effet, que non seulement on peut faire supporter le poids du corps sur deux de ses points extrêmes, mais encore qu'on peut le charger d'un fardeau plus ou moins lourd sans faire céder la contracture. Dans le somnambulisme, les contractures cataleptiformes produites par toutes sortes d'excitations périphériques ne sont autre chose que l'expression de l'irritabilité exagérée de la moelle.

C'est non seulement dans les centres inférieurs cérébrospinaux que se montre l'exagération des réflexes, mais c'est aussi, comme nous l'avons dit, dans les centres supérieurs eux-mêmes, ce qui constitue l'automatisme psychique ; automatisme d'autant plus complet que l'inhibition frappe un plus grand nombre de zones corticales.

Cette inhibition, qui arrête les fonctions supérieures psychiques, la volonté, la conscience, en favorisant l'exercice automatique des autres facultés, explique l'efficacité et la puissance de la suggestion, dont le mécanisme est désormais facile à comprendre. Il est dû, comme le dit M. Bernheim, à une exaltation de l'excitabilité réflexe idéomotrice, idéosensitive, idéosensorielle qui fait instantanément la tranformation inconsciente, à l'insu de la volonté, de l'idée en mouvement, sensation ou image, par suite de l'inertie des centres modérateurs et de contrôle intellectuel.

On constate que plus les expériences chez un hypnotique sont renouvelées, plus elles réussissent, plus elles deviennent aisées et précises. Le pouvoir inhibitif, pour se manifester, a besoin de sollicitations de moins en moins énergiques, en même temps que par des voies de plus en plus frayées, les réflexes trouvent une facilité sans cesse plus grande à se produire. « L'impression suit ce chemin de préférence, même à l'état de veille; et c'est pour cela que les sujets dressés et éduqués par des hypnotisations antérieures, peuvent, sans être de nouveau hypnotisés, manifester les mêmes phénomènes, réaliser le mêmes actes, sous l'influence toute puissante sur eux de la suggestion (1). »

(1) Bernheim, *loc. cit.*

III

Les altérations que subissent les facultés intellectuelles pendant le sommeil hypnotique ont de nombreuses analogies avec celles que l'on rencontre dans la pathologie mentale.

Prenons, par exemple, la volonté. L'individu faiblement hypnotisé qui est encore conscient du monde extérieur, et celui qui est dans l'état dit de fascination, *voudrait vouloir*, voudrait exercer son pouvoir d'arrêt sur les actes que lui suggère une volonté étrangère, mais ne peut pas. C'est en vain qu'il essaye d'ouvrir sa bouche si l'opérateur la lui a fermée, ou d'arrêter ses bras s'il les a mis en mouvement. Il assiste impuissant à l'automatisme effaré de son organisme, comme le volant d'une machine à vapeur accidentellement débrayé assisterait à l'affolement du mécanisme qu'il est chargé de régulariser.

Chez un certain nombre de sujets atteints d'un commencement de désorganisation intellectuelle, on observe le même phénomène. C'est ce qu'on a désigné sous le nom d'*aboulie*. La volonté mentale, le désir de faire existent, mais c'est une puissance statique, qui ne peut plus passer à l'état dynamique. La voie est rompue entre elle et le monde extérieur. Un malade du Dr Billod ne présentait pour ainsi dire pas d'autre trouble intellectuel que celui de la volonté. « Il devait, avant de s'embarquer, faire une procuration pour autoriser sa femme à vendre une maison.

Il la rédige lui-même, la transcrit sur papier timbré et s'apprête à la signer, lorsque surgit un obstacle sur lequel nous étions loin de compter. Après avoir écrit son nom, il lui est de toute impossibilité de parapher. C'est en vain que le malade lutte contre cette difficulté. Cent fois au moins, il fait exécuter à sa main au-dessus de la feuille de papier les mouvements nécessaires à cette exécution, ce qui prouve bien que l'obstacle n'est pas dans la main ; cent fois la volonté rétive ne peut ordonner à ses doigts d'appliquer la plume sur le papier ».

« Je constatai quelques jours après une impossibilité du même genre. Il s'agissait de sortir après le dîner. M. P... en avait le plus vif désir. Pendant cinq jours de suite, il prenait son chapeau, se tenait debout et se disposait à sortir ; mais vain espoir, sa volonté ne pouvait ordonner à ses jambes de se mettre en marche pour le transporter dans la rue (1). »

La différence entre l'hypnotisé et ce malade, c'est que l'hypnotisé est incapable d'arrêter un mouvement en voie d'exécution, et que le malade est incapable de mettre à exécution un mouvement voulu. Mais il existe aussi des psychopathes chez qui la volonté est impuissante à empêcher l'accomplissement d'actes automatiques dont l'impulsion ne vient pas à la vérité du dehors, mais naît au dedans d'eux-mêmes avec une puissance irrésistible. « La volonté, dit M. Ribot, c'est-à-dire l'activité raisonnable, disparaît, et

---

(1) *Annales méd.-psych.*, t. X, p. 172.

l'individu retombe au règne des instinctifs. Il n'y a pas d'exemples qui puissent mieux nous montrer que la volonté, au sens exact, est le commencement, le dernier terme d'une évolution, le résultat d'un grand nombre de tendances disciplinées suivant un ordre hiérarchique (1). »

Dans certains cas, l'impulsion est subite, inconsciente, et l'acte qui lui succède a tous les caractères d'un phénomène réflexe. Tel est le cas de certains individus qui font des tentatives de suicide instantanées dont ils n'ont pas conscience, et dont ils ne gardent pas le souvenir. L'impulsion morbide est en général réveillée par la vue de quelque objet, un couteau, un rasoir, une pièce d'eau ou une rivière. Tel est encore le cas des cérébraux, qui, dans un véritable accès de délire somnambulique inconscient, tuent ou incendient par pur automatisme.

Chez certains individus atteints d'une névrose caractérisée par des actes automatiques inconscients, consistant en mouvements et en paroles insolites toujours les mêmes, et se reproduisant d'une façon intermittente, comme, par exemple, de faire un saut en prononçant un mot ordurier, ou de répéter les mots qu'ils entendent, ou les actes qu'ils voient exécuter, on observe un état mental absolument analogue à celui de l'hypnotisé. L'un de ces malades, poussé irrésistiblement à répéter certains mots prononcés devant lui, disait qu'au moment même où il éprouvait cette impulsion, toutes les facultés de son intelligence

(1) Ribot, *Maladies de la volonté*, Paris, 1883.

étaient tellement absorbées par ce mot, cette phrase, que toute autre pensée s'en trouvait exclue d'une façon complète (1). Tel est l'hypnotisé subitement envahi et accaparé par une idée suggérée.

Nous avons vu que certains somnambuliques résistaient parfois assez énergiquement aux suggestions contraires à leur caractère ou à leurs habitudes d'esprit, mais finissaient par céder et par accomplir les actes commandés, quels qu'ils fussent. Ainsi font de nombreux impulsifs, qui, hantés par une idée mauvaise, luttent longtemps, puis succombent. Une honnête mère de famille, que j'ai soignée et guérie, entendait une voix intérieure qui lui commandait de faire mourir ses enfants et de se tuer ensuite. Elle combattit longtemps ; mais un jour vaincue, malgré l'horreur que lui inspirait un tel crime, elle administra à ses trois enfants une infusion d'allumettes chimiques et se réserva pour elle-même un verre de pétrole. Quelques hypnotisés transigent avec leur suggestion. Elle transigea, elle aussi, avec son impulsion irrésistible, et proportionnant la dose de poison à l'âge des petits enfants, elle fit infuser trois allumettes pour l'aîné, deux pour le cadet, et une seulement pour le troisième encore au berceau.

En résumé, l'automatisme, conscient ou non, de l'hypnotisme, aussi bien que des cas patho-

---

(1) Gilles de la Tourette, *Étude sur une affection nerveuse caractérisée par de l'incoordination motrice accompagnée d'écholalie et de coprolalie.* (*Archives de neurologie*, 1885 n° 26.)

logiques, semble résulter de ce que l'idée actuellement présente dans l'esprit du sujet, qu'elle naisse par suite d'une suggestion ou spontanément, est tellement prépondérante, qu'elle refoule toute autre idée antagoniste ou toute asso-

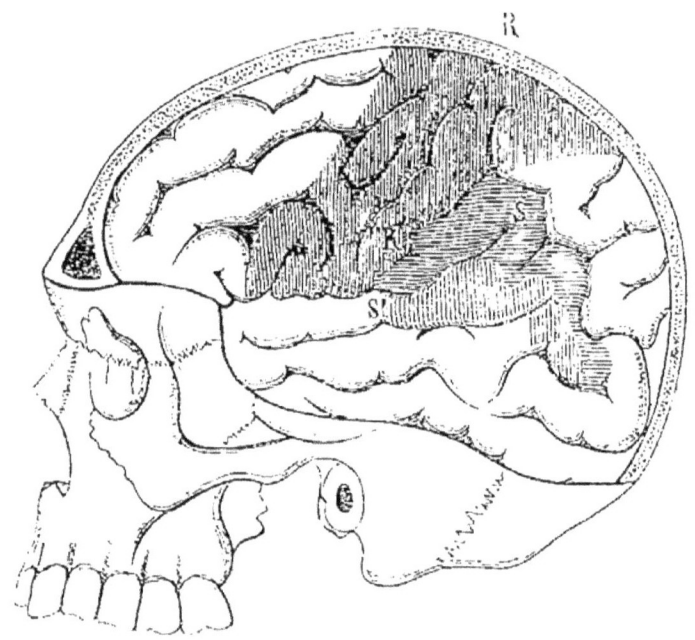

Fig. 16. — Zone motrice, d'après Ferrier. — RR' scissure de Rolando. Les circonvolutions motrices sont marquées par les raies noires et les hachures verticales S, centre de la vision marqué par des hachures horizontales. — S' centre de l'audition marqué par de nouvelles hachures verticales. (Figure empruntée à Lucas Championnière.)

ciation d'idées susceptibles de s'opposer à sa mise à exécution. L'hypnotisé est comparable à l'enfant dont la volition a toujours un caractère impulsif, parce que, par suite du défaut d'expérience, son action est conditionnée par les impressions ou les idées du moment (1).

(1) D. Ferrier, *Les fonctions du cerveau*, Paris, 1878.

La volition est intimement liée à la faculté de l'attention, dont elle suit toutes les fluctuations. Les personnes susceptibles d'une grande attention sont douées en général d'une volonté forte ; celles qui sont mobiles, incapables d'une attention soutenue, les hystériques par exemple, ne

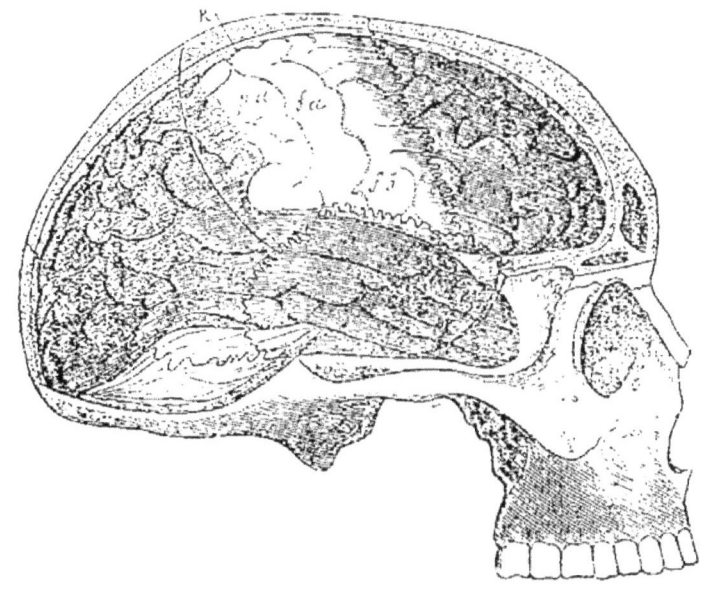

Fig. 17. — Zone motrice d'après Charcot et Pitres. — Les circonvolutions motrices sont en blanc. — $f3$, pied de la troisième frontale et au-dessus le pied des deuxième et troisième frontales. — fa, frontale ascendante — pa, pariétale ascendante. — R, scissure de Rolando. (Figure empruntée à Lucas Championnière.)

possèdent qu'une volonté faible, inconstante, et leurs actes sont marqués au plus haut degré du caractère impulsif. En s'exerçant, l'attention a pour propriété de supprimer les mouvements actuels ; d'exercer une action modératrice sur les centres moteurs du cerveau. Cette fonction semble dévolue aux parties antérieures des hémisphères cérébraux. (Fig. 19, F, voyez aussi fig. 16 et 17 la région située en avant de la zone motrice.) « Il a été démontré, dit Ferrier, que l'irritation électrique des lobes

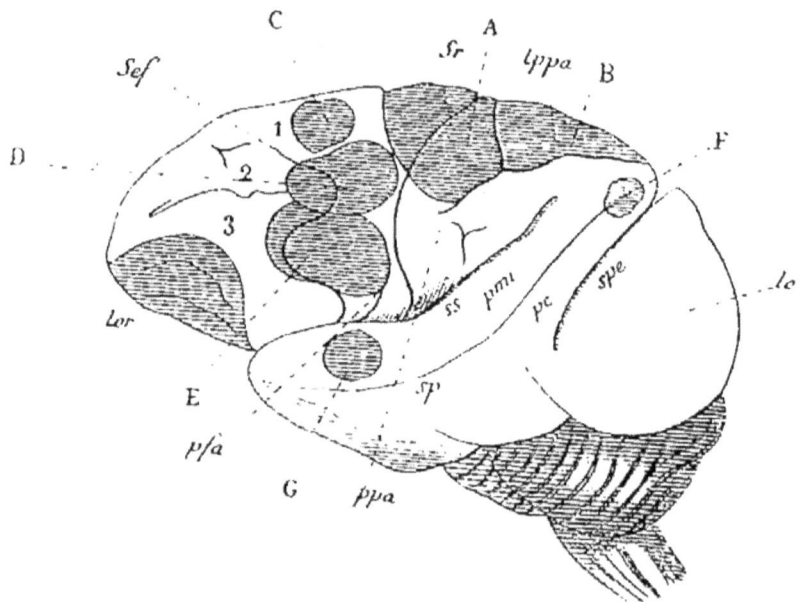

Fig. 18. — Face externe du cerveau du singe magot, d'après Broca et Gromier. Situation des centres moteurs d'après les expériences de Ferrier. — ss, scissure de Sylvius. — sr, sillon de Rolando. — sef, sillon courbe frontal. — spe, scissure perpendiculaire externe. — sp, scissure parallèle. — pfa, pli frontal ascendant. — 1, 2 et 3, premier, deuxième et troisième pli frontal. — ppa, pli pariétal ascendant. — lppa, lobule du pli pariétal ascendant — pmi, pli marginal inférieur. — pc, pli courbe. — lo, lobe occipital — lor, lobe orbitaire — A, centres pour les mouvements volontaires du membre antérieur. — B, centres pour le membre postérieur. — C, mouvements de rotation de la tête et du cou. — D, mouvements des muscles de la face. — E, mouvements de la langue, des mâchoires. — F, certains mouvements des yeux, vision. — G, centre en rapport avec les mouvements des oreilles et de l'audition.

antéro-frontaux ne provoque aucune manifestation motrice; ce fait, bien que négatif, s'accorde avec l'opinion d'après laquelle ils seraient non pas actuellement moteurs, mais moteurs-modérateurs, et dépenseraient leur énergie à produire des changements intérieurs dans les centres d'exécution motrice actuelle » (1). (Fig. 16, RR'; fig. 17, *pa, fa, f*3 ; fig. 18 et 19.) La pathologie semble aussi démontrer que chez les individus porteurs de lésions des lobes antérieurs, l'atten-

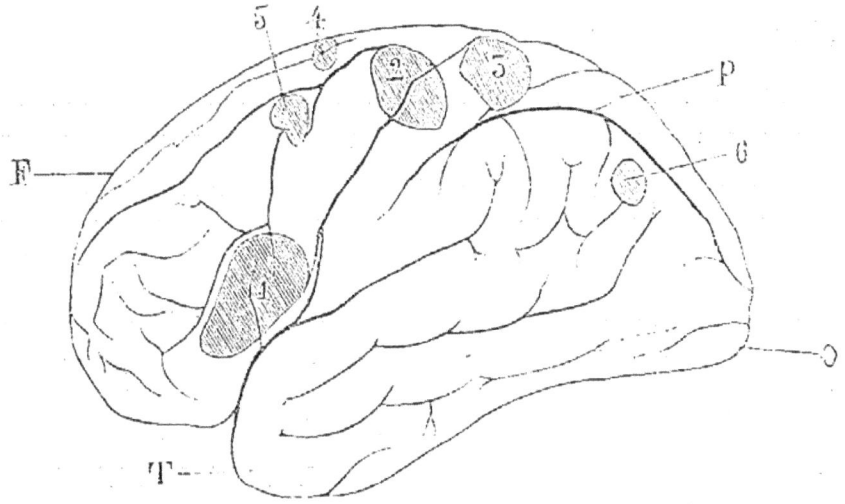

Fig. 19. — Situation probable des centres moteurs chez l'homme. — F, lobe frontal, — P, lobe pariétal. — O, lobe occipital. — T, lobe temporal. — 1, centre des mouvements de la langue et des mâchoires (langage articulé). — 2, centre des mouvements du membre supérieur. — 3, centre pour le membre inférieur. — 4, centre pour les mouvements de la tête et du cou. — 5, centre pour les mouvements des lèvres (facial). — 6, centre pour les mouvements des yeux.

tion est profondément troublée. Par conséquent, c'est dans cette région que nous sommes enclins à placer les centres modérateurs, qui permettent l'exercice de la volonté. « L'éducation des centres modérateurs introduit l'élément délibérateur dans la volition, car l'action inspirée par

(1) D. Ferrier, *loc. cit.*

les sentiments actuels est suspendue jusqu'à ce que les diverses associations qui se sont groupées autour d'un acte particulier soient entrées dans la conscience (1). »

L'automatisme des hypnotiques et des impulsifs serait donc dû, d'après cette théorie, à la suspension de l'activité des centres moteurs-modérateurs de la partie antérieure de l'encéphale.

IV

Nous avons dit que dans le somnambulisme et les états encore plus avancés de l'hypnotisme la conscience était abolie. L'expression n'est pas absolument vraie, comme nous l'avons indiqué presque en même temps. Il est plus juste de dire que la personnalité est réduite à un seul état de conscience, qui « n'est ni choisi, ni répudié, mais subi, imposé » (2). Ceci dans les cas les plus accentués, car chez la plupart des somnambules on constate non seulement un état de conscience actuel, mais encore la reviviscence de nombreux états de conscience antérieurs qui suffisent à constituer au moins une certaine partie de la personnalité habituelle de l'individu. Ainsi, quand par suggestion on fait renaître pour un somnambulique des événements dans

---

(1) D. Ferrier, *loc. cit.*
(2) Ribot, *Maladies de la volonté.*

lesquels il a joué un rôle, il recommence à vivre ce rôle avec sa personnalité propre.

De même si on suggère à un hypnotique une scène imaginaire à laquelle il prend part, il se conduira d'une façon absolument conforme à son caractère habituel, à sa personnalité de tous les jours. La conscience, sauf chez le léthargique peut-être, n'est donc pas abolie, elle est seulement plus ou moins diminuée, plus ou moins obscurcie.

Ce fait n'a rien d'insolite ni d'extraordinaire. Il existe à un moindre degré à l'état de veille. La conscience d'un homme éveillé est très variable en intensité, parfois même lui échappe comme quand il est plongé dans une méditation profonde. Un grand nombre d'actes, non seulement d'ordre physique, mais aussi d'ordre intellectuel s'accomplissent automatiquement à l'insu de la conscience. Bien souvent, nous provoquons nous-mêmes cet automatisme inconscient de l'intelligence, quand nous nous en remettons à elle du soin de répondre à une question obscure qui nous embarrasse ou de trouver un mot, un nom, que notre volonté est impuissante à faire surgir de notre mémoire. Au moment où on y pensait le moins, la solution du problème ou le mot désiré jaillit comme un trait de lumière dans la conscience. Cependant nous sommes absolument ignorants de l'association d'idées qui a conduit notre esprit à résoudre ces difficultés. Un phénomène analogue se passe chez les hypnotisés à qui on suggère l'accomplissement d'un acte à une échéance plus ou moins longue. Ils se réveillent, ils ne se souviennent de rien, et cependant, des heures, des jours après, l'idée de l'acte suggéré se présente à l'esprit, qui sans se rendre compte de la façon dont cette idée lui est venue, ni des motifs de sa détermination, donne l'ordre d'exécution. Par quel obscur mécanisme cette idée emmagasinée dans la mémoire à l'insu du sujet surgit-elle ainsi au moment précis qui lui a été assigné ? Tout ce que nous pouvons dire, c'est que la cérébration inconsciente a fait son œuvre.

La perte du souvenir de ce qui s'est passé pendant la période somnambulique semble une objection à la persistance de la conscience pendant cet état nerveux. On pourrait admettre, en effet, que les actes automatiques de cette période sont comme s'ils n'avaient pas été et que la personne du sujet était absente et étrangère à ce qui se passait. Mais cette manière de voir est combattue par ce fait, que l'amnésie en question n'est pas absolue, qu'elle n'est que relative, que le souvenir pourra reparaître dans une nouvelle séance d'hypnotisation et qu'enfin il est dans certains cas subordonné à la volonté de l'opérateur, qui peut, par simple suggestion, faire que le sujet se souvienne ou ne se souvienne pas. Il y a donc eu conscience, mais à un si faible degré, que si aucune force étrangère n'intervient, l'amnésie s'en suit.

Il se passe dans le somnambulisme ce qui se passe dans le rêve. Beaucoup de nos rêves ne laissent aucun souvenir dans l'esprit : d'autres dont on a conscience au réveil ne tardent pas à être complètement effacés de la mémoire. « L'explication est simple, dit M. Ribot. Les états de conscience qui constituent le rêve sont extrêmement faibles. Ils paraissent forts, non parce qu'ils le sont en réalité, mais parce que aucun état fort n'existe pour les rejeter au second plan. Dès que l'état de veille recommence, tout se remet à sa place. Les images s'effacent devant les perceptions, les perceptions devant un état d'attention soutenue, un état d'attention soutenue devant une idée fixe. En somme, la conscience pendant la plupart des rêves a un minimum d'intensité (1). » Il en est de même pendant le somnambulisme.

Un certain nombre de somnambuliques, qui ne gardent pas à l'état de veille la mémoire de ce qui se passe dans leurs accès, se souviennent dans chaque accès nouveau des faits qu'ils ont accomplis dans les précédents. On observe le même phénomène dans le somnambulisme naturel. Il s'établit ainsi une sorte de liaison entre les diverses périodes de sommeil, une sorte de seconde mémoire indépendante de la mémoire ordinaire. Cela, sans doute, est dû à l'uniformité des conditions psychiques dans lesquelles chaque accès place le sujet et qui se résument dans une simplification considérable de la vie mentale, contrastant avec l'extrême complication de l'activité psychique de l'état de veille. Il en résulte que chaque fois que cet état particulier se représentera, il réveillera les états de con-

(1) Ribot, *Maladies de la mémoire*, Paris, 1883.

science antérieurs qui lui ressemblent, et le souvenir sera constitué.

V

Parmi les hallucinations et les illusions qu'il est possible de procurer par suggestion aux hypnotisés, les unes, comme celles de la vue et de l'ouïe, sont relativement faciles à produire. Les autres comme celles du goût, de l'odorat, ou des sensations viscérales, faim, soif, douleur, sont plus inconstantes et plus difficiles à déterminer. Le phénomène dépend de la facilité plus ou moins grande avec laquelle les diverses sensations sont rappelées à l'esprit à l'état ordinaire. Il ne faut aucun effort pour se remémorer une sensation visuelle et sonore : il suffit d'évoquer l'image d'un objet pour qu'aussitôt elle apparaisse très nette à la conscience. Il faut au contraire de la réflexion et un certain effort de volonté pour évoquer une sensation d'odeur et de saveur. Il n'est donc pas étonnant que dans l'hypnotisme il soit plus facile de produire des hallucinations visuelles ou auditives, qui n'exigent que de l'automatisme, que des hallucinations du goût ou de l'odorat, qui nécessitent des opérations mentales plus compliquées (1).

La pathologie confirme ces remarques. Les délires où l'automatisme est le plus développé,

---

(1) Herbert Spencer, *Principes de psychologie*, Paris, 1875.

où la conscience est le plus obscurcie, sont aussi ceux où les hallucinations de la vue et de l'ouïe sont le plus intenses. Tels sont les délires toxiques comme celui des alcooliques, ou les délires névropathiques comme ceux de l'hystérie et de l'épilepsie. Dans les délires vésaniques, au contraire, on voit les hallucinations ne se produire qu'avec plus de difficulté et seulement, pour ainsi dire, comme conséquence de la réflexion, d'un raisonnement, d'une association d'idées. Combien de temps le persécuté rumine-t-il ses conceptions délirantes, avant d'éprouver sa première hallucination complète de l'ouïe? Combien de temps s'écoule encore, avant l'apparition des idées d'empoisonnement et des illusions du goût et de l'odorat qui donnent une base inébranlable à ce délire? Souvent des mois et des années, pendant lesquels le malade est ballotté entre le doute que fait naître en lui un reste de raison, et la croyance que lui imposent petit à petit ses sensations maladives.

Cependant, quand l'automatisme est absolu, comme dans le somnambulisme profond et la catalepsie, les hallucinations les plus variées peuvent être suggérées sans difficulté. Nous avons parlé de ces hallucinations viscérales, la faim, la soif; de ces besoins factices que manifestent, sous l'influence de la suggestion, certains hypnotiques. Les troubles les plus profonds de la cénesthésie, de la sensibilité générale peuvent être eux-mêmes déterminés, au point de produire une altération profonde de la personnalité physique, et de suggérer à l'hypnotisé qu'il est de verre, de beurre ou de cire. La pathologie nous offre de nombreux exemples de ce genre de troubles de la sensibilité organique. Certains déments, certains paralytiques se croient l'objet de ces transformations bizarres, sous l'influence des graves lésions qui se développent dans leurs centres nerveux. J'ai en ce moment parmi mes malades un vieillard qui se croit mort. Il y a trois ans, quand il me fut amené, il était dans une violente excitation, avec délire des richesses. Peu à peu l'agitation fit place à la dépression; il commença à dire qu'il n'avait plus de force, qu'il ne pouvait plus se tenir debout, qu'il allait mourir. Un beau jour, il nous accueillit par ces paroles : « Je suis mort ! mettez-moi dans le cercueil ! » Et il s'affaissa sur lui-même, les yeux convulsés, tremblant de tous ses membres. Depuis cette époque, à peu près, ce malade, analgésique, somnolent, indifférent à tout ce qui l'entoure, répond invariablement : « Je suis mort ! » à toutes les interpellations qu'on lui adresse.

L'altération de la personnalité psychique que M. Ch. Richet appelle l'objectivation des types, et qui consiste à faire perdre à un hypnotisé sa personnalité pour lui en faire revêtir une de fantaisie, a aussi son analogie dans la folie; mais, l'analogie est peut-être moins complète, moins profonde ; car, tandis que chez l'hypnotisé il y a amnésie complète de la personnalité réelle, chez l'aliéné cette dernière n'est guère qu'effacée, et suit partout comme une ombre, la personnalité nouvelle. Pour l'aliéné, le passé existe toujours, avec tous les éléments qu'il apporte à l'édification du moi; chez l'hypnotisé, le présent seul existe; et le présent, c'est l'idée suggérée.

L'aliéné, ancien valet de chambre, tout en se disant le Fils de Dieu, vaque aux soins du ménage. L'hypnotisé n'a pas de ces inconséquences. Il remplit avec une rigueur parfaite le rôle qui lui est imposé; il s'incarne dans la peau de son personnage. Dans cette forme d'altération de la personnalité, il n'y a pas de troubles de la sensibilité. Ce ne sont pas les régions cérébrales dévolues à la sensibilité générale organique, mais celles de la sensibilité morale et affective qui sont affectées par la suggestion.

VI

Comment doit-on considérer l'hypnotisme? Comme une maladie ou simplement comme une modification passagère de l'organisme analogue à certaines modifications physiologiques, comme le sommeil, par exemple? Les opinions sont, à ce sujet, assez partagées.

Le professeur Charcot considère l'hypnotisme comme une névrose expérimentale (1).

D'après M. Paul Richer, l'hypnotisme est un trouble du fonctionnement régulier de l'organisme qui se confond avec la prédisposition hystérique. Étant admis que les phénomènes hyp-

(1) Charcot, *Académie des sciences*, séance du 13 février 1882.

notiques les plus marqués se développent chez les hystériques les plus hystériques, il est légitime de faire de l'hypnotisme une dépendance de la grande névrose. Et de même que l'hystérie, dans ses formes atténuées, se rencontre chez beaucoup de femmes et quelques hommes, de même s'y rencontrera l'hypnotisme, mais dans ses formes imparfaites et plus ou moins atténuées (1).

Pour M. Dumontpallier et ses élèves, l'hypnotisme peut être considéré comme une névrose expérimentale à plusieurs degrés. M. Magnin, dit en propres termes que les différents degrés de l'hypnose ne sont que des degrés d'une même affection (2).

Pour MM. Bail et Chambard, il y a trois catégories de somnambules : 1° ceux qui jouissent, au moins en apparence, d'une excellente santé ; 2° ceux qui sont manifestement névropathiques ; 3° ceux chez qui le somnambulisme n'est qu'une manifestation symptomatique d'une maladie du cerveau ou de ses enveloppes. Chez ceux des deux dernières catégories, il n'y a pas de doute qu'il ne s'agisse de véritables manifestations pathologiques. Quant aux sujets de la première, en ne considérant que les apparences, on pourrait hésiter, mais l'étude de leurs antécédents de famille vient lever tous les doutes : Ce sont des névropathes, par conséquent des malades. « Nous concluons donc, ajoutent les auteurs, en émet-

---

(1) P. Richer, *Hystéro-épilepsie*, loc. cit.
(2) Magnin, *Étude clinique et expérimentale sur l'hypnotisme*, déjà cité.

tant cette proposition que la plupart des sujets atteints de somnambulisme idiopathique ou remarquables par leur grande sensibilité à l'action des agents hypnogéniques, sont des névropathes, ainsi que le montrent leurs antécédents héréditaires, leurs antécédents personnels, et une analyse soigneuse de leur état au moment même où on les soumet à l'observation (1). »

Cette manière de voir n'est pas unanimement partagée. Sans qu'il se soit catégoriquement expliqué sur ce point, on peut penser que M. Bernheim ne voit rien de pathologique dans les phénomènes du sommeil provoqué. Non seulement, pour lui, toutes les personnes hypnotisables ne sont pas des névropathes, mais chez le plus grand nombre de ses sujets, il n'a constaté aucune trace de prédisposition aux troubles nerveux. « Un très grand nombre de mes observations portent sur des sujets nullement nerveux. Un jour, en présence de M. Liégeois, j'ai endormi presque toute une salle de malades, la plupart phtisiques, emphysémateux, rhumatisants, convalescents ; deux seulement sur vingt étaient hystériques (2) ». Il ne nie pas cependant que la suggestion hypnotique pour agir sur l'être psychique n'exige une certaine disposition, une certaine réceptivité cérébrale. Mais cette disposition spéciale est l'apanage d'un grand nombre de personnes, et non l'apanage exclusif de la névropathie et de l'hystérie.

(1) *Dict. encycl. des sc. méd.*, 3e série, t. X, p. 335.
(2) *De la suggestion dans l'état hypnotique*, réponse à M. Paul Janet, Paris, 1884.

M. Bottey ne considère pas non plus l'hypnotisme comme une manifestation morbide, ni comme une maladie. Il ne suffit pas que certains phénomènes soient en dehors des faits physiologiques ordinaires pour qu'on soit en droit de les déclarer pathologiques. Une maladie se caractérise toujours par une série de troubles qui se précèdent, s'accompagnent ou s'enchaînent d'une façon régulière. Rien de semblable dans l'hypnotisme. Quant à l'opinion qui ferait du sommeil provoqué une annexe de l'hystérie, elle n'est pas plus juste, car il peut se manifester chez un grand nombre de sujets sains (1).

Telles sont, sur la nature de l'hypnotisme, les vues des auteurs qui se sont plus spécialement occupés de cette question.

« C'est une loi aujourd'hui bien établie, font observer MM. Charcot et Richer, que les manifestations pathologiques ne sauraient comporter en elles-mêmes aucun élément nouveau ; qu'elles ne sont que des déviations, des modifications plus ou moins profondes des conditions physiologiques (2). Partant de ce principe, nous admettrions volontiers, quant à nous, qu'il y a quelques distinctions à établir entre les nombreux individus susceptibles d'être hypnotisés.

« Beaucoup ne dépassent jamais un degré léger ou moyen d'hypnotisation. Peut-être même n'y a-t-il pas de sujet absolument réfractaire aux

---

(1) Bottey, *Magnétisme animal*, Paris, 1884.
(2) Charcot et Richer, *Archives de neurologie*, t. II, p. 33.

manœuvres hypnogéniques. La somnolence hypnotique, et les quelques phénomènes psychiques et somatiques dont elle s'accompagne ne peuvent donc à aucun titre, il nous semble, être considérés comme d'ordre pathologique.

Quant aux grands somnambules, bien qu'il n'y ait pas entre eux et ceux dont nous venons de parler de différence fondamentale, nous croyons que, en suivant le conseil de MM. Ball et Chambard, on trouverait facilement chez eux des traces certaines de la diathèse névropathique. Tout en admettant encore qu'ils sont d'ordre physiologique, les phénomènes hypnotiques, chez ces sujets, nous semblent friser la pathologie et y tomber même parfois, s'il est vrai, ainsi que tendent à le démontrer quelques observations, que les personnes longtemps hypnotisées peuvent plus tard tomber en somnambulisme passager.

CHAPITRE X

L'HÉMI-HYPNOTISME AU POINT DE VUE PSYCHOLOGIQUE

I. — La dualité cérébrale est démontrée par l'hypnotisme. — Hypnose unilatérale. — Braid, Heindenhain, Berger, Dumontpallier. — Chaque hémisphère cérébral représente l'individu tout entier.
II. — Hypnose bilatérale de caractère différent pour chaque côté.
III. — Hypnose bilatérale de même caractère, mais à manifestations différentes pour chaque côté. — Expression d'un sentiment différent pour chaque côté du corps dans la catalepsie. — Hallucinations de nature opposée pour chaque hémisphère dans le somnambulisme : expériences variées.
IV. — Conclusions à tirer de ces expériences relativement à la dualité cérébrale. — Autres preuves tirées de l'anatomie, de la physiologie, de la pathologie.
V. — Fonctions spéciales à chaque hémisphère.
VI. — Dédoublement de la personnalité chez les aliénés. — Il ne se confond pas avec le dualisme cérébral.

I

Nous avons déjà parlé sommairement, dans un précédent chapitre, de la possibilité de placer dans des périodes différentes de l'hypnotisme les deux moitiés du corps. Nous devons revenir sur ce sujet en raison de son importance psychologique.

Au fond de l'homme conscient de son moi, de son intelligence, de son activité volontaire, il n'y a pas seulement un automate qui, à l'instar d'une machine bien organisée, obéit passivement, quand la conscience s'est évanouie, à une volonté étrangère : il y en a deux. Bien plus, il n'y a pas seulement un seul moi, une seule conscience, une seule personne dans l'homme, éveillé et à l'état sain : il y en a deux encore. L'hypnotisme ne nous fait pas seulement voir Jean qui pleure, puis Jean qui rit; mais l'un et l'autre à la fois. Jean rit à droite en même temps qu'il pleure à gauche : Jean de gauche est en colère, tandis que Jean de droite est satisfait; l'un tremble de peur, tandis que l'autre est plein de courage... Finalement, on supprime l'un des deux et l'on retrouve l'individu tout entier, bien qu'il ne soit plus qu'une moitié de lui-même. Les médecins, les physiologistes avaient entrevu tout cela, mais les faits de la clinique, de l'anatomie pathologique ou de l'expérience physiologique, sont souvent obscurs, d'une interprétation délicate, sujette à contestation, de sorte que la dualité cérébrale en était encore à l'état de question discutée. Aujourd'hui les expériences hypnotiques ont fait la lumière, et il ne semble plus permis de rester dans le doute.

Nous allons rapidement exposer les expériences les plus connues d'hypnose hémicérébrale, en faisant de nombreux emprunts à M. Bérillon et à M. Dumontpallier (1).

Et d'abord, on peut produire l'hypnose uni-

---

(1) E. Bérillon, *Hypnotisme expérimental. La dualité cérébrale et l'indépendance fonctionnelle des deux hémisphères cérébraux*, thèse de Paris, 1884. — Dumontpallier,

latérale, c'est-à-dire que l'un des hémisphères cérébraux seulement sera plongé dans l'hypnotisme, l'autre demeurant à l'état normal.

Braid (1), sans s'en rendre bien compte, produisait un phénomène de cet ordre quand, chez un sujet en catalepsie, agissant sur un œil, il réveillait le côté correspondant du corps et l'hémisphère opposé.

Heidenhain (2), sur un sujet sensible à l'hypnotisme, en opérant des frictions prolongées sur un côté de la tête, obtenait peu à peu de la parésie des membres du côté opposé, puis le phénomène de l'hyperexcitabilité neuromusculaire, c'est-à-dire une véritable hémiléthargie. Si les frictions avaient lieu sur le côté gauche du crâne, il se produisait en outre une véritable aphasie d'origine ataxique, qui s'opposait à ce que le sujet pût lire ou parler, par suite de l'impuissance du centre du langage articulé.

Ces expériences confirment d'une façon inattendue la notion physiologique de l'action croisée des hémisphères cérébraux et l'existence d'un centre du langage articulé, que l'on place depuis longtemps déjà dans la troisième circonvolution frontale gauche ou circonvolution de Broca. (Fig. 18, E; et 19, 1.)

D'autres expériences du même auteur tout en donnant des résultats très nets, semblèrent faire

Compte rendus de la Société de Biologie, 1882, 1884, passim. — Dumontpallier et Magnan, *Des hallucinations bilatérales*. (*Union médicale*, 15-19 mai 1883.

(1) Braid, *Neurypnologie*.

(2) Heidenhain, *Die sogenante thierische Magnetismus*, Leipzig, 1880.

exception à cette loi de l'action croisée des hémisphères. On y retrouve, dit M. Bérillon (1), « des anomalies apparentes qui rappellent des variétés cliniques que peuvent présenter les affections dues aux lésions organiques de l'hémisphère gauche du cerveau. Ainsi, chez un sujet, l'excitation du côté droit de la tête produisait la catalepsie du même côté et l'aphasie. Chez d'autres personnes, la catalepsie unilatérale survenait à la suite de l'excitation tantôt du même côté, tantôt de l'autre côté. »

Les expériences du professeur Berger, de Breslau, montrent que la friction de la région occipitale d'un côté du crâne peut faire naître la catalepsie du même côté, tandis que la friction de la région frontale détermine une catalepsie croisée.

On doit à Ladame (2) des expériences analogues aux précédentes. Par des frictions sur le côté gauche du crâne, il frappe de daltonisme ou d'achromatopsie l'œil correspondant, tandis que le droit conserve intacte la facilité de reconnaître les couleurs; en même temps il se produit de l'aphasie ataxique, comme dans un des cas précédents. Si la friction est opérée à droite de la tête, on n'observe que l'achromatopsie de l'œil droit sans aphasie.

M. Dumontpallier a pu provoquer également l'hypnotisme unilatéral par excitation unilatérale du cuir chevelu; les effets étaient tantôt

---

(1) Bérillon, *Loc. cit.*
(2) Ladame, *La névrose hypnotique, devant la médecine géale.* (*Ann. d'hyg.*, 1882, tome VII, p. 518.)

directs, tantôt croisés, tantôt alternes, suivant les points sur lesquels on agissait.

Une de ses malades, qui présentait des accidents hystériques très accentués, a été l'objet d'expériences d'hypnotisme unilatéral des plus intéressantes.

Voulant plonger la malade dans l'hypnotisme total, il lui demanda de fixer ses yeux sur les siens. Au lieu de l'hypnotisme complet, il se produisit la léthargie du membre supérieur droit et du membre inférieur gauche (1). Lorsqu'on voulut déterminer l'état cataleptique, on ne put y arriver qu'en agissant par la lumière sur l'œil droit. Pour produire le somnambulisme, le seul moyen efficace fut la pression exercée sur le côté droit du crâne. L'action de la lumière sur l'œil gauche et la pression sur le côté gauche du vertex restaient sans effet. Ces résultats bizarres furent expliqués au réveil de la malade quand on eût constaté qu'elle n'y voyait pas de l'œil gauche et qu'elle ne sentait pas la pression sur le membre supérieur du même côté. On était ainsi conduit à penser que chez ce sujet le cerveau gauche avait seul conservé son activité fonctionnelle.

La vérification de ce fait fut demandée à la métalloscopie. Par l'application du métal auquel elle était sensible, on transféra les phénomènes léthargiques du côté opposé. En même temps les états cataleptique et somnambulique

---

(1) Chez cette malade il y avait hémi-anesthésie et la sensibilité était répartie d'une façon opposée pour les régions sus et sous-ombilicales.

du membre supérieur gauche et inférieur droit ne pouvaient être produits qu'en faisant agir la lumière sur l'œil gauche et en frictionnant la partie gauche du vertex.

La paralysie, qui frappait primitivement le cerveau droit, se trouvait donc transférée au cerveau gauche.

Chez une autre hystérique hémi-anesthésique et achromatopsique gauche, on provoque le transfert des accidents hystériques à droite, puis on la soumet aux procédés hypnogéniques. Alors on constate que la catalepsie, la léthargie et le somnambulisme sont successivement produits dans la partie gauche du corps, le côté droit restant indifférent. Le transfert de l'activité cérébrale a donc eu lieu de l'hémisphère gauche à l'hémisphère droit.

Si par des applications métalliques appropriées on ramène la sensibilité dans la partie frappée d'anesthésie, on obtient alors les différentes périodes hypnotiques pour le corps entier (1).

Ces expériences d'hypnose unilatérale chez les individus sains ou hystériques conduisent à admettre qu'un seul hémisphère cérébral représente l'individu tout entier, conserve la conscience du moi et suffit à ses fonctions de rela-

---

(1) M. Dumontpallier avait conclu de ces expériences que chez les hystériques hémi-anesthésiques, les phénomènes des trois phases hypnotiques ne peuvent être provoqués que du côté sensible. Mais cette conclusion ne saurait être généralisée, car beaucoup des malades hypnotisées à la Salpêtrière étaient des anesthésiques totales et pourtant pouvaient être plongées dans le sommeil nerveux.

tion. Mais dans quel état se trouve l'intelligence, son organe étant ainsi diminué de moitié ?

Il semblerait, d'après M. Chambard (1), que si un hémisphère suffit pour la vie psychique, la privation de l'autre ne s'en fait pas moins sentir dans une certaine proportion. D'abord, à la suite de la paralysie hypnotique de l'hémisphère gauche le sujet devient partiellement aphasique, ce qui, évidemment, le rend considérablement inférieur à lui-même. Mais en ne considérant que ce qui survient, si c'est l'hémisphère droit qui est frappé de paralysie, on peut remarquer que les mouvements et les actes du sujet ont perdu de leur précision et de leur régularité. Son écriture, par exemple, est incorrecte, les lettres sont déviées parfois dans un sens opposé à l'inclinaison normale. L'intelligence elle-même est atteinte dans son intégrité ; elle devient plus paresseuse, moins alerte. Diverses expériences semblent démontrer que la puissance de volonté est amoindrie et que la tendance naturelle à l'imitation, qui est d'autant plus grande chez un individu qu'il est moins intelligent, devient beaucoup plus prononcée. Si à un sujet hypnotisé unilatéralement on commande d'exécuter un acte pendant un certain temps, comme de tourner les pouces ou de battre des trilles avec les doigts suivant un rythme déterminé, et que l'expérimentateur, en face de lui, exécute le même acte, on remarque que quand ce dernier

---

(1) Chambard, *Encéphale*, t. I, 1881.

s'arrête, l'hypnotisé s'arrête aussi, bien qu'il ne doive pas le faire. Au bout d'un instant, par un effort de volonté, il reprend son mouvement. Si pendant qu'il exécute le même acte que l'hypnotisé, l'expérimentateur en modifie l'exécution, le sujet modifie aussi la sienne, puis, après réflexion, revient à sa première façon d'exécuter le mouvement prescrit.

Ainsi, la conscience, la volonté et l'intelligence sont conservées bien qu'un seul hémisphère soit éveillé, mais ces facultés semblent diminuées.

M. Dumontpallier n'est pas de cet avis. D'après ses expériences chez les hystériques, il conclut que « lorsque la somme d'activité du système nerveux est répartie entre les deux hémisphères, cette activité doit être moindre que dans le cas où un seul hémisphère est le siège de l'activité nerveuse. » Voici ce qui l'a conduit à cette opinion : chez une hystérique hémi-anesthésique, on ne peut obtenir que l'hypnotisme unilatéral dans le côté sain. Si, par des applications métalloscopiques appropriées, on ramène la sensibilité dans le côté précédemment frappé d'anesthésie, on peut alors produire les différents degrés d'hypnose totale, mais à un degré moins accusé que dans l'expérience d'hypnose unilatérale.

En résumé, M. Chambard pense que l'hypnose hémicérébrale est accompagnée d'un affaiblissement de l'activité nerveuse dans l'hémisphère éveillé. M. Dumontpallier, au contraire, pense que cette action est sinon plus grande, au moins aussi grande, et que l'indépendance des hémisphères n'est pas relative, mais absolue.

Nous ne ferons qu'une seule remarque : c'est que les deux auteurs ont abordé la question par deux côtés opposés, ce qui peut expliquer en partie leurs divergences de vues. L'un s'est surtout appuyé sur le côté psychologique des expériences, qui, il faut bien le reconnaître, semblent lui donner raison; l'autre en envisage uniquement le côté physique. Bien que la question ne nous semble pas résolue, le bon sens, à défaut d'autres arguments, plaide en faveur de la première opinion. Qu'au point de vue de l'innervation sensitive et motrice l'hémisphère resté sain subisse des phénomènes de dynamogénie, la chose est fort possible et nous l'accordons volontiers; mais au point de vue purement psychique ce serait un paradoxe insoutenable que de prétendre que l'intelligence consciente doit aussi bien fonctionner avec un seul hémisphère qu'avec les deux (1). Ce seul fait, que l'inhibition atteignant l'hémisphère gauche prive le sujet de la parole, suffit d'ailleurs à juger la question; il démontre en outre, ce qui recevra plus loin un complément de preuves, que les facultés psychiques ne sont pas également re-

---

(1) Nous n'entendons parler que des cas de suppression brusque du fonctionnement de l'un des hémisphères, car quand cette suppression survient d'une manière lente et progressive, une suppléance plus ou moins parfaite des fonctions de l'hémisphère malade se fait par l'hémisphère resté sain.

présentées dans les deux hémisphères : nouvelle raison de ne pas tirer d'expériences encore peu, nombreuses et insuffisamment variées des conclusions excessives et prématurées.

II

Un second groupe de faits comprend l'hypnose cérébrale bilatérale de degré différent pour chaque côté. Trois cas peuvent se présenter : 1° l'hémiléthargie coïncidant avec l'hémicatalepsie ; 2° l'hémiléthargie avec l'hémisomnambulisme ; 3° l'hémisomnambulisme et l'hémicatalepsie.

Le premier, en 1878, M. Descourtis produisit dans le service de M. Charcot l'hémiléthargie et l'hémicatalepsie. Il lui suffit, le sujet étant en léthargie, d'ouvrir une des paupières, de façon que la lumière vint frapper la rétine pour déterminer une hémicatalepsie ; ou bien, le sujet étant en catalepsie, d'abaisser une des paupières pour produire une hémiléthargie.

M. Dumontpallier, en approchant une montre de l'oreille droite d'une hystérique susceptible d'être hypnotisée, détermina par cette excitation faible de l'hémicatalepsie à droite et de l'hémiléthargie à gauche. En l'approchant de l'oreille gauche, il produisit, mais en sens inverse, les mêmes phénomènes.

De l'éther respiré par l'une des narines provoquait chez la même malade l'hémiléthargie dans le côté correspondant à la narine affectée.

Deux montres, placées de chaque côté, provoquaient la catalepsie totale. L'éther, respiré par les deux narines, produisait les mêmes résultats.

M. P. Richer (1) cite les expériences suivantes :

Si devant une malade en catalepsie on place un pot à eau, une cuvette et du savon, aussitôt que son regard tombe sur ces objets ou que sa main entre en contact avec eux, elle se met avec une spontanéité apparente à verser de l'eau dans la cuvette et à se savonner les mains. Si on abaisse la paupière de l'œil droit, le côté droit tombe en léthargie, et le côté gauche continue seul l'opération commencée.

Si entre les mains de la même cataleptique on met son ouvrage au crochet, elle le prend et y travaille avec une adresse remarquable. Qu'on ferme l'un des yeux, la main correspondante retombe inerte, et l'autre continue seule des mouvements qui n'ont plus dès lors aucune efficacité.

Le même auteur cite également des exemples d'hémiléthargie coïncidant avec l'hémisomnambulisme.

Enfin, MM. Dumontpallier et Magnin ont été les premiers à produire l'hémisomnambulisme et l'hémicatalepsie.

(1) Richer, *loc. cit.*

III

Dans un troisième groupe, on doit ranger les faits d'hypnose cérébrale bilatérale de même degré, mais à manifestations différentes pour chaque côté.

Par l'intermédiaire du sens musculaire, on peut dans la période cataleptique suggérer à chaque hémisphère du cerveau des impressions différentes. Prenons quelques exemples :

Pauline est mise en catalepsie. L'expérimentateur prend les doigts de la main gauche de la malade et les lui pose sur la bouche en imprimant au bras du même côté les mouvements exécutés dans l'acte d'envoyer un baiser. Aussitôt la malade continue le mouvement tandis que le côté gauche de la face s'épanouit dans un sourire. Pendant que le bras gauche poursuit ce geste, on donne au bras et à la main droite l'attitude que prendrait une personne qui repousserait un objet avec horreur : le côté droit du visage prend alors l'expression de la terreur. La physionomie, souriante à droite, grimaçante à gauche, exprime ainsi au même moment deux sentiments absolument opposés.

A Marie en catalepsie, on donne au membre supérieur gauche le geste de l'adieu, au membre supérieur droit le geste du commandement. « Alors le visage, du côté droit, prend l'expression sévère d'une personne qui donne un ordre impérieux; et le visage, du côté gauche, prend l'expression douce d'une personne qui sourit (1). »

« N'est-il pas rationnel de supposer, dit M. Dumontpallier, que, dans cette expérience, l'acte musculaire d'un côté a suggéré dans l'hémisphère opposé du cerveau une impression qui s'est traduite par l'expression hémilatérale de la face ?

« Chaque hémisphère cérébral, dans cette expérience, aurait donc été mis en activité par un acte musculaire et la perception de chaque moitié du cerveau se serait manifestée par des contractions musculaires du visage, qui, d'un côté, exprimaient le sourire et de l'autre la frayeur.

« Cette expérience ne prouvait-elle pas l'indépendance fonctionnelle de chaque hémisphère cérébral rendue manifeste par une excitation réflexe dont le siège était dans les muscles du bras droit et du bras gauche (2) ? »

Chez les somnambuliques, on peut déterminer des illusions et des hallucinations bilatérales simultanées de caractère différent pour chaque côté.

Si chez une hystérique en somnambulisme on dépose quelques gouttes d'eau sur le côté gauche de la langue en lui suggérant que c'est du rhum, elle fait une grimace de dégoût; les mêmes gouttes d'eau mises sur l'autre côté de la langue et baptisées *sirop*, sont trouvées sucrées et produisent

---

(1) Ces exemples sont résumés d'après la thèse de M. Bérillon.

(2) *Comptes rendus de la Société de Biologie*, 16 décembre 1882.

une sensation agréable. Cette double illusion dure un certain temps, et la malade manifeste son étonnement d'éprouver ainsi simultanément deux sensations aussi différentes.

On peut de même provoquer des illusions doubles et simultanées de l'odorat.

Ces illusions et ces hallucinations sont accompagnées d'une expression de chaque côté du visage, en rapport avec la nature de chacune d'elles.

A une malade en somnambulisme, on bouche hermétiquement l'oreille droite ; puis, s'approchant de l'oreille gauche, on se met à décrire un tableau champêtre ; la malade voit ce qu'on lui décrit, continue la scène, expose les actes des divers personnages. A ce moment, on débouche l'oreille droite et on décrit à portée de cette oreille une scène de carnage. « La malade est effrayée, et son visage exprime à ce moment, du côté droit, la frayeur, tandis que le côté gauche de son visage exprime la satisfaction que lui cause la vue du tableau champêtre (1). »

On peut procéder plus simplement en agissant simultanément d'une manière différente sur les deux oreilles à la fois ; l'effet est le même. Toujours chaque côté de la face prend une expression en rapport avec la suggestion reçue par l'oreille correspondante.

En variant les procédés, on peut provoquer simultanément et de côté opposé des hallucinations de l'ouïe et de la vue. Il suffit de décrire à

---

(1) Bérillon, *loc. cit.*

l'oreille gauche une scène gaie, tandis qu'on imite à droite le bruit d'une fusillade. Aussitôt le côté droit de la face exprime la terreur, tandis que le côté gauche continue à exprimer la satisfaction.

Il existe donc simultanément dans le cerveau du sujet, dit M. Bérillon à propos de quelques-unes de ces expériences, deux hallucinations de nature différente dont le point de départ a été une excitation de l'organe de l'ouïe, et dont le siège appartient à un hémisphère cérébral différent.

Dans les précédentes expériences, les hallucinations, quel que soit le sens intéressé, sont obtenues par suggestion auditive. MM. Dumontpallier et Bérillon eurent l'idée de déterminer chez leurs sujets des hallucinations doubles de la vue en agissant directement sur la rétine.

Voici leur manière de procéder. La malade en somnambulisme doit ouvrir complètement les yeux. « On fixe alors dans le plan vertical médian de la figure du sujet en expérience, un écran disposé de telle façon que chacun de ses yeux ne puisse voir que les objets situés du côté correspondant de l'écran.

« Un des assistants place alors son visage dans le champ visuel de l'œil droit du sujet; un autre en fait autant dans le champ visuel de l'œil gauche.

« L'expérimentateur, par un geste, simule alors une difformité ridicule sur le visage placé du côté droit et une difformité repoussante sur le visage placé du côté gauche.

« Aussitôt et simultanément, *la face de la malade exprime à droite l'expression de la gaieté la plus franche, tandis qu'à gauche elle revêt l'expression de l'horreur la plus profonde.*

« Cette double expression est des plus saisissantes. Elle persiste assez longtemps pour qu'on puisse la photographier à loisir ; d'ailleurs pour la faire disparaître, il suffit de faire le geste d'effacer les difformités simulées sur chacun des visages placés de chaque côté de l'écran. »

On sait que les illusions et les hallucinations provoquées pendant le somnambulisme peuvent quelquefois persister un certain temps après le réveil. Si donc, au lieu d'effacer les difformités suggérées, on réveille la malade pendant qu'elle est encore sous leur impression, la double expression faciale persiste un certain temps avec la même intensité. « De plus, il se produit un mélange bizarre d'éclats de rire et de cris d'horreur qui se confondent, de telle sorte qu'il n'est pas permis de douter qu'il existe, dans le cerveau du sujet éveillé, deux hallucinations de la vue de nature différente, dont le point de départ a été une excitation rétinienne et dont le siège appartient à un hémisphère cérébral différent (1). »

Si on replonge la malade en somnambulisme, toute manifestation bruyante cesse, mais l'expression de chaque côté de la face n'en persiste pas moins. Qu'on fasse alors le geste d'effacer

---

(1) Bérillon, *loc. cit.*, et *Compte rendus de la Société de Biologie*, séance du 21 juin 1884.

sur le visage des deux aides placés de part et d'autre de l'écran les difformités suggérées, la physionomie du sujet retombe dans son impassibilité première.

IV

Tels sont les faits. Ils permettent de conclure, d'une façon indubitable, que pendant l'hypnotisme : 1° l'activité psychique d'un hémisphère peut être supprimée sans détruire la conscience du moi et les facultés intellectuelles ; 2° que les deux hémisphères cérébraux peuvent être mis simultanément dans un degré différent d'activité ; 3° que, jouissant d'une activité égale, ils peuvent être concurremment le siège de manifestations psychiques de nature et de caractère différents.

En un mot, dans toutes les expériences précédentes, le cerveau paraît double ; chaque hémisphère semble constituer un organe complet pouvant fonctionner séparément et indépendamment l'un de l'autre.

La dualité cérébrale, avant de recevoir cette démonstration nouvelle, était déjà défendue par de nombreuses preuves de divers ordres.

C'est, par exemple, un fait d'observation vulgaire et que relèvent tous les aliénistes, que la population des asiles consacrés à la folie fournit un nombre considérable d'individus dont le crâne est asymétrique et déformé. Il y a une asymétrie correcte, qu'on rencontre chez beaucoup d'individus sains ; mais celles que portent les aliénés semblent échapper jusqu'ici à toute classification régulière.

Il est également démontré que les deux hémisphères sont en général de poids et de développement inégaux. Broca soutient que l'hémisphère droit, dans son ensemble, pèse plus que le gauche, bien que le lobe frontal gauche l'emporte sur le droit d'une quantité très notable (1).

De nombreuses pesées opérées sur des cerveaux d'aliénés nous ont presque toujours donné un poids supérieur pour l'hémisphère droit.

Boyd (2) et Luys (3) ont trouvé qu'à l'état normal l'hémisphère gauche l'emporte d'une certaine quantité.

Pour Bra (4), l'asymétrie est également la règle, mais l'élévation de poids est tantôt en faveur de l'un, tantôt en faveur de l'autre hémisphère.

Charlton Bastian a trouvé que le poids spécifique de la substance grise des circonvolutions gauches était plus élevé que celui des droites.

L'asymétrie ne porte pas seulement sur l'ensemble, mais encore sur les détails de structure et de texture des deux cerveaux. La disposition des circonvolutions de l'hémisphère droit et de l'hémisphère gauche n'est jamais semblable, et les différences les plus accentuées existent tou-

---

(1) *Bulletin de la Société d'anthropologie*, 1875.
(2) *Philosophical transactions*, 1861.
(3) *Encéphale*, 1881.
(4) *Encéphale*, 1881.

jours entre les deux côtés. Preuve certaine de la division du travail dans l'encéphale, la disposition, la forme et les dimensions des cellules nerveuses sont très différentes, suivant les régions qu'on observe. Ainsi que l'a montré M. Duret, la circulation cérébrale se distribue suivant certains territoires indépendants les uns des autres, et chacune des artères de la périphérie corticale règne pour ainsi dire sur un domaine particulier.

Ajoutons que le développement des deux hémisphères ne se fait pas simultanément. D'après Parrot (1), l'évolution de l'hémisphère droit chez les enfants serait en général beaucoup plus rapide que celle du gauche, ce qui indiquerait que les fonctions de ce dernier doivent être plus élevées que celles du droit. Il rappelle que généralement la main droite, qui est mise en mouvement par le cerveau gauche, accomplit les actes les plus délicats et les plus compliqués, et que c'est dans le même hémisphère que se développe l'organe du langage articulé ; ce qui explique que cette moitié du cerveau exige un temps plus long pour son parfait développement et le perfectionnement de ses fonctions.

La physiologie vient en aide à ces inductions anatomiques. Parmi les hommes, les uns, le plus grand nombre, sont droitiers, quelques-uns gauchers, ce qui indique la prédominance d'un des deux hémisphères, le plus souvent du gauche. Il y a des ambidextres, chez qui les deux cerveaux semblent de puissance égale ; mais il y

---

(1) Parrot, *Archives de physiologie normale et pathologique*, 1879.

a aussi beaucoup de gens qui sont *hétérodextres* si je puis ainsi parler, c'est-à-dire droitiers pour certains actes, gauchers pour d'autres; chez eux il n'y a pas prééminence d'un hémisphère, mais partage d'attributions entre les deux. Les hétérodextres, plus que les autres, nous semblent plaider énergiquement en faveur de l'indépendance fonctionnelle des hémisphères cérébraux.

Les expériences sur les animaux ont permis à Flourens, Longet, Muller, Vulpian, de montrer que l'ablation d'un hémisphère cérébral ne modifiait en rien leur état intellectuel, qui restait le même après comme avant l'opération, ce qui indique suffisamment que chaque hémisphère forme à lui seul un tout complet susceptible d'un fonctionnement régulier.

Les expériences et la pathologie ont démontré mieux encore que l'anatomie qu'il existe dans le cerveau des régions indépendantes les unes des autres au point de vue des fontions. Il y a des régions dévolues à la motricité volontaire, d'autres à l'attention, d'autres à la sensibilité. Les noms des Fritsch et Hitzig, Ferrier, Carville et Duret sont attachés à ces découvertes. Ceux mêmes, qui comme Brown-Séquard, sont contraires à la doctrine des localisations cérébrales, reconnaissent l'indépendance fonctionnelle de certaines parties de l'encéphale. « J'ai toujours cru, au moins autant que qui que ce soit, dit le professeur du Collège de France, que chaque fonction distincte s'accomplissait par l'action d'éléments distincts (1). »

(1) *Archives de physiologie*, 1877.

Chaque hémisphère cérébral, dit-il encore, est chez l'enfant un cerveau tout entier; c'est-à-dire qu'il peut, en se développant, agir comme centre pour toutes les fonctions cérébrales et pour tous les mouvements du corps. Mais chez la plupart des individus les deux moitiés du cerveau, bien que primitivement semblables, « se développent de telle sorte que chacun d'eux n'acquiert une certaine puissance que pour certains actes et certaines fonctions. »

V

D'après les travaux d'Exner (1), l'hémisphère droit serait prépondérant pour la sensibilité, et le gauche représenterait plus particulièrement la fonction motrice. Ce qui se passe dans les rêves apporte un appoint à cette opinion et à la théorie du dualisme cérébral. Les rêves que l'on fait sur le côté droit (sur le cerveau droit), dit M. Gaëtan Delaunay (2), diffèrent de ceux que l'on fait sur le cerveau gauche. Les premiers répondent à la description générale que l'on a donnée du rêve, ce qui se comprend, puisqu'on couche habituellement sur le côté droit; ils sont illogiques, absurdes, etc. Les vers que l'on fait sur le côté droit sont dénués de sens, mais corrects sur leurs pieds; ce qui prouve que le senti-

(1) Exner, *Untersuchungen ueber die Localisationen der Functionen der Grosshian des Menschen*, Wien, 1881.
(2) Gaëtan Delaunay, *Sur deux nouveaux procédés d'investigation psychologique*, janvier 1882.

ment du rythme est conservé. Les facultés morales subsistent, mais les facultés intellectuelles font défaut.

« Au contraire, les rêves que l'on fait étant couché sur le cerveau gauche sont moins absurdes et peuvent être même intelligents. Ils portent sur des choses récentes et non sur des réminiscences. Enfin dans ces rêves on fait des discours, ce qui se comprend, puisque la faculté du langage siège à gauche. »

Les expériences de thermométrie cérébrale de Schiff sur les animaux démontrent que dès qu'une excitation sensible vient frapper le sujet en expérience, il se produit immédiatement un échauffement plus marqué dans un hémisphère que dans l'autre (1). Broca a constaté qu'au repos le cerveau gauche avait une température plus élevée que le cerveau droit. Il a remarqué que pendant l'activité cérébrale la température de l'encéphale s'élevait et qu'elle s'élevait plus du côté droit que du gauche, ce qu'il attribuait d'une façon assurément très hypothétique à ce que le cerveau droit, plus malhabile, était obligé à plus d'efforts dans le travail intellectuel. M. Paul Bert est arrivé à démontrer, au moyen de plaques thermo-électriques, que les régions gauches de la tête ont une température supérieure à celles de droite et que pendant l'effort intellectuel il y a un excès de température en faveur du lobe frontal gauche (2).

Ces observations sur la différence de tempé-

(1) *Archives de physiologie*, 1870.
(2) *Société de Biologie*, 18 janvier 1879.

rature des hémisphères cérébraux tendent à démontrer qu'il y a une différence dans l'activité de chacun d'eux.

« Un seul hémisphère sain, dit Longet, peut suffire à l'exercice de l'intelligence et des sens externes. » De nombreux faits pathologiques démontrent cette vérité. M. Cotard (1) a démontré qu'il n'y avait pas de rapport à établir entre l'atrophie partielle du cerveau et l'état de l'intelligence. Dans dix cas où l'intelligence était intacte, cinq fois c'était l'hémisphère gauche qui était atrophié et quatre fois le droit. Chaque hémisphère suffit donc à l'exercice sensiblement normal des facultés intellectuelles, et on ne trouve aucune différence essentielle entre les propriétés des deux moitiés du cerveau. De nombreux cas de traumatismes ou de tumeurs du cerveau viennent confirmer cette manière de voir. Dans les cas de tumeurs parfois énormes qui compriment un hémisphère, la lenteur du développement des néoplasmes a donné le temps à l'hémisphère sain d'acquérir la suppléance fonctionnelle de son congénère.

Dans les lésions des deux hémisphères, on a remarqué que le nombre et la gravité des symptômes variaient suivant l'hémisphère atteint. Brown-Séquard a remarqué que les lésions du côté droit sont plus graves, plus rapidement mortelles, plus particulièrement suivies de désordres de la nutrition, d'escarres, d'œdèmes,

---

(1) Cotard, *Étude sur l'atrophie partielle du cerveau*, Paris, 1868.

de congestions pulmonaires, d'évacuations involontaires, de déviation conjuguée des yeux, de convulsions, d'amaurose, que celles du côté opposé. Les paralysies gauches, qui dépendent d'une lésion de l'hémisphère droit, sont généralement plus considérables que les paralysies droites. Les paralysies hystériques, l'hématome de l'oreille atteignent beaucoup plus fréquemment le côté gauche que le droit (1). Luys a remarqué que dans les hémiplégies droites on observait une excitation anormale des facultés émotives, une grande tendance aux larmes ou au rire : nos propres observations confirment cette remarque. Tous ces faits sont en faveur de l'indépendance fonctionnelle des deux moitiés cérébrales.

Dans la folie, on observe parfois des hallucinations unilatérales. Calmeil (2), Moreau (de Tours), Michéa (3), Régis et plusieurs autres auteurs en ont fourni de nombreux exemples. On a observé aussi des individus ayant des hallucinations bilatérales, mais de caractère différent. L'oreille droite, par exemple, dit M. Magnan (4), entend des choses agréables, tandis que l'oreille gauche ne perçoit que des injures. Il semble en effet que dans le plus grand nombre des cas ces hallucinations aient un caractère pénible à gauche et agréable à droite. Cependant, un de

(1) *Bulletin de la Société de Biologie*, 1871.
(2) Calmeil, *De la folie*, Paris, 1845.
(3) Michéa, *Des hallucinations, de leurs causes et des maladies qu'elles caractérisent*, Paris, 1846.
(4) Magnan, *Des hallucinations bilatérales de caractère opposé suivant le côté affecté.* (*Archives de neurologie*, 1883.)

ses malades n'entendait par l'oreille droite que des injures, tandis qu'il avait par l'oreille gauche des hallucinations gaies d'un caractère ambitieux.

J'avais, il y a quelque temps, parmi mes malades, un homme de cinquante-cinq ans qui, sous l'influence de chagrins domestiques, d'une surdité progressive et aussi sans doute de l'involution organique, était tombé dans un accès aigu de mélancolie. Il présenta pendant longtemps le phénomène des hallucinations bilatérales de caractère différent. Du côté gauche, c'était sa femme défunte qui lui parlait; elle l'encourageait, le réconfortait, approuvait ses actes et sa conduite. Du côté droit c'était alternativement ses enfants, morts également, ou des voix étrangères, ces dernières ne faisant entendre que des injures, des blasphèmes et des abominations. De temps en temps, même quand on conversait avec lui, il s'arrêtait, penchait l'oreille sur son épaule gauche pour écouter sa *sainte*. Au bout d'un instant il relevait la tête et se montrait satisfait des propos qu'elle lui avait tenus.

Si l'on admet, ce qui semble l'opinion la plus répandue actuellement, que les hallucinations sont causées par une excitation des centres sensoriels de l'écorce cérébrale, les hallucinations unilatérales et les hallucinations bilatérales de caractère différent sont un nouvel et puissant argument en faveur de l'indépendance fonctionnelle des deux hémisphères cérébraux.

L'état des facultés intellectuelles chez certains aliénés a fait admettre par quelques aliénistes la dualité cérébrale. Pour Esquirol (1), la lésion de la volonté qu'on observe chez certains mélancoliques est le résultat de la duplicité du cerveau dont les deux moitiés, n'étant pas également excitées, n'agissent pas simultanément. Wigan (2), dans son livre sur la dualité de l'esprit, prétend qu'il est fâcheux de dire : le cerveau de l'homme; qu'on ne devrait parler que de ses deux cerveaux. Sir H. Hollard (3) soutient que le dédoublement de la personnalité observé chez quelques aliénés est le résultat d'un défaut d'harmonie entre les deux hémisphères. Hugues (4) prétend que la folie avec conscience tient à ce que, des deux hémisphères, l'un est malade et l'autre sain, ce qui permet à ce dernier d'être conscient des désordres de l'autre. Jansen (5) admet qu'il se forme dans les deux moitiés cérébrales deux sensations, comme deux images dans les deux yeux; que ces sensations, de même que les images visuelles, se confondent en une seule à l'état normal; mais que, dans certaines conditions pathologiques, elles peuvent ne plus se superposer, mais se dresser côte à côte et donner ainsi l'illusion de deux personnalités différentes, de même que le strabisme au début fait voir les objets doubles. Luys (6)

(1) Esquirol, *Maladies mentales*, t. II, Paris, 1838.
(2) Wigan, *The duality of Mind*, London, 1844.
(3) Sir H. Hollard, *Medical notes and reflexions*, 1840.
(4) Hugues, *American journal of Insanity*, avril 1875.
(5) Jansen, *Allgemeine Zeitschrift für Psychiatrie*, vol. 25.
(6) Luys, *Études de physiologie et de pathologie mentales*. Paris, 1874.

voit dans le phénomène du dédoublement de la personnalité une manifestation probante de l'indépendance des deux hémisphères. Descourtis (1) soutient la même thèse. Ball (2), sans être affirmatif, appelle l'attention sur ce phénomène singulier du dédoublement de la personnalité, dans lequel un des hémisphères seul est en plein délire, tandis que l'autre le regarde avec compassion.

VI

Tous ces faits, tirés de l'hypnotisme, de l'anatomie, de la physiologie, de la pathologie, démontrent à n'en pas douter l'indépendance des deux hémisphères cérébraux, dont les fonctions, coordonnées à l'état normal, peuvent devenir absolument dissociées à l'état pathologique. Mais les conséquences extrêmes qu'en veulent déduire les derniers auteurs que nous venons de citer sont assurément excessives. « On a voulu, dit M. Ribot, établir que ce dualisme cérébral suffit à expliquer tout désaccord dans l'esprit, depuis la simple hésitation entre deux partis à prendre jusqu'au dédoublement complet de la personnalité. Si nous voulons à la fois le bien et le mal, si nous avons des impulsions criminelles et une conscience qui les condamne, si le fou

---

(1) Descourtis, *Du fractionnement dans les opérations cérébrales*. Thèse, 1884.
(2) Ball, *Le dualisme cérébral*. (*Revue scientifique*, janvier 1883.)

par instant reconnaît sa folie, si le délirant a des moments de lucidité, si enfin quelques individus se croient doubles, c'est tout simplement parce que les deux hémisphères sont désaccordés; l'un est sain, l'autre morbide; un état siège à droite, son contraire à gauche; c'est une sorte de manichéisme psychologique... Ces oppositions dans la personne, cette scission partielle dans le moi, tels qu'ils se trouvent aux moments lucides de la folie et du délire, dans la réprobation du dypsomane pour lui-même pendant qu'il boit, ne sont pas des oppositions *dans l'espace* (d'un hémisphère à l'autre), mais des oppositions *dans le temps*. Ce sont, pour employer une expression favorite de Lewes, des attitudes successives du moi (1). »

Le même auteur fait observer qu'il existe dans la science des cas d'individus qui se croient triples : Esquiros cite l'exemple d'un prêtre qui, pour avoir trop médité sur le mystère de la Trinité, avait fini par s'attribuer une triple personnalité et voir triples les objets autour de lui; que, de plus, il est évident que la lutte entre divers états de conscience n'est pas limitée à *deux* états; qu'on peut être tiraillé entre un nombre plus ou moins grand de résolutions différentes; que, si toute lutte intérieure était le résultat de l'opposition fonctionnelle des deux hémisphères, chez les individus réduits à un seul hémisphère, aucune lutte intérieure ne pourrait se produire. Enfin, fait-il encore remarquer, la masse

---

(1) Ribot, *Maladies de la personnalité*, Paris, 1885.

des états conscients, subconscients et inconscients qui constituent notre personnalité se résume à chaque instant en une tendance qui en est l'expression momentanée. Cette tendance est essentiellement changeante et mobile, comme les états de conscience eux-mêmes, ce qui produit l'illusion de la pluralité personnelle. « L'état de conscience prépondérant à chaque instant, dit-il, est pour l'individu et pour les autres sa personnalité. »

Concluons donc en affirmant le dualisme cérébral, mais en faisant quelques réserves sur le rôle que joue ce dualisme cérébral dans le phénomène pathologique du dédoublement de la personnalité, et surtout sur les explications par trop simples qui en ont été données.

CHAPITRE XI

LES APPLICATIONS DE L'HYPNOTISME
A LA THÉRAPEUTIQUE

I. — Le magnétisme et la maladie. — Les cures fameuses de Mesmer. — Foi robuste des magnétiseurs. — Leurs prétendus succès.
II. — Exagérations des Braidistes. — Cures de Braid par l'hypnotisme. — Bon effet des procédés hypnotiques contre les troubles dynamiques du système nerveux. — Réserves nécessaires. — Anesthésie chirurgicale.
II. — Opérations célèbres pratiquées pendant le sommeil hypnotique : Braid, Cloquet, Loysel, Fanton, Toswel et Joly, Ribaud et Kiaro, Broca et Folin, Guérineau, Esdaile.
IV. — Rage et tétanos. — Influence de l'hypnotisation sur les phénomènes hystériques : convulsions, délire, paralysies, contractures. — Troubles choréiques.
V. — Folie : cas de M. Auguste Voisin.
VI. — L'hypnotisme et l'éducation. — Thérapeutique suggestive à l'état de veille. — Effets puissants de l'imagination.

I

Le magnétisme animal n'avait pas seulement pour objet la production de phénomènes extraordinaires dans l'organisme, mais encore et surtout la guérison des maladies. Mesmer, qui était médecin, n'avait emprunté sa doctrine aux médecins des siècles précédents que dans la seule pensée d'y trouver aux souffrances humaines une panacée non moins universelle que le fameux fluide qui en était l'agent supposé. La maladie étant, d'après lui, l'aberration de l'harmonie organique, le magnétisme rétablit l'harmonie, et la guérison est obtenue. A quoi reconnaît-on qu'un corps est en désharmonie? Précisément à ce qu'il est sensible au magnétisme, car un corps parfaitement en harmonie s'y montre absolument insensible. « De là, on comprend encore, ajoute-t-il, que la maladie étant guérie, on devient insensible au magnétisme, et c'est le criterium de la guérison (1). » Ailleurs il s'écrie encore, avec un enthousiasme qui ne connaît plus de bornes : « Il n'y a qu'une maladie et qu'un remède ! » Voilà bien de quoi séduire les esprits simplistes — et les esprits simples.

Mesmer, armé de cette doctrine, s'attaqua tout naturellement d'abord aux maladies réputées incurables, et publia de toutes parts ses succès merveilleux. Une de ses cures les plus retentissantes fut celle d'une demoiselle Paradis, de Vienne, atteinte d'amaurose. Quelques années plus tard, cette personne donnait à Paris un concert où assistait précisément Mesmer. « Un léger mouvement d'incertitude dans ses gestes, et ses yeux constamment baissés, trahirent, dit un auteur du temps, une infirmité qui rendait encore son talent plus merveilleux. Elle était aveugle. » A Paris, il guérit le savant Court de Gébelin, atteint de goutte chronique et d'hydropisie.

(1) Mesmer, *Mémoires et aphorismes*, Paris, 1846.

Quelques jours après le patient mourait, ce qui fit dire à un journal : « M. Court de Gébelin vient de mourir, guéri par le magnétisme animal. »

Tels furent les plus grands succès de Mesmer. Nous renvoyons à ses *Aphorismes* les personnes curieuses de connaître ses idées scientifiques et ses prétentions thérapeutiques ; elles y trouveront un entassement d'extravagances comme on en rencontrerait difficilement ailleurs. Toutefois, il serait excessif de prétendre qu'il n'a jamais eu d'autres succès que ceux-là. Dans certains désordres fonctionnels où le système nerveux joue un rôle prépondérant, ses procédés ont certainement procuré du soulagement et même la guérison, à certains malades. La foi au remède et l'imagination ont toujours produit de ces miracles.

Beaucoup de disciples, malgré des échecs nombreux et éclatants, ont conservé toutes les prétentions du maître. Quelques-uns cependant se sont montrés plus réservés, non sans gémir sur le sacrifice de leurs illusions. Le baron du Potet avoue que, dans beaucoup d'ouvrages sur le magnétisme, on lit que rien n'est comparable, en vertu, à l'action magnétique, que son influence est une véritable panacée et que les magnétiseurs habiles peuvent des miracles ; mais qu'il faut en rabattre, et que son enthousiasme du début fut rapidement désabusé. En voulant magnétiser des phtisiques, il s'aperçut qu'il augmentait leurs souffrances et aggravait leur maladie. Il en fait l'aveu. Mais on ne saurait se vanter d'être un vrai croyant, et en même temps reconnaître purement et simplement qu'on s'est trompé. Il fait, dis-je, l'aveu que l'effet du magnétisme est nuisible aux phtisiques, mais il déclare qu' « un semblable effet serait capable, lorsque ces maladies sont moins avancées, de produire des crises favorables qui assureraient le retour de la santé, mais on attend jusqu'au dernier moment pour essayer l'emploi du magnétisme (1) ! »

Après avoir ainsi repris d'une main ce qu'il donnait de l'autre, du Potet fait connaître quelques guérisons obtenues par lui.

La première concerne une jeune fille atteinte de scrofule ulcéreuse ayant déjà nécessité l'amputation d'un bras, et qui, soumise au magnétisme, tomba dans le somnambulisme lucide, et annonça qu'à la suite d'une de ses crises, elle guérirait. « Elle déclara que, pendant cette crise de trente heures, elle ne prendrait absolument rien, qu'elle n'aurait aucune évacuation, et que toute l'humeur scrofuleuse se rendrait aux intestins pour être ensuite évacuée par un dévoiement qui durerait pendant douze heures (2). » Après avoir décrit avec détail l'attaque de somnambulisme annoncée, l'auteur termine ainsi : « Tout se passa comme elle l'avait prédit, et je me félicitai de mon nouveau succès. » Des preuves de ce succès, pas un mot; il consista sans doute dans l'arrivée de la diarrhée annoncée, ce qui, comme

---

(1) Du Potet, *Traité complet du magnétisme animal*, Paris, 1883.
(2) *Loc. cit.*

nous le savons, n'a rien de bien extraordinaire. Mais la diathèse scrofuleuse?

Un autre de ses succès concerne une femme de quarante ans, paraplégique depuis plusieurs années, et qui guérit après quelques pratiques magnétiques. Enfin, un troisième — et dernier — a trait à une jeune fille paralysée d'une jambe, chez qui on avait diagnostiqué une luxation et une tumeur blanche de la hanche, et qui, tombée en somnambulisme sous l'influence du magnétisme, annonça qu'à quinze jours de là elle se lèverait et marcherait seule, ce qui arriva. La luxation et la tumeur blanche étaient sans doute de simples accidents hystériques, ce qui, si notre hypothèse est exacte, enlèverait encore tout caractère merveilleux à cette cure qui arrache pourtant à l'auteur des cris d'enthousiasme.

II

Si les hypnotistes se sont montrés moins confiants dans la puissance curative de leur méthode que les magnétiseurs, quelques-uns ne s'en sont pas moins fait encore de grandes illusions. Mais quel est le spécialiste en thérapeutique qui ne finit pas par tomber peu ou prou dans l'ornière que nous signalons? Qu'on aille, pour n'en donner qu'un exemple, dire à certains hydropathes que leurs sources ou leurs robinets ne guérissent pas à peu près toutes les maladies. « Il n'est pas déraisonnable d'espérer, dit Durand, de Gros, que la découverte de Braid apporte à la médecine un secours non moins précieux qu'inattendu contre la formidable légion des maladies nerveuses dont les coups invisibles ont fait jusqu'à ce jour le désespoir de la pathologie et de la thérapeutique. » Si l'auteur s'en était tenu là, nous pourrions lui donner notre assentiment sans réserves formelles. Mais ce n'est qu'une entrée en matière comme on va le voir. « L'analogie, continue-t-il, nous autorise en outre à penser qu'il n'est aucune catégorie d'infirmités absolument exclue des bienfaits de ce nouvel agent curatif, et déjà, sur ce point, l'expérience est venue confirmer les brillantes promesses de la théorie. » Cette expérience, nous l'attendons encore.

Braid, lui aussi, crut avec trop d'enthousiasme en la puissance thérapeutique de l'hypnotisme; pour lui, beaucoup de maladies chroniques, principalement celles qui résistent à des traitements prolongés des mois et des années, sont justiciables du sommeil provoqué. Mais homme de science, et de son époque, il eut soin d'établir une distinction entre les désordres chroniques de nature purement fonctionnelle et les maladies dues à une cause organique. Contre ces dernières, les pratiques hypnotiques ne peuvent avoir d'autre effet que de modifier certains symptômes ; contre les premiers, il agit en véritable agent curatif. Malgré ces sages restrictions, il n'est pas douteux que Braid ne se soit considérablement exagéré la valeur de ses succès. Son livre contient de nombreuses observations méthodiquement groupées. Parmi ces observations nous voyons nombre d'affaiblissements de la vue améliorés et guéris par l'hypnotisme ; des sourds et des sourds-muets qui recouvrent l'ouïe ; des névralgies, des tics douloureux qui disparaissent, des paralysies fonctionnelles qui guérissent, des douleurs rhumatismales qui sont supprimées, des paralysies organiques un peu améliorées. Malheureusement les diagnostics manquent de précision et la manière vague dont sont décrits les accidents ne permet pas, la plupart du temps, au lecteur de se faire une idée exacte de la maladie. Certains de ces cas, comme les surdi-mutités amendées, soulèvent dans l'esprit des doutes puissants ; d'autres y suscitent de bien graves objections. Et même, en admettant la réalité des phénomènes observés, on ne peut s'empêcher de faire des restrictions au sujet de leur stabilité et de leur durée et, par conséquent, au sujet de la réalité de la guérison.

Ces réserves faites, les phénomènes observés par Braid n'ont rien qui puisse nous surprendre ; la théorie de Brown-Séquard sur l'inhibition et la dynamogénie, que nous avons exposée ailleurs, nous rend compte du mécanisme de leur production. Ainsi s'explique l'acuité rendue à des sens paresseux, la guérison plus ou moins rapide des paralysies d'origine nerveuse, la disparition de douleurs rhumatismales ou névralgiques, l'amélioration même de quelques paralysies d'origine organique. Les pratiques hypnotiques actuellement en usage produisent des effets semblables. Voici, par exemple, d'après Braid, le cas de Mme Stowe, âgée de quarante-quatre ans, qui souffre de faiblesse de la vue depuis vingt-deux ans et qui ne peut lire ni coudre sans lunettes. « Examinée le 8 avril 1842, elle ne pouvait distinguer les lettres capitales d'une annonce dans le journal, ni le grand titre de cette feuille. Après une hypnotisation de huit minutes, elle peut lire distinctement le grand et le petit en-tête, le jour, le mois et la date du journal. » Nous avons cité dans une autre partie de ce travail une observation de M. Bernheim concernant un jeune homme atteint d'amblyopie hystérique, dont la vue dépassa l'acuité normale à la suite de pratiques hypnotiques.

En somme, dans la plupart des cas où il ne s'agit que de troubles purement dynamiques du système nerveux, on peut admettre que l'hypnotisme puisse jouer un rôle favorable. Mais il est certains troubles dynamiques du système nerveux, comme l'épilepsie, au sujet desquels nous croyons devoir faire de sérieuses restrictions. « J'ai trouvé, dit encore Braid, l'hypnotisme utile dans plusieurs cas de chorée, ainsi que dans des cas de bégaiement nerveux. Il est aussi fréquemment très utile dans l'épilepsie, mais il y a des variétés de cette affection sur lesquelles il n'a aucune action. Ces dernières, je suppose, sont les cas qui dépendent de causes organiques et qui résistent à tous les remèdes connus. » Très correct quand il s'exprime ainsi, Braid ne l'est plus quand il arrive aux preuves.

Ainsi, voici l'exposé d'une de ses observations :
« Une jeune fille, qui avait six ou huit attaques dans les vingt-quatre heures, n'en eut plus qu'une le lendemain de la première opération, elle n'en eut plus pendant les cinq jours suivants et se trouva guérie en peu de temps. » Et c'est tout. En vérité ce n'est pas assez. D'autres, parmi ses guérisons d'épilepsie, quoique un peu moins succinctes, sont absolument invraisemblables, si l'on accepte le diagnostic présenté d'ailleurs sous forme de simple affirmation.

Enfin, Braid signale une dernière propriété de l'hypnotisme, celle d'amortir ou de prévenir entièrement la douleur dans les opérations chirurgicales. L'hypnotisme peut plonger le malade dans un état qui le rend complètement inaccessible à la douleur d'une opération ou qui en modère beaucoup l'intensité, selon les circonstances. Il cite de nombreuses extractions de dents pratiquées par lui ou un autre praticien de ses amis sans que les malades eussent accusé la moindre douleur pendant l'opération; ils ignoraient même à leur reveil que leur dent avait disparu. Il fait observer que pour obtenir l'insensibilité complète, il est nécessaire que le patient ignore le moment précis où l'opération aura lieu, l'appréhension qu'elle cause entravant les effets de l'hypnotisme; cependant, même dans le cas où il n'est que très peu endormi, le sujet accuse une diminution considérable de la douleur, sinon son absence complète.

III

Cette propriété de l'hypnotisme est une des mieux établies actuellement, grâce à la facilité qu'il y a à la constater. D'assez nombreuses opérations, et des plus graves, ont été faites à diverses époques pendant l'anesthésie du sommeil magnétique ou hypnotique.

Le 12 avril 1829, Cloquet fit une opération de cancer du sein sur une dame âgée de soixante-quatre ans, pendant qu'elle était plongée en somnambulisme. Elle ne ressentit aucune douleur et ne conserva aucun souvenir de l'opération. En 1846, le Dr Loysel (de Cherbourg) extirpait une tumeur de la région mastoïdienne chez une fille de trente ans endormie. A son réveil, elle déclara qu'elle ne souffrait pas, qu'elle n'avait éprouvé aucune douleur et n'avait conservé aucun souvenir de ce qui venait de se passer. Le même chirurgien, en quelques mois, en était arrivé à sa douzième opération, pratiquée pendant le sommeil magnétique. A la même époque, Fanton, Toswel et Joly (de Londres) firent l'amputation de deux cuisses et d'un bras (1). En 1847, deux médecins de Poitiers, MM. Ribaud et Kiaro, opérant une jeune fille atteinte d'une tumeur du maxillaire, firent dans une première séance l'incision de la tumeur, et dans une seconde l'ex-

---

(1) Philips, *Cours théorique et pratique du Braidisme*, 1860.

traction d'une dent; dans la troisième l'extirpation du néoplasme, le tout sans douleur. « Ce long et cruel travail, lit-on dans un journal, avait plutôt ressemblé à une leçon de dissection faite à des élèves sur un cadavre qu'à une opération pratiquée sur un corps animé de la vie. »

Le 4 décembre 1859, MM. Broca et Follin ont pratiqué à Paris l'incision d'un abcès à l'anus sur une femme de quarante ans, hypnotisée. L'opération s'est accomplie sans douleur.

Quelques jours plus tard, le Dr Guérineau (de Poitiers) amputa la cuisse d'un homme pendant l'anesthésie hypnotique. Le patient n'éprouva aucune douleur, mais eut pleine conscience de l'opération. « J'ai senti, dit-il, ce qu'on m'a fait, et la preuve, c'est que la cuisse a été coupée au moment où vous me demandiez si j'éprouvais quelque douleur (1). »

Le Dr Esdaile, chirurgien des hôpitaux de Calcutta, écrivait à Braid, vers la même époque, qu'il avait en six ans exécuté plus de six cents opérations capitales de toute espèce pendant le sommeil magnétique. Sur sa demande, le gouvernement nomma une Commission chargée de vérifier la réalité de ses allégations. Cette Commission, composée de médecins, de chirurgiens et de quelques personnes étrangères à la science, rédigea à la suite d'expériences un curieux rapport dont nous extrayons le passage suivant :

« Dans le cas de *Nilmoney*, il n'y eut pas le plus léger indice de sensation. L'opération, qui

---

(1) *Gazette des hôpitaux*, 29 octobre 1859.

consistait dans l'ablation d'un sarcocèle, dura quatre minutes. Ni ses bras, ni ses jambes n'étaient maintenus. Il ne fit aucun mouvement, ne gémit, ni ne changea de contenance, et quand il fut réveillé, il déclara n'avoir nul souvenir de ce qui s'était passé.

« Hyder-Khan, émacié, ayant la jambe gangrenée, fut amputé de la cuisse sans qu'aucun signe décelât la douleur.

« Murali-Doss (l'opération était très grave) remua le corps et les bras, respira par saccades et changea d'aspect, sans pourtant que ses traits exprimassent la souffrance ; aussi éveillé, déclare-t-il ignorer ce qui était advenu durant son sommeil...

« Dans les trois autres cas, la Commission observa, durant les opérations, divers phénomènes qui ont besoin d'être mentionnés spécialement. Bien que les patients n'ouvrissent point les yeux, n'articulassent aucun son et n'eussent besoin d'être tenus, il y avait des mouvements vagues et convulsifs des membres supérieurs, contorsions du corps, distorsion des traits, donnant à la face une hideuse expression de douleur comprimée ; la respiration devint saccadée, longuement suspirieuse. Il y avait tous les signes d'une souffrance intense, et l'aspect que devrait présenter un muet soumis à une opération, excepté la résistance à l'opérateur.

« Mais dans tous les cas, sans exception, les patients n'avaient ni connaissance, ni souvenir de l'opération, niant avoir rêvé, et n'accusant aucune douleur, jusqu'à ce qu'on eût attiré leur attention sur l'endroit opéré (1). »

Les succès du Dr Esdaile étaient donc avérés. Il faut croire que les Indous sont extrêmement prédisposés au sommeil hypnotique, car nous doutons qu'en Europe il eût pu obtenir de pareils résultats.

Le seul avantage de l'anesthésie hypnotique sur l'anesthésie chloroformique c'est qu'elle est obtenue sans l'ingestion d'une substance toxique, dont l'emploi n'est pas exempt de dangers. Mais aussi que de désavantages! Tout le monde ne peut être hypnotisé ; tous les hypnotiques ne sont pas insensibles; la plupart de ces derniers, comme nous l'enseignent les citations précédentes, réagissent violemment comme s'ils éprouvaient une douleur réelle; enfin, l'émotion causée par la crainte de l'opération suffirait en certains cas, même chez les sujets les plus hypnotisables, à faire échouer toute tentative d'hypnotisation.

IV

L'hypnotisme a été vanté dans le tétanos et la rage. De son emploi dans la rage, nous ne connaissons aucune observation. Braid cite l'observation d'un jeune homme de treize ans atteint de tétanos qu'il guérit par ce procédé. Ce jeune

---

(1) M. Du Potet, *Traité complet du magnétisme animal*, Paris, 1883.

homme, après quelques prodromes incertains, fut pris d'opisthotonos. La tête et le bassin rigides étaient retractés en arrière, tandis que le corps était courbé en forme d'arc et immobilisé dans cette position. Le spasme était à peine rémittent et ne cessait jamais complètement; il s'exagérait parfois au point de gêner la respiration. Il y avait aussi des contractures spasmodiques dans les membres inférieurs. En présence de la gravité du pronostic, Braid se décida à essayer l'hypnotisme; ce qui fut difficile, non par manque de docilité du sujet, mais à cause de la fréquence de ses attaques spasmodiques. « En quelques minutes cependant j'avais, dit-il, réussi à réduire les spasmes, et sa tête pouvait se porter en avant, la respiration se calmait, le pouls avait beaucoup diminué, et je le quittai dans un état de bien-être relatif. » Les spasmes revinrent et furent combattus par le même moyen. Les jours suivants, à mesure que les séances se multiplièrent, les symptômes de la maladie s'amendèrent et la guérison s'en suivit. Notons qu'en même temps que le malade était soumis aux pratiques hypnotiques, il subissait un traitement antiphlogistique par le calomel à doses fractionnées et la saignée.

Un autre cas de tétanos, traité par le magnétisme, a été publié (1) par le Dr Ronzier-Joly. Le résultat, comme on va le voir, fut tout autre que dans le cas précédent. Il s'agit d'un nommé Cassat traité à l'hôpital d'Alger en 1853 pour

(1) *Bulletin général de thérapeutique*, 1860.

un tétanos *a frigore* : Rigidité générale, excepté aux membres supérieurs; trismus; peau humide, un peu chaude, présentant une sensibilité exagérée en certains points. De temps en temps le malade a des secousses, des contractions subites générales et passagères. Le traitement par la belladone n'ayant donné aucun résultat, le Dr Foley eut recours à son influence électrobiologique. « Il lui place dans la main un disque brunâtre et brillant qu'il lui prescrit de regarder fixement. Après vingt minutes, l'action magnétique fut complète; l'état tétanique sembla totalement effacé. Sur l'injonction du médecin en chef, Cassat ouvrit grandement la bouche, agita les bras, les jambes avec une extrême facilité (1) ». L'opération terminée, les spasmes se reproduisirent. Le lendemain, nouvelle séance. Elle est à peine finie et le médecin n'est pas encore sorti de la salle, que le malade est frappé de mort subite.

L'hypnotisme fut-il pour quelque chose dans ce dénouement? Il est difficile de le dire. Notons cependant l'influence heureuse du sommeil nerveux sur les spasmes tétaniques que ces deux cas semblent mettre en évidence. A priori on aurait pu penser que l'hypnotisme, en raison de l'hyperexcitabilité neuromusculaire qui l'accompagne toujours, eût dû produire des effets tout opposés à la détente spasmodique observée. Quoi qu'il en soit, l'influence curative de l'agent hypnotique ne nous semble pas encore prouvée dans

---

(1) Cité d'après Philips, *Cours de Braidisme*, Paris, 1860.

le tétanos, mais il sera légitime de l'essayer de nouveau, tant est impuissante la thérapeutique ordinaire dans cette redoutable maladie.

Dans l'hystérie, il semble que les pratiques hypnotiques aient d'heureux résultats. Bien qu'il soit très difficile d'arrêter les attaques d'hystéro-épilepsie par ce moyen, on peut en modérer l'intensité et en raccourcir la durée. La période de délire peut être supprimée en provoquant le sommeil hypnotique. Quant aux délires qui surviennent dans l'intervalle des attaques, on est arrivé également à les arrêter par ce moyen. M. Dumontpallier a rapporté à la Société de Biologie (1) l'histoire d'une de ses malades qui, à la suite d'une grande frayeur, eut une attaque d'hystéro-épilepsie suivie d'un accès de lypémanie. Ayant hypnotisé la malade par la fixation du regard, et l'ayant maintenue une heure dans cet état, il la réveilla ensuite et s'aperçut que toute trace de mélancolie avait disparu. Quelque temps après, la mélancolie s'étant manifestée de nouveau, l'hypnose provoquée fit encore disparaître les troubles délirants, et depuis la guérison s'est maintenue.

Les contractures (fig. 20 et 21) et les paralysies qu'on rencontre si fréquemment dans cette névrose, sont aussi justiciables, semble-t-il, du sommeil hypnotique. M. Bottey rapporte l'observation d'une jeune hystérique atteinte d'une paralysie complète des deux jambes qui l'obligeait à garder le lit. Lorsqu'on la mettait en

---

(1) Séance du 7 janvier 1882.

somnambulisme, elle marchait avec la plus grande facilité ; en catalepsie, elle marchait encore, bien que moins facilement. En l'hypnotisant fréquemment, on put combattre l'atrophie

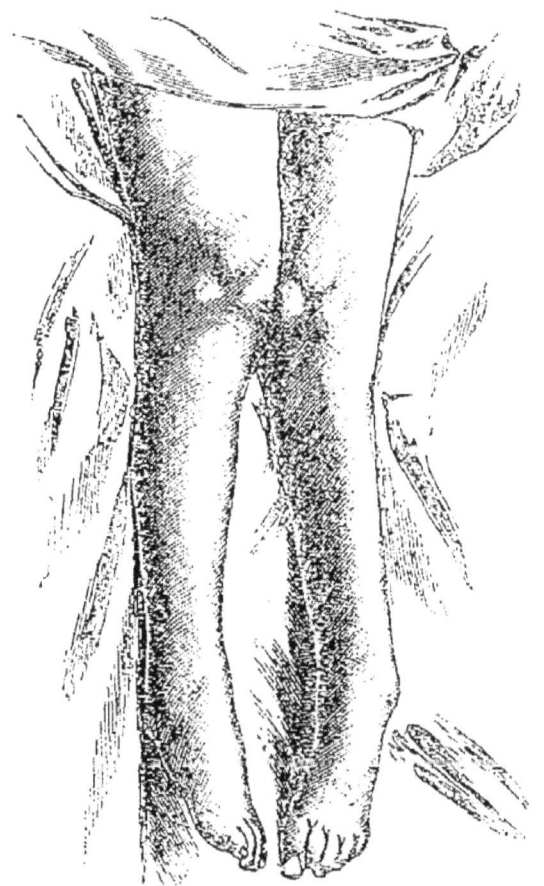

Fig. 20. — Contracture des extenseurs et des adducteurs.

qui aurait forcément envahi les membres paralysés. Enfin, après une durée de cinq mois, cette paraplégie fut guérie « par deux petites pilules de *mica panis*, qui produisirent sur elle des symptômes violents (état syncopal, vomissements, coliques); puis survint un délire complet

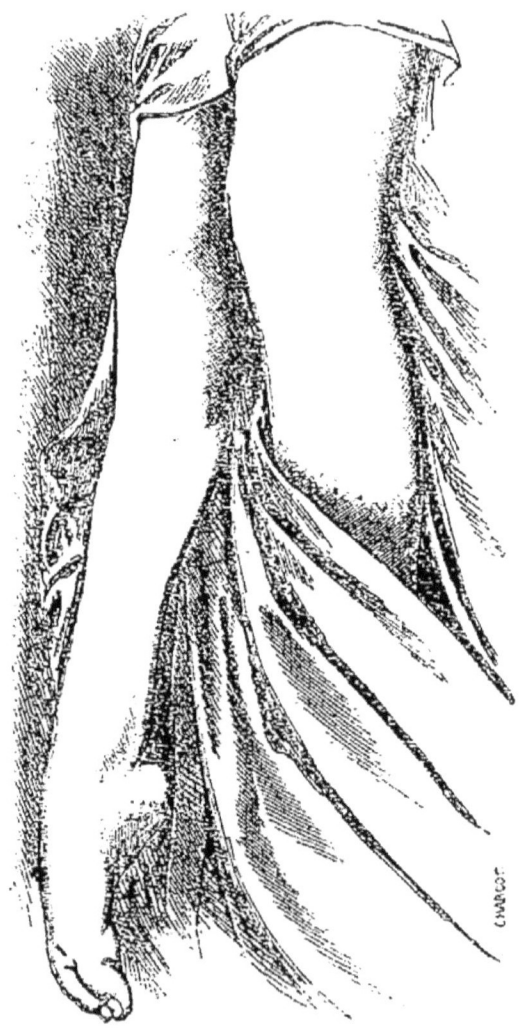

Fig. 21. — Contracture des extrémités inférieures.

que nous fîmes cesser, au bout de douze heures, par l'hypnotisation. A son réveil, la malade était complètement guérie et avait recouvré les forces complètes de ses jambes (1). »

Dans ce cas, la suggestion est venue au secours de l'hypnotisation ; dans le suivant, dû à Braid, le sommeil provoqué seul vint à bout des accidents paralytiques. A la suite d'une grossesse très pénible, une dame de trente-trois ans vit ses jambes devenir de plus en plus faibles, et finalement être frappées de paraplégie avec anesthésie. Pendant quatre mois on tenta, sans résultat aucun, les médications les plus diverses. Lorsque Braid l'examina, non seulement la sensibilité et les mouvements volontaires des jambes et des pieds étaient abolis, mais encore les genoux étaient fléchis et rigides, les talons relevés, les pieds courbés et fixes dans la position d'un varus équin... « Je la mis, dit-il, en hypnotisme et j'essayai alors de régulariser l'action morbide des muscles et la mauvaise position des pieds et des jambes. Cinq minutes après, je la réveillai ; elle se mit à remercier le Ciel de ce qu'elle sentait maintenant qu'elle avait des pieds, de ce qu'elle sentait le plancher sous elle et de ce qu'il lui était possible de remuer ses orteils. Je la fis lever, et, soutenue par son mari d'un côté, par moi de l'autre, elle put traverser la chambre » (2). Elle fut hypnotisée quotidiennement pendant un certain temps ; l'amélioration fut constante. Au bout de quinze jours elle marchait seule ; peu de temps après elle était guérie.

(1) Bottey, *Magnétisme animal*, Paris, 1884.
(2) *Neurypnologie*.

Les contractures consécutives aux attaques d'hystéro-épilepsie cèdent fréquemment à l'emploi de l'hypnotisme. M. Magnin fait observer qu'on ne devrait jamais négliger d'essayer ce moyen aussitôt après l'attaque ; car plus la contracture est de date ancienne, et plus elle sera rebelle aux procédés employés pour la combattre. Dans les cas de contractures anciennes et permanentes, il conseille l'emploi combiné de l'hypnotisme et des agents æsthésiogènes. « Sur la nommée E... entre autres, dit-il, nous avons, mon maître et moi, guéri définitivement et très rapidement, en quelques jours, un pied bot varus équin gauche datant depuis près d'un an et ayant résisté à tous les modes de traitement successivement employés. La méthode consistait tout simplement à placer la malade dans la période cataleptique de l'hypnotisme. Le pied bot réduit au moyen d'une excitation convenable pour la malade et pour la période (le souffle dans le cas particulier), le réveil était provoqué. Le pied bot dans ces conditions avait tendance à se reproduire plus ou moins rapidement, mais le résultat était maintenu très facilement par application (sur la région du jambier antérieur) d'un métal auquel nous savions la malade sensible. Grâce à ce moyen il y avait fixation du résultat thérapeutique obtenu dans l'hypnotisme. Nous étions obligés également d'appliquer des plaques métalliques sur l'avant-bras droit, une contracture se produisant dans le membre supérieur droit au moment où l'on faisait disparaître le pied bot du membre inférieur gauche. Il y avait eu, en d'autres termes, transfert croisé du membre inférieur d'un côté au membre supérieur du côté opposé (1). »

Ainsi dans l'hystérie, on aura, suivant les sujets, avantage à seconder l'action de l'hypnotisme soit par la suggestion, soit par la métallothérapie. Et peut-être ne sera-ce pas trop des trois procédés réunis et combinés pour arriver à quelques résultats dans les cas les plus graves.

On pourra essayer avec avantage l'hypnotisme et la suggestion chez les personnes atteintes de troubles choréiques qui ne sont pas sous la dépendance d'une lésion organique des centres nerveux. Quelques exemples de ce genre sont dus à M. Bernheim. Le 8 septembre 1884, il faisait au Congrès de l'association française pour l'avancement des sciences, tenu à Blois, une communication « sur des troubles choréiques de l'écriture guéris par la suggestion hypnotique. » Pour lui, la suggestion qui peut déterminer des troubles fonctionnels chez un individu qui n'en présente pas, peut aussi les faire disparaître quand ils existent. La pratique de M. Liébault, qui professe les mêmes idées, consiste, pour obtenir ce résultat, à suggérer la guérison, à l'affirmer dans une suggestion, et par là même, à la réaliser. Cette méthode, comme on le voit, serait applicable à tous les troubles dynamiques. Voici, succinctement résumés, les trois cas de troubles choréiques de l'écriture que le profes-

---

(1) Magnin, *Étude clinique et expérimentale sur l'hypnotisme*, Paris, 1884.

seur de Nancy a réussi à guérir par la suggestion hypnotique :

Le premier sujet est un jeune garçon qui a eu trois attaques de chorée ; à la suite de la seconde il a été atteint de rhumatisme articulaire. La troisième s'est produite tout récemment ; elle s'est progressivement amendée, mais en laissant après elle des troubles de l'écriture très accentués. M. Bernheim plongea ce jeune garçon dans un profond sommeil hypnotique, après lequel il ne se souvenait de rien, et en profita pour lui suggérer l'idée qu'il était guéri. Dès les premières séances, l'écriture s'améliora, mais seulement d'une façon passagère. Enfin, au bout d'un mois, l'amélioration devint définitive et le malade put désormais écrire d'une façon correcte.

Dans le second fait, il s'agit d'une jeune fille atteinte d'hémichorée, dont la guérison fut obtenue par le même procédé.

Le troisième cas concerne une jeune fille qui, employée dans un atelier où avait régné une épidémie de chorée, avait été elle-même atteinte de chorée généralisée. On l'hypnotise, sans obtenir le sommeil profond ; elle n'arrive qu'à la seconde période et conserve le souvenir de tout ce qui s'est passé pendant son sommeil. « On lui suggère, on lui affirme que le tremblement rythmique dont elle est affligée va disparaître ; tout d'abord il s'exagère ; mais au bout de quelques minutes il disparaît, et la jeune fille, réveillée, écrit sans que son écriture révèle aucun trouble choréique. Au bout de cinq minutes, à la vérité, le tremblement recommence; mais il suffit de quelques séances ultérieures d'hypnotisation pour que la guérison devînt définitive et ne se démentît plus. M. Bernheim possède bien d'autres faits de guérison par cette méthode; mais il se borne actuellement à signaler ces trois cas intéressants (1). »

Ces observations nous semblent de nature à encourager les tentatives d'hypnotisation dans les affections du genre de celles dont il vient d'être question.

V

On serait en droit d'attendre d'excellents résultats de l'hypnotisme et de la suggestion hypnotique dans diverses formes de folie, s'il n'était à peu près avéré que les tentatives d'hypnotisation échouent d'une façon persistante chez ce genre de malades. Chez les hypocondriaques, les lypémaniaques, les monomanes impulsifs, on pourrait combattre les idées fixes, soit en suggérant des idées opposées, soit en affirmant l'inanité de celles qui existent; mais nous sommes encore à attendre une expérience de ce genre.

Cependant, M. Aug. Voisin, médecin de la Salpêtrière, a rapporté une observation qui semble démontrer qu'il ne faut pas se décourager, et que l'hypnotisation chez les aliénés n'est pas impossible (2).

(1) *Progrès médical*, 4 octobre 1884.
(2) Communication à la Société médico-psychologique. In *Annales méd.-psych.*, 1884, t. II, p. 289 et suiv.

Il s'agit d'une fille âgée de vingt-deux ans qui, séquestrée à Saint-Lazare à la suite de vols et d'abus de confiance, fut reconnue aliénée et envoyée à la Salpêtrière. C'est une fille grande et forte, d'une intelligence peut-être au-dessus de la moyenne, pensive et sournoise. Le front est bas, mais on ne remarque chez elle aucune conformation défectueuse. Indocile, paresseuse, ordurière, elle manifeste toujours de la mauvaise humeur, et récrimine à propos de tout. Quand elle est inoccupée, elle prononce des paroles incohérentes qui annoncent l'existence d'un délire maniaque. Bientôt elle a des accès d'agitation, devient furieuse, et on ne peut la maintenir qu'avec la camisole de force. Elle a aussi, de temps en temps, des attaques sous forme de perte de connaissance, sans convulsions.

M. Aug. Voisin pensa à l'hypnotisme pour calmer cette violente agitation. Étant un jour venu à l'improviste dans son service, il trouva la malade camisolée, assise dans la salle des douches, le bonnet d'irrigation d'eau froide sur la tête. Il essaya de l'hypnotiser en lui faisant fixer des yeux le doigt placé au-dessus de son nez; mais, à cause de la difficulté de lui faire regarder fixement un objet, il n'obtint le sommeil qu'en la regardant de très près, à quelques centimètres de son visage et en suivant tous les mouvements de ses yeux. Au bout de dix minutes, survint un strabisme convergent auquel succéda bientôt un sommeil stertoreux. Après cinq minutes de ronflement, elle se mit à bavarder d'une façon incohérente.

Les jours suivants, nouvelles tentatives d'hypnose, plus difficiles que la première, mais cependant suivies aussi de succès; à la suite des séances, on constate un peu de calme. Voici un échantillon des difficultés que rencontra M. A. Voisin dans ses expériences : « Elle résiste, se débat, lui crache au visage ; la grande difficulté est de lui faire fixer un objet. M. A. Voisin est obligé de lui tenir les paupières entr'ouvertes et de suivre ses yeux ; après sept ou huit minutes, elle se débat, devient somnolente, prononce quelques mots puis s'endort. » Peu à peu le sommeil devient de plus en plus parfait : « Elle est assise sur une chaise, la tête renversée en arrière, et appuyée sur un lit, les mains pendantes se cyanosent, les membres sont dans la résolution absolue, l'anesthésie est complète; une grosse épingle enfoncée dans la peau n'est nullement sentie. C'est à partir de cette séance que nous l'avons interrogée et qu'elle nous a donné, sur sa vie, des détails qu'elle nous avait cachés jusqu'alors. »

M. A. Voisin essaie sur la malade des suggestions diverses qui réussissent très bien. Il lui ordonne de dormir pendant vingt-quatre heures et l'ordre est exécuté. Il lui prescrit d'accomplir différents actes à des heures déterminées, elle les exécute. Il lui enjoint de devenir calme et convenable. Elle le devient.

On chercha vainement à lui donner la catalepsie et à lui suggérer des hallucinations diverses. On ne put non plus lui faire commettre un vol pendant le sommeil hypnotique.

« M. A. Voisin lui dit de se réveiller demain à neuf heures et quart du matin et de manger ce qu'elle trouvera à cette heure sur la table de nuit, de laver le petit parloir à une heure après midi, et de lui écrire à deux heures une lettre sur une feuille de papier qu'elle trouvera dans le tiroir de la table avec une enveloppe, et de laisser la lettre cachetée dans le tiroir. M. A. Voisin ajoute qu'il veut non seulement la guérir de sa maladie nerveuse, mais encore la rendre honnête comme ses sœurs, et que demain à deux heures elle lui écrira la promesse formelle de bien se conduire dorénavant, et qu'elle renfermera son engagement dans une enveloppe, la cachètera, écrira son nom sur l'enveloppe et la laissera dans le tiroir. »

Le tout fut exécuté à la lettre. On ne tarda pas à remarquer que sa tenue était notablement meilleure, ses propos plus honnêtes et son humeur plus obligeante.

« Sa tenue actuelle dans le service s'est bien améliorée. On ne pouvait obtenir qu'elle s'occupât à coudre, comme les malades tranquilles. Je lui en suggère l'idée chaque jour pendant son sommeil, que je ne laisse pas durer plus d'une heure, et maintenant elle coud tous les jours pendant deux heures. Je lui suggère l'idée d'apprendre des chapitres d'un livre de morale et de me les réciter devant les élèves qui suivent mon cours. Elle le fait et en récite avec précision deux à trois pages...

« J'avais pensé que ce sommeil, imposé fréquemment à des aliénées, pourrait amener chez elles des habitudes de calme ; cette observation paraît confirmer cette supposition ; en effet, l'agitation de cette malade s'apaise progressivement et son désordre d'actes et de paroles a diminué dans une notable proportion. N'y a-t-il pas matière à réflexions dans le fait qu'elle regrette, sans admonestation de ma part, sa vie passée, ses égarements et ses entraînements avec les hommes, lorsqu'elle est plongée dans le sommeil hypnotique? »

Tel est le fait unique, croyons-nous, jusqu'à présent, d'hypnotisation appliquée au traitement des maladies mentales. Il mérite de ne point rester isolé, et, sans concevoir des espérances que la pratique démentirait brutalement sans doute, il est du devoir des médecins aliénistes de ne point repousser ce nouveau moyen qui leur est offert d'apporter, dans certains cas, fussent-ils très rares, quelque soulagement à leurs malades. L'existence de l'hystérie chez un aliéné nous semble une indication d'appliquer les procédés hypnotiques. Les attaques constatées chez la malade de M. A. Voisin relevaient vraisemblablement de cette affection.

VI

En dehors des bons effets de l'hypnotisation, l'observation précédente nous montre ceux de la suggestion pendant le sommeil provoqué. Est-il donc possible, par des suggestions méthodiquement pratiquées, de modifier d'une façon permanente le cours des idées, les penchants acquis ou instinctifs, la sensibilité, en un mot le caractère d'un individu hypnotisable ? En d'autres termes, peut-on espérer appliquer efficacement l'hypnotisme à l'orthopédie morale ou à l'éducation ? De bons esprits l'ont pensé. « L'éducation et la médecine de l'âme trouvent dans le braidisme, dit Durand, de Gros, des moyens d'action d'une puissance inouïe qui, à eux seuls, portent la découverte de Braid au rang des plus glorieuses conquêtes de l'esprit humain (1). » Langage d'apôtre, prétentions téméraires ! Nous ne les repoussons pas absolument, à la condition toutefois qu'elles se fassent plus modestes. Nous ajoutons qu'il ne suffit pas de répéter des affirmations de ce genre pour persuader; quelques faits bien observés seraient autrement éloquents, on peut même dire suggestifs.

Le degré de suggestibilité de chacun est très variable. « L'éducation de l'enfant, dit M. Bernheim, les notions et les principes inculqués à son cerveau par la parole et par l'exemple, les doctrines philosophiques et religieuses dans lesquelles il est bercé dès son plus jeune âge, n'est-ce pas déjà une suggestion à l'état de veille? » Oui, sans doute. Mais ces suggestions, quoique égales pour toutes les jeunes intelligences, sont loin d'agir sur chacune d'elles avec la même intensité, et les intelligences qui s'y montrent le plus réfractaires sont précisément celles pour qui il serait le plus nécessaire d'y être très sensibles. Et là où l'éducation est im-

(1) *Loc. cit.*, p. 111.

puissante, la suggestion hypnotique réussirait ? Il est au moins permis d'en douter. L'aliénée de M. A. Voisin semble avoir été moralisée par l'hypnotisme; mais il faudrait pouvoir la suivre après sa sortie de la Salpêtrière; car le succès ne sera complet qu'autant que cette amélioration des sentiments moraux persistera dans le milieu où elle sera appelée à vivre. M. Liébault aurait obtenu chez un jeune homme doué d'instincts pervers, une modification considérable de sa nature morale par la suggestion hypnotique systématiquement pratiquée. Mais l'amélioration ne s'est pas maintenue. Le même médecin serait parvenu à enrayer chez certaines personnes l'entraînement d'habitudes nuisibles à la santé comme celle du tabac et des liqueurs alcooliques en leur en inspirant le dégoût. En somme, nous ne connaissons jusqu'ici dans ce genre que quelques tentatives peu concluantes, et en présence desquelles il n'est pas défendu de conserver un certain scepticisme que, pour notre part, nous souhaitons vivement de voir un jour confondu.

La suggestion à l'état de veille, surtout chez les sujets hypnotisables, mais aussi chez quelques-uns qui ne le sont pas, peut donner des résultats favorables. L'induction permettait de penser à priori que la suggestion qui produit des modifications fonctionnelles dans un sens, peut aussi en produire dans un sens contraire ; que si, par exemple, la suggestion suffit à amener des paralysies, elle doit aussi pouvoir les guérir. Russel Reynolds et Erb ont signalé, nous l'avons déjà dit, des paralysies produites par l'effet de l'imagination. On trouve, entre autres, citée dans différents ouvrages, l'observation de cette jeune fille qui, soignant son père paralysé, s'imagina qu'elle allait elle-même être atteinte d'une maladie semblable. Sous l'influence de cette crainte persistante et de l'émotion qu'elle éprouvait en pensant à la cruelle situation où les jetterait cette éventualité, elle sentit peu à peu ses membres s'affaiblir et enfin se paralyser. Reynolds la guérit par un traitement purement moral en lui persuadant qu'elle pouvait guérir, c'est-à-dire en lui suggérant une idée contraire à celle qui avait causé sa maladie passagère.

Nous avons cité une observation de M. Bottey qui nous montre une paraplégie hystérique guérie par des pilules de mie de pain. Nous lui en devons une autre, celle d'une jeune fille de seize ans, non hypnotisable, atteinte d'une paralysie hystérique complète, avec anesthésie, qui la confinait au lit depuis quinze mois. A l'aide d'une potion dite fulminante composée d'eau colorée, et de granules de mie de pain, il détermina chez la malade des perturbations nerveuses extraordinaires qui furent suivies de la guérison de la paralysie.

Le traitement moral des maladies, autrement dit la thérapeutique suggestive, en dehors même de l'hypnotisme, rend assurément déjà de grands services ; mais, systématiquement pratiquée, il y a lieu de supposer qu'elle en rendrait de bien plus grands encore. Que de névropathiques et d'hypocondriaques dont les troubles morbides, qui guériraient par une thérapeutique morale bien dirigée, sont aggravés et rendus incurables par l'insouciance et parfois même le dédain moqueur avec lequel on les traite. Les malades imaginaires, en réalité, sont de vrais malades. Les souffrances qu'ils accusent, ils les éprouvent réellement; elles naissent dans leurs divers organes sous l'influence de leur imagination surexcitée, par une véritable auto-suggestion; avec d'autant plus de facilité que ces individus appartiennent à la famille névropathique, et qu'il est rare qu'une intelligence robuste vienne compenser chez eux l'instabilité perpétuelle de leur sensibilité physique et morale.

L'influence des agents moraux sur les troubles dynamiques du système nerveux est d'ailleurs bien démontrée. La foi, de nos jours, fait encore des miracles : et les nombreuses guérisons d'affections hystériques accomplies dans les sanctuaires en vogue sont un exemple éloquent de cette puissance suggestive de la confiance en l'intervention divine. Nombre de cures obtenues par des gens étrangers à la médecine se prétendant possesseurs de remèdes secrets, ou doués d'un pouvoir surnaturel de guérir, n'ont pas d'autre origine. Chez les aliénés de la classe rurale, on calme bien des douleurs par l'emploi d'emplâtres de diachylon; on obtient souvent le sommeil avec du sirop simple; on supprime ou on prévient des crises avec des doses insignifiantes de médicaments. J'ai en ce moment parmi mes malades une personne d'un certain âge atteinte de troubles nerveux hystériques survenant par crises, et suivis d'accès de délire, d'hallucinations, de loquacité, de pleurs, de rêvasseries. Dans les premiers temps de sa maladie, je lui avais administré une potion contenant quelques grammes de bromure de potassium. Un mieux sensible s'étant produit, je la supprimai. Tous les accidents reparurent aussitôt avec l'intensité du début ; il fallut la prescrire de nouveau. L'amélioration revint : nouvelle suppression du remède, nouvelle rechute. Habitué à prescrire le bromure de potassium et à en reconnaître les effets, je ne pouvais me persuader que ce médicament était pour une part importante dans les phénomènes singuliers que j'observais. Au lieu de le supprimer, je me contentai, à l'insu de la malade, d'en diminuer la dose au point de la rendre insignifiante et absolument privée de toute efficacité. Les bons effets furent les mêmes ; ils persistèrent longtemps. Un jour, je voulus enfin savoir si l'amélioration que je constatais chez ma malade était stable ; je la prévins que j'allais diminuer la dose de son remède pour arriver peu à peu à la suppression. Je ne diminuai rien, bien entendu, car il n'y avait rien à diminuer. Une rechute ne s'en dessina pas moins immédiatement et éclata après la suppression définitive de l'inoffensive potion.

On doit avant tout s'efforcer non seulement de ne pas affaiblir, mais encore de cultiver la confiance du malade. C'est pourquoi la première mesure à prendre est de l'isoler du milieu dans lequel il a jusqu'alors vécu et où son mal a pris naissance et s'est d'autant plus enraciné qu'il a trouvé plus d'incrédulité et de contradiction. Au lieu de discuter la réalité de ses souffrances, de le chicaner sur leur nombre ou leur intensité, on devra les admettre sans réflexions oiseuses, affirmer qu'elles rentrent dans les cadres de la pathologie commune, qu'elles sont curables et qu'il n'y aucun doute d'une guérison prochaine et radicale. La prescription qui viendra ensuite importe assurément beaucoup moins. Que de remèdes qui guérissent non pas tant par leurs propriétés physiologiques que par leurs vertus suggestives ! Il n'y a pas jusqu'aux effets les plus énergiques des poisons les plus violents que l'imagination ne puisse produire chez certaines organisations impressionnables. L'anecdote suivante m'en semble une preuve bien originale : J'ai dans mon service une infirmière atteinte de tubercules pulmonaires. Pour calmer une toux nocturne opiniâtre, qui la fatiguait beaucoup, j'ordonnai, il y a quelques mois, de lui faire le soir une injection sous-cutanée d'eau pure dans la région sternale. Cette fille, habituée à me voir pratiquer chez les aliénés des injections de chlorhydrate de morphine fréquemment suivies de vomissements, s'effraya beaucoup en m'entendant lui prescrire une injection sous-cutanée. En vain, lui affirmai-je qu'il ne s'agissait que d'eau claire ; elle ne fut pas convaincue. Le soir l'injection d'eau fut faite ; une demi-heure après un état nauséeux suivi bientôt de vomissements se produisit et dura jusqu'au lendemain. La malade resta persuadée que je l'avais trompée et que je lui avais fait administrer une dose de morphine qu'elle n'avait pu supporter.

CHAPITRE XII

L'HYPNOTISME ET LE CODE

I. — La suggestion hypnotique a pour effet de priver le sujet de sa liberté morale. — L'automatisme où le réduisent les différents états hypnotiques peut faire de lui l'instrument de délits ou de crimes, ou la victime de divers attentats.
II. — Questions de droit civil : billets, quittances, actes divers, testaments, donations, consentements.
III. — Faux témoignages.
IV. — Crimes dont peuvent être victimes les hypnotiques : viols, attentats à la pudeur.
V. — Crimes dont ils peuvent être l'instrument : meurtres, empoisonnements, etc., pendant ou après la période de sommeil hypnotique.
VI. — Analogies au point de vue légal de l'hypnotisme et du somnambulisme naturel. — Le somnambulisme devant la justice. — La *question* par l'hypnotisme est-elle licite ?
VII. — Dans quelle mesure l'hypnotisme peut-il servir à l'accomplissement de projets criminels ?

I

Pour tous ceux qui admettent que la réalité des faits que nous avons précédemment exposés est scientifiquement démontrée, il est hors de doute que l'hypnotisé ou plus généralement tout individu sensible aux suggestions, non seulement n'est pas entièrement libre d'y résister, mais est dans certains cas dans l'impossibilité de concevoir l'idée même de la résistance. Fût-il conscient du monde extérieur, de sa propre personnalité et du caractère bon ou mauvais, indifférent ou nuisible des suggestions qui lui sont imposées, sa propre volonté n'en est pas moins annihilée au profit de celle d'un autre, qui s'installe en son individu, y fait jouer à son gré les ressorts de l'activité, pendant que le moi ainsi dépouillé de ses prérogatives reste le spectateur stupéfait d'actes qu'il n'a ni délibérés, ni voulus, et qu'il ne peut empêcher.

A plus forte raison chez le cataleptique et le somnambulique dont l'automatisme est d'autant plus parfait que leur personnalité est momentanément supprimée et pour ainsi dire absente au moment où les phénomènes suggestifs se produisent, ne laissant dans l'esprit, qui plus tard a repris possession de lui-même, aucune trace, aucun souvenir. Le cataleptique ou le somnambulique n'est plus qu'un jouet dans la main de celui qui l'a endormi, n'entendant que lui, ne voyant que lui, irrésistiblement attiré au devant de ses intentions, et tellement subjugué que cette domination parfois ne cesse plus au réveil et qu'elle se transforme pendant la veille en une véritable obsession fascinatrice.

On imagine sans peine quelles peuvent être, au point de vue civil et criminel, les conséquences de ces situations créées par l'hypnotisme. Des actions contraires à l'honnêteté, à la morale, des crimes abominables pourront être exécutés par l'intermédiaire des hypnotiques ; des forfaits non moins graves pourront être perpétrés contre eux.

M. Liégeois, professeur à la Faculté de droit de Nancy, dans un remarquable mémoire présenté à l'Académie des sciences morales et politiques, a énoncé avec une grande lucidité la plupart des problèmes que l'hypnotisme peut poser à la justice. Par de nombreuses observations extrêmement intéressantes, il a démontré qu'il était possible de faire accepter aux hypnotiques les suggestions d'un grand nombre d'actes délictueux ou criminels et de la possibilité de délits et de crimes expérimentaux, il en a conclu, d'une façon absolument logique, à la possibilité des mêmes délits et des mêmes crimes dans la vie réelle sous l'influence du sommeil provoqué.

Nous allons examiner dans quels cas principaux ces hypothèses vraisemblables seraient susceptibles de se réaliser. Nous envisagerons d'abord les questions relevant du droit civil et les questions de faux témoignage, puis les crimes dont les hypnotiques peuvent être victimes et ensuite ceux qu'on peut leur faire commettre.

II

La personne qui en place une autre en état d'hypnotisme pourra lui suggérer des actes contraires à sa volonté ou qu'elle n'eût point eu spontanément l'idée d'accomplir. « C'est ainsi, dit M. Liégeois, qu'elle pourra faire souscrire des quittances, des billets, des obligations de toute nature, qui, tout imaginaire qu'en soit la cause, n'en seraient pas moins valables et dont il serait parfois difficile de démontrer la fausseté (1) ». Cet auteur cite plusieurs expériences qu'il a faites à ce sujet chez des femmes hypnotisées. A une dame fort intelligente, qui résista d'abord énergiquement à toute suggestion, il suggéra l'idée qu'elle lui devait mille francs, finit par lui faire accepter cette suggestion et lui fit écrire et signer de sa main un billet reconnaissant cette dette. A la même personne il affirme un autre jour, en présence de son mari, qu'elle a promis de cautionner une dette de cent mille francs contractée par ce dernier. Elle nie d'abord, puis hésite, recherche le souvenir de ce fait imaginaire et finit par arriver à la conviction qu'il est réel, qu'elle a vraiment promis la caution réclamée, l'écrit et la signe de sa main.

Je cite entièrement l'expérience suivante : « Mlle E... reçoit facilement et réalise aussitôt toutes sortes de suggestions. Je lui dis : — Je vous ai, vous le savez, prêté cinq cents francs ; vous allez me signer un billet qui constatera ma créance. » — Mais, monsieur, je ne vous dois rien ; vous ne m'avez rien prêté. » — Votre mémoire vous sert mal, mademoiselle, je vais préciser les circonstances du fait. Vous m'aviez demandé cette somme et j'ai consenti volontiers à vous la prêter ; je vous l'ai remise hier, ici même, en un rouleau de pièces de vingt francs. » Sous l'action de mon regard, et en présence de mon affirmation faite d'un ton de sincérité,

---

(1) Liégeois, *De la suggestion hypnotique dans ses rapports avec le droit civil et le droit criminel*, Paris, 1884.

Mlle E... hésite, sa pensée se trouble; elle cherche dans sa mémoire; enfin, celle-ci, docile à ma suggestion, lui rappelle le fait dont je viens d'évoquer le souvenir; ce fait, pourtant imaginaire, a pris à ses yeux tous les caractères de la réalité; elle reconnaît sa dette et signe un billet ainsi conçu :

Je reconnais devoir à M. L... la somme de cinq cents francs qu'il m'a prêtée et promets de la lui rembourser le 1er janvier 1884. Nancy, le 30 novembre 1883.

Bon pour cinq cents francs.

Signé : E...

Mlle E... est majeure; le *Bon pour* est écrit de sa main conformément à l'article 1326 du Code civil; le billet est donc conforme à la loi. Si je le remettais entre les mains d'un huissier, il en poursuivrait légalement le paiement. »

Les actes authentiques, c'est-à-dire reçus par les officiers ministériels suivant certaines formalités, présentent aux yeux de la loi les caractères d'une certitude absolue et ne peuvent être attaqués que par une inscription de faux. Est-il donc impossible de suggérer à un hypnotique l'idée de se rendre devant un notaire et de lui faire dresser un acte qui compromette de nombreux intérêts, sans qu'au réveil il y ait souvenir de cette démarche et sans que le notaire saisisse le moindre indice qui lui fasse soupçonner qu'il a affaire à une personne ne jouissant pas de sa pleine liberté morale? Bien que n'ayant pas été tentée, cette expérience n'en paraît pas moins susceptible de réussir comme les précédentes.

C'est surtout en matière de testaments et de donations que le danger paraît grand. Déjà les exemples de captation fourmillent; que de vieillards circonvenus, dominés, apeurés, frustrent leurs héritiers légitimes au profit d'intrigants sans conscience et sans scrupules? Que ne peut pas, habilement exploitée et entretenue, la crainte de la damnation éternelle? Que de spectres ou de démons confusément entrevus dans les rideaux par des yeux qu'illusionne la peur et que voile l'agonie? Pour venir à bout des récalcitrants on a eu recours à des moyens héroïques, comme de simuler une apparition. Dans un procès qui a eu lieu à Nancy, on voit qu'un individu, jouant le rôle de saint Joseph, vint comme messager de Dieu au chevet d'un vieux prêtre pour lui dicter ses dispositions testamentaires. Auprès d'un hypnotique, plus n'est besoin de ces expédients dangereux et primitifs; par simple suggestion, on lui fera voir et bien voir le héraut divin, on lui fera donner tous les ordres qu'on voudra et tout sera accepté par le patient avec une conviction absolue contre laquelle rien ne prévaudra.

Par des suggestions posthypnotiques, ne pourrait-on pas encore empêcher une personne de faire un acte quelconque en la mettant dans l'impossibilité d'écrire et de signer? Un prétendant éconduit ne pourrait-il amener la jeune fille qu'il convoitait à répondre *non* à l'officier de l'état civil qui va procéder à son mariage avec un autre? Ces hypothèses n'ont rien d'invraisemblable.

III

Les faux témoignages ne sont pas moins à redouter. M. Liégeois suggéra à une dame qu'il avait hypnotisée l'idée d'une déclaration à faire au bureau de police. Il lui dit qu'à son réveil elle verrait entrer un individu de mauvaise mine qui lui proposerait de lui céder à vil prix six coupons d'obligations du Trésor volés et qui, sur son refus indigné, les laisserait en s'en allant sur un meuble en s'écriant qu'il n'en voulait plus. Madame alors prendrait les coupons, mais de peur d'être accusée de complicité de vol, les remettrait en dépôt à M. Liégeois en présence de témoins. « L'hallucination se produisit au réveil, suivant le programme ainsi tracé. Mme T... *vit* le criminel imaginaire que j'avais évoqué ; elle l'*entendit* lui faire la proposition que j'avais annoncée ; tout se passa comme je l'avais prévu. Pour donner plus de corps à l'idée suggérée, j'avais apporté six coupons d'obligations du Trésor qui m'appartenaient ; Mme T... croyant les tenir du voleur lui-même, me les remit en dépôt et s'en alla chez elle.

« Le même jour, vers quatre heures, j'allai trouver M. le commissaire central ; j'appris de lui et des employés du bureau de police que Mme T... était venue faire la déclaration suggérée ; qu'on n'avait remarqué en elle aucun signe extérieur qui fût de nature à mettre en garde contre la sincérité de son témoignage; qu'enfin elle s'était déclarée prête à témoigner en justice de l'offre qui lui avait été faite, d'acheter les coupons volés (1). »

A une autre hypnotique, le même expérimentateur suggéra, en présence de plusieurs magistrats, toute une scène des plus dramatiques. Il s'agissait d'une conversation qu'elle aurait entendue et dans laquelle un incendiaire racontait à un autre vaurien de son espèce la façon dont il avait accompli son crime et comment il en avait profité pour voler cinq cents francs. Le second veut profiter de cette confidence pour extorquer au premier une partie de l'argent: refus, menace de dénonciation, dispute, rixe violente. Fuite de la dame témoin de cette scène. A son réveil, un des magistrats l'interroge, elle prête serment de dire la vérité, toute la vérité, rien que la vérité. Et elle raconte avec tous ses détails l'hallucination suggérée (2).

Une somnambule de M. Bernheim, femme intelligente, impressionnable, mais nullement hystérique, est plongée dans le sommeil profond. L'expérimentateur lui suggère l'idée qu'il y a quatre mois et demi, en entrant chez elle, elle a entendu des cris sortir d'un appartement du premier étage, et qu'alors, regardant par le trou de la serrure, elle a vu un de ses colocataires, vieux célibataire, en train de violer une

---

(1) Liégeois, *loc. cit.*, p. 25.
(2) Liégeois, *loc. cit.*, p. 26.

petite fille. « La petite fille se débattait, elle saignait; il lui mit un bâillon sur la bouche.

Vous avez tout vu, et vous avez été tellement saisie que vous êtes rentrée chez vous et que vous n'avez rien osé dire. Quand vous vous réveillerez, vous n'y penserez plus; ce n'est pas moi qui vous l'ai dit; ce n'est pas un rêve, ce n'est pas une vision que je vous ai donnée pendant votre sommeil magnétique, c'est la réalité même, et si la justice vient plus tard faire une enquête sur ce crime, vous direz la vérité. » L'opérateur ensuite lui suggère quelques idées plus gaies, puis la réveille. Trois jours après, cette personne, interrogée par un avocat jouant le rôle de juge d'instruction, raconta ces faits imaginaires dans tous leurs détails et offrit de les répéter devant la cour d'assises. On l'endormit ensuite pour effacer toute trace de cette suggestion. Quelle fut son émotion quand elle apprit les graves accusations qu'elle avait portées contre une personne innocente et dont elle ne se souvenait pas. Il fallut de nouveau l'hypnotiser pour calmer ses alarmes et lui en faire oublier les motifs.

M. Liégeois propose l'expérience suivante qui, on en jugera, ne sera pas à la portée de de tout le monde; mais quelque invraisemblable qu'elle puisse être dans la réalité, sa réussite en tant qu'expérience n'en serait pas moins de nature à frapper singulièrement les esprits les moins prévenus. Supposons un crime effectivement commis. Une personne pouvant agir sur plusieurs hypnotiques à la fois s'enquiert exactement des circonstances de ce crime, puis suggère à chacun de ses somnambuliques une hallucination identique qui en reproduit les détails et montre à l'œuvre, comme auteur du forfait, une seule et même personne qui sera celle qu'il plaira à l'hypnotiste de désigner. On leur fera voir successivement les différents actes du drame, entendre les cris, les appels désespérés de la victime, distinguer le criminel lui-même. Et tous, au réveil, seront prêts à déposer devant la justice et à maintenir comme réels tous les détails d'un drame qui leur aura été suggéré. Et quelle serait alors la position d'un homme contre qui de pareilles charges seraient accumulées et qui serait dans l'impossibilité de prouver un alibi !

IV

Les crimes dont peuvent être victimes les hypnotiques sont nombreux. Les premiers qui se présentent à l'esprit, ce sont les attentats à la pudeur et le viol. Une femme susceptible d'être hypnotisée profondément courrait évidemment de ce côté les plus grands risques, si elle commettait l'imprudence de se laisser endormir sans témoins par un homme sur la moralité duquel elle ne pourrait compter d'une façon absolue.

Les annales judiciaires fournissent quelques faits de ce genre, ce qui vaut mieux que toutes les expériences de cabinet. Tout le monde a lu l'histoire rapportée par M. Prosper Despine (1), de ce mendiant du nom de Castellan, qui fut condamné en 1865 par la cour d'assises du Var, pour viol d'une jeune fille. Cet individu, infirme, repoussant, simulant la surdi-mutité, voulant se faire passer pour un envoyé de Dieu investi du pouvoir de faire des miracles, se livrant à des gesticulations cabalistiques, impressionna vivement Joséphine H..., chez qui un jour il recevait l'hospitalité. Dans un moment où il la trouva seule, il parvint à exercer sur elle une telle fascination, qu'elle tomba en léthargie, et qu'il en profita pour lui faire subir les derniers outrages. Revenue à elle, elle continua à être sous l'empire de la volonté de Castellan, qui l'entraîna avec lui, et pendant plusieurs jours abusa de son pouvoir d'hypnotisation pour renouveler ses attentats. Dans le procès qu'on fit à ce misérable, la jeune fille fit cette déposition devant la cour : « Il exerçait sur moi une telle puissance à l'aide de ses gestes et de ses passes, que je suis tombée plusieurs fois comme morte. Il a pu alors faire de moi ce qu'il a voulu. Je comprenais ce dont j'étais victime ; mais je ne pouvais ni parler ni agir, et j'endurais le plus cruel des supplices. »

Les nombreux attentats dont cette malheureuse jeune fille fut victime eurent lieu dans des phases différentes de l'hypnotisme. Tantôt, bien qu'impuissante à y résister, elle en avait con-

(1) Prosper Despine, *Psychologie naturelle*, t. Ier, Paris, 1868.

science, comme on vient de le voir par sa déposition, mais tantôt aussi ils ne laissaient aucune trace dans son souvenir. « Les rapports qu'il eut avec elle, la seconde nuit qu'ils passèrent à Capelude, eurent lieu dans d'autres conditions, car, cette fois, Joséphine ne s'est pas doutée de l'acte dont elle fut victime, et ce fut Castellan qui lui raconta le matin qu'il l'avait possédée pendant la nuit (1). »

De ce qui se passe dans le somnambulisme spontané, on peut légitimement induire que les mêmes choses peuvent avoir lieu dans le somnambulisme provoqué ou dans toute autre phase hypnotique. Or les faits d'attentats contre les somnambules spontanés ne sont pas très rares. Nous devons au Dr Mabille, directeur-médecin de l'asile d'aliénés de la Rochelle, le fait suivant, qui s'est présenté le 9 août 1883 devant la cour d'assises de cette ville :

« Quatre jeunes gens, âgés de vingt-huit, de dix-sept, de dix-neuf et de seize ans, sont accusés d'avoir violé la fille Madeleine. Les journaux ont ainsi rendu compte de l'affaire : Le 8 avril dernier, une servante, la fille Madeleine, ayant obtenu de ses maîtres l'autorisation d'aller au bal, y fit la rencontre du nommé C..., qui dansa deux fois avec elle et lui proposa de l'accompagner quand elle partirait. Elle refusa; mais C..., qui avait remarqué, comme bien d'autres, la simplicité d'esprit de cette fille, la suivit accompagné de M... à la sortie du bal, et essaya de

---

(1) Prosper Despine, *loc. cit.*

l'emmener dans un chemin écarté. Elle resta cependant sur la route et continua son chemin entourée de C... et de M..., qui la soutenaient chacun par le bras, en se livrant à de grossières plaisanteries. Un de leurs camarades, G..., survint, et sans autre explication bouscula les deux premiers, renversa la jeune fille sur le bord de la route, et alors se passa la scène de débauche la plus odieuse... La victime de la brutalité des accusés est atteinte d'une maladie nerveuse des plus graves et sujette à de fréquents accès de catalepsie pendant lesquels elle perd connaissance et reste complètement inerte : ce qui a facilité aux accusés l'accomplissement de leurs actes d'immoralité révoltante.

« Interrogée par les magistrats, la fille Madeleine, dès le premier interrogatoire, s'endormit brusquement pendant près de six heures ; à diverses reprises, soit au parquet, soit à l'hospice de la Rochelle, elle présenta les mêmes symptômes... Devant la cour d'assises de la Charente-Inférieure, elle a été prise de crises de sommeil qui ont duré plusieurs heures, et ce n'est que quelques heures après leur disparition que Madeleine a pu subir, en connaissance de de cause, l'interrogatoire des magistrats (1). »

Cette fille, hystérique hémi-anesthésique, était, comme on le voit, prise inopinément d'accès de léthargie spontanés pendant lesquels elle n'avait plus conscience du monde extérieur, et au sortir desquels, d'après ses propres déclarations, elle

(1) *Annales médico-psychologiques*, janvier 1884.

ne gardait aucun souvenir de ce qui s'était passé. Elle dut tomber, sous l'influence de l'émotion que lui causa l'agression dont elle était l'objet, dans un de ces accès de sommeil pathologique, pour ne pouvoir s'opposer aux abominables outrages qui lui furent infligés par ces jeunes gens dénaturés, outrages que la plume se refuse à transcrire.

Le Dr Bellanger, cité par M. Liégeois, raconte qu'un médecin, qui avait parmi ses clientes une dame atteinte d'accès de somnambulisme, ne craignit pas d'abuser d'elle pendant ces accès. La malheureuse qui, revenue à elle-même, n'avait aucune conscience de ce qui s'était passé pendant son sommeil, devint folle en constatant une grossesse que rendait inexplicable l'absence prolongée de son mari (1).

Une jeune fille, d'après le Dr Macario, fut, pendant le sommeil nerveux, victime d'une tentative de viol sans en avoir gardé le souvenir au réveil. Ce ne fut que dans un accès subséquent qu'elle put faire connaître à sa mère l'outrage qui lui avait été fait (2).

Il nous semble superflu d'insister sur les faits de ce genre, et la possibilité pour une femme de subir les derniers outrages pendant l'hypnotisme nous semble une des hypothèses les moins susceptibles d'objections sérieuses parmi toutes celles que nous avons à présenter.

(1) Liégeois, loc. cit., et Bellanger, *Le Magnétisme, vérités et chimères,* Paris, 1884.
(2) Macario, *Du sommeil, des rêves et du somnambulisme,* Lyon, 1857.

V

L'hypnotique, dit M. Ch. Féré (1), « peut devenir un instrument de crime d'une effrayante précision, et d'autant plus terrible que, immédiatement après l'accomplissement de l'acte, tout est oublié, l'impulsion, le sommeil et celui qui l'a provoqué. »

Nous avons déjà cité cette somnambule hystérique du Dr Taguet qui, ayant reçu la suggestion d'aller décharger un revolver dans un des bureaux de la préfecture de Bordeaux, réclamait tranquillement l'arme qui pût lui permettre d'exécuter ce projet.

Voici un autre exemple, celui-ci fourni par un homme, de la puissance irrésistible d'une suggestion semblable. Un des sujets de M. Bernheim, dont nous avons déjà parlé à plusieurs reprises, donna lieu à l'expérience suivante : « Je lui ai, dit le professeur de Nancy (2), montré contre une porte un personnage imaginaire, en lui disant que cette personne l'avait insulté ; je lui donne un pseudo-poignard (coupe-papier en métal) et lui ordonne d'aller la tuer. Il se précipite et enfonce résolument le poignard dans la porte, puis reste fixe, l'œil hagard, tremblant de tous les membres. » L'intervention des person-

---

(1) Ch. Féré, *Annales médico-psychologiques*, 6e série t. X, p. 285.
(2) Bernheim, *loc. cit.*, p. 34.

nes présentes donna un cachet singulièrement dramatique à cette expérience. Le somnambule, interrogé, ne trouve qu'une réponse : « Il m'a insulté ! » — Mais on ne tue pas un homme parce qu'il vous insulte ! » — Il m'a insulté ! » — N'auriez-vous pas parfois la tête dérangée ? » — Non, monsieur ! » — Vous tombez parfois en somnambulisme ; n'auriez-vous pas obéi à une impulsion étrangère ? » — Non, monsieur ; j'ai agi de ma propre initiative ; il m'a insulté ! »

Réveillé, il n'avait gardé aucun souvenir de cette scène émouvante.

M. Liégeois remet entre les mains d'une jeune fille profondément endormie et réduite à un automatisme complet, un pistolet en lui disant de tirer à bout portant sur sa mère, qui assiste à l'expérience. L'ordre est immédiatement exécuté.

A un jeune homme en somnambulisme, il remet un paquet contenant une poudre blanche, en lui disant que c'est de l'arsenic. Il lui commande, aussitôt qu'il sera rentré chez sa tante, de mettre la poudre dans un verre d'eau qu'il lui présentera ensuite pour l'empoisonner. La tante du jeune homme écrivait le soir même à M. Liégeois, pour l'informer que l'expérience avait parfaitement réussi et que son neveu lui avait versé le poison.

Ainsi donc un individu en état de somnambulisme pourrait, pendant des heures entières, être soumis dans des endroits divers à des suggestions criminelles, les mettre à exécution, être ramené au lieu même où il a été endormi, et être réveillé avec la certitude qu'il a passé quelques heures dans un sommeil confortable, sous l'œil vigilant d'une personne aimée! Que de réflexions n'imposent pas de pareilles éventualités! Mais ce n'est pas seulement pendant le sommeil hypnotique que le danger des suggestions criminelles se dresse ; au point de vue médico-légal, la possibilité de provoquer des suggestions posthypnotiques à une échéance plus ou moins longue soulève des problèmes autrement compliqués et difficiles. Une idée criminelle, déposée dans l'oreille d'un somnambule, pourra se réveiller longtemps après, devenir irrésistible, entraîner des effets terribles, un crime peut-être; cependant, celui qui aura exécuté ce crime ne sera qu'un automate, ayant agi sous l'influence d'une volonté étrangère, et tout irresponsable qu'il soit en réalité, ses facultés pourront paraître si normales, sa culpabilité si parfaitement démontrée, les circonstances atténuantes si absentes, qu'il sera condamné. Bien qu'innocent moralement, il ira expier un forfait qu'il n'aura ni conçu, ni prémédité, tandis que celui qui en aura été l'âme et par conséquent l'auteur véritable, jouira en paix des fruits de ses ténébreuses machinations.

Combien de temps peut sommeiller, sans s'effacer du cerveau, une suggestion provoquée pendant l'hypnotisme? Cette question, capable de rendre anxieux l'esprit le plus indifférent, demeure actuellement sans réponse.

VI

Qu'on ne dise pas que la justice n'a pas à s'inquiéter de toutes ces expériences, qui ne sont pas jusqu'ici sorties des salles d'hôpitaux ou des dispensaires de médecine. Qu'on ne considère pas toutes ces hypothèses médico-légales comme des conceptions fantaisistes écloses un beau jour dans quelques cerveaux scientifiques en veine de badinage. Ce qui se passe dans le somnambulisme spontané enseigne ce qui se passera demain peut-être dans le somnambulisme provoqué; et le somnambulisme spontané a déjà à son actif un certain nombre d'erreurs judiciaires qu'il est bon de faire connaître.

Le 26 janvier 1881, la cour d'appel de Paris infirmait un jugement du tribunal de première instance condamnant à trois mois de prison le nommé Émile D..., pour outrage public à la pudeur. Voici, d'après le compte rendu qu'en fit le Dr Motet à la Société médico-psychologique, le résumé de cette affaire :

D... avait été arrêté à huit heures et demie du soir par des agents du service des mœurs, qui déclarèrent l'avoir vu rester plus d'une demi-heure dans un urinoir et y commettre des actes contraires à la morale. Conduit au poste, il protesta en vain de son innocence. Trois jours après, il fut jugé, condamné et écroué à la Santé. Chose bizarre, il paraissait comme hébété, et ne se souvenait pas d'avoir été condamné ; ce ne fut que quelques jours après son incarcération qu'il revint à lui et put prévenir son patron de ce qui lui était arrivé.

Or, D... était depuis longtemps malade. En 1879, dans le service du Dr Mesnet, à l'hôpital Saint-Antoine, il avait eu des accès de somnambulisme nocturne. M. le Dr Mesnet, relevant chez lui la prédominance du tempérament nerveux, des exagérations féminines, des plaques d'anesthésie disséminées sur le corps, pensa qu'il serait peut-être possible de le mettre en état de somnambulisme provoqué, et ses prévisions furent justifiées. Voici en quoi, d'après le Dr Motet, consistait la maladie de ce jeune homme : « D... est atteint, sans périodicité régulière, d'accès de somnambulisme, pendant lesquels il devient apte à subir l'influence d'une volonté autre que la sienne, à obéir, sans résistance possible, à des ordres, et à reproduire, sans en avoir conscience, sans en conserver le souvenir, d'une manière tout automatique, des actes répondant, soit à ses idées pendant la veille, soit aux idées qui lui sont suggérées.

« Ces accès ont été tout d'abord exclusivement spontanés; depuis, ils ont pu être facilement provoqués. Les uns et les autres sont de la même nature; ils sont, de tous points, analogues aux mêmes phénomènes se produisant chez les femmes hystériques à un haut degré. Ils se compliquent d'extase, de catalepsie; pendant toute leur durée, l'anesthésie est complète. Les accès spontanés ont cela de particulier que D... peut, tout en ayant cessé de s'appartenir, suivre sur une idée qui a occupé son esprit pendant la veille. C'est ainsi qu'une nuit, il a pu s'évader de l'hôpital et arriver sur les boulevards. Des sergents de ville l'ont arrêté et ramené à l'hôpital. Or, on savait qu'il s'ennuyait beaucoup; il avait, à plusieurs reprises, manifesté son désir de sortir, et avant son évasion il avait écrit une lettre dans laquelle il remerciait le médecin en chef de ses soins, et demandait son exeat. Dans les accès provoqués, on lui fit écrire la même lettre, dans les mêmes termes; on put reproduire, à volonté, les scènes de la période de somnambulisme spontané.

« Rien n'est plus facile que de faire passer D..., de l'état normal en condition seconde. Il n'est pas besoin, pour cela, de recourir aux manœuvres qui amènent l'hypnotisme, et lorsqu'il est dans cet état, on le dépossède absolument de sa volonté. Tout ce que nous avons vu, chez lui, dans cette voie, est conforme à ce que l'on peut obtenir des malades atteints des mêmes troubles nerveux (1). »

D..., avons-nous dit, ayant interjeté appel du jugement qui l'avait condamné pour outrage aux mœurs, une expertise fut ordonnée et confiée au Dr Motet. Celui-ci, comme nous venons de le voir, au courant des antécédents pathologiques du prévenu, soupçonna que le délit qui lui était reproché n'était qu'un épisode de sa maladie;

---

(1) Motet, *Accès de somnambulisme spontané et provoqué.* (*Annales d'hygiène*, 1881, t. V, p. 214, et *Annales médico-psychologiques*, 1881, t. I, p. 472.)

que D... avait pu s'oublier un temps indéfini dans un urinoir sans que pour cela il y eût lieu d'en conclure qu'il y avait commis des actes démentis par sa bonne réputation et surtout — il avait eu le jour même de fortes hémoptysies — par son état de maladie. Il conclut à l'irresponsabilité et à l'acquittement. La cour hésitait, doutant encore. M. Motet eut alors l'heureuse inspiration de proposer d'hypnotiser D... devant les magistrats, ce qui fut accepté. L'expérience est ainsi racontée par le savant expert :

« Voici comment nous avons procédé. D..., avons-nous dit, peut être facilement placé dans l'état de condition seconde. Il suffit de le forcer à regarder fixement pendant quelques instants. C'est ainsi que nous le fîmes entrer dans la période de somnambulisme provoqué où, cessant de s'appartenir, il était dépossédé de sa volonté et subissait la nôtre ; nous étions enfermés avec quelques-uns de MM. les conseillers dans la chambre du conseil ; lui, était dans la salle des prévenus. Nous l'appelons ; dès qu'il entend notre voix, il se précipite, écartant les gardes de Paris mis sur son passage, avec la vigueur d'un homme qui renverse un obstacle, ouvre la porte de la salle et arrive à nous, s'arrête immobile et attend. A ce moment, il ne connaît que nous, ne voit que nous, obéit à nous seul.

« M. le président ayant désiré s'assurer de la perte du souvenir des faits appartenant à l'accès, nous demande à voix basse de lui ordonner d'ouvrir ses vêtements, son pantalon. Nous lui disons : D..., déshabillez-vous. Il enlève ses vêtements avec une sorte d'emportement.

« Puis, sur l'invitation de M. le président, nous lui demandons : Qu'avez-vous fait dans l'urinoir, vous souvenez-vous ? Et nous le plaçons devant le mur. Il prend son mouchoir, l'approche du mur et fait le geste de s'essuyer la bouche ; il répète ce geste plusieurs fois de suite.

« Nous le réveillons par une seule insufflation d'air froid sur les yeux et sa physionomie exprime un profond étonnement de se trouver là.

« M. le président s'approche de lui et lui dit : D..., vous venez de vous découvrir devant nous.

— Je ne crois pas, monsieur, répondit-il.

— Tous ces messieurs vous ont vu comme moi. Regardez, vous êtes encore déboutonné, votre pantalon est ouvert.

— Monsieur, je ne m'en souviens pas.

« M. le Dr Mesnet assistait à l'audience. Sur notre demande, M. le président avait consenti à ce qu'il entrât dans la chambre du conseil : ce fut lui, à son tour, qui s'empara de D... et le ramena en quelques secondes à l'état dans lequel nous l'avons placé nous-même. A partir de ce moment, nous fûmes aussi étranger à D... que l'étaient les autres personnes présentes. M. Mesnet lui ordonna de lui écrire les premières lignes de la lettre que D... lui avait adressée de la prison de la Santé. C'est pendant que D... écrivait que nous fîmes constater l'anesthésie complète. L'expérimentation parut alors suffisante. D...

fut réveillé et ramené dans la salle des prévenus.

« A la reprise de l'audience, la cour rendit l'arrêt suivant :

« Attendu que, s'il paraît établi que D... ait commis les faits qui lui sont reprochés, il n'est pas suffisamment établi qu'il en ait la responsabilité morale.

« Considérant, en effet, qu'il résulte de l'examen du Dr Motet, remontant à une date ancienne, que le prévenu se trouve souvent en état de somnambulisme; que dans cet état il ne saurait être déclaré responsable de ses actes; attendu que cet examen se fortifie d'une nouvelle expérience faite en chambre du Conseil ; que, dans ces circonstances, D... ne saurait être considéré comme responsable ;

« La cour infirme le jugement frappé d'appel, et renvoie D... des fins de la plainte (1). »

A propos de cette expérience, qui mérite de rester célèbre, on peut se demander s'il ne serait pas permis de tirer parti de la facilité qu'il y a à plonger une personne en hypnotisme, pour, dans le cas où elle serait accusée d'un crime, obtenir des aveux ou des renseignements susceptibles de faire une pleine lumière sur l'affaire. La réponse ne nous semble pas douteuse. Cette sorte de *question* serait aussi peu justifiée que l'ancienne. Obtenir des aveux par un piège n'est pas plus légitime que de les arracher par la douleur. Le danger est le même d'ailleurs, c'es de faire avouer au prévenu un crime dont il pourrait très bien n'être pas coupable. Par la torture, on faisait presque toujours confesser à

(1) *Loc. cit.*, p. 477.

un malheureux tout ce qu'on voulait ; par la suggestion, on fera, sans plus de difficulté, reconnaître à un somnambule qu'il est l'auteur de tous les crimes qu'il plaira d'imaginer. Déjà nombre de bons esprits condamnent le système d'instruction en usage dans notre pays ; ils trouvent qu'il ne respecte pas suffisamment les droits du prévenu et peut affaiblir ses moyens de défense. Que ne dirait-on pas, s'il était loisible à un juge d'endormir un accusé pour l'interroger ?

Voici une autre histoire judiciaire non moins curieuse, que l'on doit à M. le Dr Dufay (1) :

« M. le Dr Girault, d'Onzain, avait une jeune domestique chez laquelle il provoquait souvent le sommeil magnétique ; or, à quelque temps de là — j'étais alors médecin de la prison de Blois — à ma visite, je reconnais parmi les prévenus cette jeune fille. Fort étonné de la trouver en ce lieu, je la questionne et elle m'apprend qu'elle n'est plus chez M. Girault, mais au service d'une dame de Blois qui l'accuse de l'avoir volée et l'a fait arrêter.

« La pauvre fille, au milieu des larmes et des sanglots, protestait de son innocence. Comme j'avais vu plusieurs fois Mlle L... R... ranger, pendant ses accès de somnambulisme, des objets que, éveillée, elle croyait avoir perdus, et qu'elle retrouvait sans avoir besoin de chercher dès qu'elle retombait en somnambulisme, je

---

(1) *Revue scientifique* du 1er décembre 1883. Voyez aussi l'*Indépendant du Loir-et-Cher*, 16 décembre 1883, et Liégeois, *loc. cit.*, p. 60.

demandai à la jeune prisonnière si l'habitude d'être magnétisée ne l'avait pas rendue somnambule. Elle n'en savait rien, mais la religieuse de service, qui assistait à l'entretien, me dit que chaque nuit, depuis qu'elle était en prison, elle se levait, s'habillait et circulait dans le dortoir.

« J'avais vu mon confrère Girault provoquer chez elle le sommeil : je l'imitai et il me suffit de lui appliquer ma main sur le front pour la mettre en état de somnambulisme. Alors je l'interrogeai et elle nous raconta qu'elle n'avait jamais eu la pensée de voler sa maîtresse, mais qu'une nuit il lui était venu à l'idée que certains objets de valeur appartenant à cette dame seraient plus en sûreté dans un autre meuble que dans celui où elle les avait placés. Elle les avait alors changés de place, se réservant d'en informer sa maîtresse.

« Mais comme le souvenir ne persistait pas après le réveil, et comme d'autre part, enfermée chez elle pendant la nuit, la dame ne voyait jamais sa bonne en état de somnambulisme, elle crut à un vol et porta plainte contre sa domestique.

« J'allai aussitôt raconter ces faits au juge d'instruction ; celui-ci m'écouta avec bienveillance, mais non sans un sourire d'incrédulité.

« Cependant, il voulut bien, le lendemain, m'accompagner à la prison ; la prisonnière, endormie de nouveau, répéta tout ce qu'elle m'avait dit la veille. Le magistrat écoutait avec attention, prenait des notes très détaillées, se faisant décrire la maison, la chambre, le meuble, le tiroir.

« Aussi, lorsque, sorti de la prison, il se transporta chez la dame volée, il alla droit à la cachette et en retira les objets disparus, au grand ébahissement de leur propriétaire. L'innocence de la prévenue était assez clairement démontrée, et sa maîtresse alla elle-même la chercher à la prison en lui faisant des excuses. »

Sans la sagacité de deux médecins des plus distingués et la prudence des magistrats chargés d'instruire ou de juger ces deux affaires, deux innocents subissaient des condamnations déshonorantes. Peut-on se flatter qu'en de pareilles conjectures les experts montreront toujours autant de tact et de science, les magistrats autant de prudence éclairée et de véritable esprit scientifique ?

Si les individus sujets au somnambulisme naturel courent le danger de pareilles erreurs judiciaires, ceux qui sont susceptibles d'être mis en état de somnambulisme hypnotique ne sauraient être à l'abri des mêmes éventualités. Le danger pour ces derniers serait même d'autant plus grand que la seule personne capable d'éclairer la justice, l'endormeur, l'hypnotiste, serait en même temps celle qui aurait le plus d'intérêt à cacher la vérité.

VII

Nous avons exposé, sans en exagérer, mais aussi sans chercher à en atténuer la portée, les problèmes que l'hypnotisme peut soulever devant la justice et la médecine légale. En résulte-t-il que les magistrats et les experts doivent se sentir émus outre mesure des nouvelles et délicates responsabilités dont la perspective leur est ainsi brusquement ouverte, et que les personnes nerveuses et sensibles doivent trembler sous cette nouvelle épée de Damoclès suspendue sur leur tête, le danger d'être hypnotisées par surprise au gré du premier venu auquel la nature aura refusé tout scrupule tout en le douant d'un regard pénétrant et fascinateur? Nous demanderons-nous avec M. Liégeois : « Telle personne qui, sans avoir encore été hypnotisée, serait, par sa constitution même, prédisposée à devenir somnambule, et qui, par curiosité, frayeur ou autrement, regarderait avec une trop longue fixité tel ou tel individu, ne pourrait-elle être, de la part de ce dernier, l'objet de l'une des nombreuses suggestions dont nous avons parlé? (1) »

Chassons ces chimères. Il y a cent ans qu'on sait produire le somnambulisme, que de nombreux individus très divers par leur caractère, leur intelligence, leur moralité, se sont adonnés aux pratiques magnétiques et hypnotiques, et

---

(1) Liégeois, *loc. cit.*, p. 69.

l'on en est encore, pour faire toucher du doigt le danger de ces pratiques, à invoquer des expériences de cabinet. Écartons résolument, au nom du simple bon sens, cette hypothèse qu'on pourrait être hypnotisé malgré soi, à son insu, par surprise; hypothèse élégante, très propre à servir de thème à de brillantes discussions académiques, mais qui, prise au pied de la lettre par le commun des esprits, aurait pour effet de les fausser en leur faisant admettre la possibilité de phénomènes qui n'ont jusqu'ici défrayé que les œuvres d'imagination les plus fantaisistes. Ne laissons pas croire que parce que quelques savants ont découvert et étudié de nouveaux faits biologiques, la vie va devenir un conte d'Hoffmann ou d'Edgar Poe, où hynoptiseurs et hynoptisés se livreront à un chassé-croisé universel dans un rêve fantastique.

Oui, nous devons l'affirmer: le crime hypnotique est possible; mais nous devons nous empresser d'ajouter que les progrès de la science n'ont jamais créé un criminel et que l'hypnotisme n'augmentera pas le nombre des scélérats. Les scélérats d'ailleurs sont des esprits trop vulgaires pour rechercher en masse, pour l'exécution de leurs forfaits, les procédés qui exigent une certaine virtuosité. Ces derniers resteront toujours l'apanage de quelques gredins d'élite dont l'existence problématique ne doit créer d'inquiétudes à personne.

FIN

TABLE DES MATIÈRES

Préface v

CHAPITRE PREMIER

LE MAGNÉTISME A TRAVERS LES SIÈCLES

I. — Magnétisme et hypnotisme : analogies et différences. — Le surnaturel dans le magnétisme : une somnambule lucide. — Origines vénérables.
II. — Le magnétisme inconscient : devins, mages, prêtres, pythonisses, sibylles.
III. — Les états hypnotiques chez les sorciers.
IV. — Les états hypnotiques chez les possédés : don de seconde vue, don des langues ; léthargie, catalepsie, somnambulisme.
V — Les prophètes du Dauphiné. — Les convulsionnaires de Saint-Médard.
VI. — Guérisseurs et toucheurs : Greatrakes, Gassner, le zouave Jacob, le toucheur de Noirmoutier.
VII. — Fakirs et Djoguis. — Les moines du mont Athos. — Sorciers arabes et marabouts marocains. — Les Beni-Aïaoussas.. 1

CHAPITRE II

DE MESMER A BRAID

I. — Mesmer : le fluide universel base de son système. — Pourquoi il l'appelle magnétisme animal. — Son emploi, puis son abandon de l'aimant. — Il n'a fait que ressusciter une doctrine en honneur dans les siècles précédents.

II. — Son séjour à Vienne; il passe pour un imposteur. — Son arrivée à Paris; état des esprits à cette époque; il obtient un vif succès. — Ses pratiques : le baquet. — Effets magnétiques : les crises.
III. — Ses prosélytes : Deslon. — Le système repoussé par les sociétés savantes. — Rapports de Bailly : les effets magnétiques sont le produit de l'imagination; leur danger pour les mœurs. — Mesmer enrichi se retire des affaires.
IV — De Puységur : il découvre le somnambulisme artificiel. — Simplification du système et des pratiques magnétiques.
V. - Les schismes. — La révolution disperse les adeptes; ils reparaissent à partir de 1815; Deleuze, Faria, Bertrand, Georget, Du Potet, Foissac.
VI. — Examens du magnétisme par l'Académie de médecine : rapport favorable de Husson; rapport contraire de Dubois. — Le prix Burdin : les somnambules lucides dévoilées. — Complet discrédit du magnétisme animal............ 35

CHAPITRE III

DE BRAID A L'ÉPOQUE ACTUELLE

I. — Renaissance des études sur le magnétisme : Braid voulant combattre le magnétisme découvre l'hypnotisme. — La théorie subjective du sommeil provoqué. — Explications rationnelles de certains phénomènes magnétiques.
II. — Exposé rapide des phénomènes hypnotiques observés par Braid : ses illusions phrénologiques.
III. — Ses travaux n'ont que peu de retentissement. — Nouvelles théories magnétiques en Amérique, en Allemagne, en France. — Première apparition en France de l'hypnotisme : Broca, Guérineau, Azam, Demarquay et Giraud-Teulon, Gigot-Suard.
IV. — Lasègue : la catalepsie. — Richet : le somnambulisme. — Charcot, Dumontpallier : l'hypnotisme chez les hystériques. — Le mouvement hypnotique en Allemagne. — Bernheim : la suggestion hypnotique.
V. — Barety : la force neurique rayonnante. — Autres théories dérivées du magnétisme : l'ondulationisme.
VI. — Le scepticisme exagéré mis en présence des preuves qui démontrent la réalité des phénomènes hypnotiques...... 63

CHAPITRE IV

SUJETS ET PROCÉDÉS

I. — Définition de l'hypnotisme : il comprend plusieurs états nerveux distincts. — Grand nombre de personnes hypnotisa-

TABLE DES MATIÈRES 377

bles ; influence de la position sociale, du degré de culture intellectuelle. — Le sexe, l'âge, l'état de santé ou de maladie. — Diathèse hystérique.
II. — Procédés des magnétiseurs : les passes, le regard.
III. — Procédés hypnogéniques physiques et mécaniques : occlusion des paupières et pression des globes oculaires. — L'objet brillant de Braid. — Excitations sensorielles monotones. — Excitations cutanées; pression du vertex. — Action des aimants. — Excitations sensorielles fortes et brusques.
IV. — Agents psychiques : émotion vive et inattendue. — Attention expectante. — Imagination. — Suggestion.
V. — Autohypnotisation involontaire.
VI. — Classification des agents hypnogéniques. — Leur emploi doit être varié suivant les sujets et la phase du sommeil qu'on veut obtenir. — Éducation des sujets par la répétition des expériences.
VII. — L'hypnotisme chez les animaux......................... 93

CHAPITRE V

PHÉNOMÈNES GÉNÉRAUX DE L'HYPNOTISME — MOTILITÉ

I. — Complexité des phénomènes hypnotiques. — On ne les rencontre guère au grand complet que chez les hystériques. — Nosographie de l'hypnotisme d'après le professeur Charcot. — État cataleptique : ses caractères. — État léthargique : hyperexcitabilité neuromusculaire. — État somnambulique : contractures cataleptoïdes.
II. — Le réflexe cutané peut dans les trois périodes de l'hypnotisme provoquer des contractures. — États mixtes.
III. — L'état cataleptoïde peut se rencontrer dans les diverses périodes hypnotiques.
IV. — Excitation du crâne et du cuir chevelu : expériences galvaniques de M. Charcot: expériences de M. Dumontpallier; expériences de MM. Féré et Binet. — Action produite, selon M Dumontpallier par des excitations excessivement faibles du cuir chevelu.
V. — Hypnose hémilatérale : chaque moitié ou plus généralement différentes parties du corps peuvent être placées dans une phase différente de l'hypnotisme.
VI. — Action des æsthésiogènes sur les phénomènes hypnotiques. — Transfert. — Action anti-hypnotique.
VII. — Ordre de succession des états hypnotiques............ 122

CHAPITRE VI

PHÉNOMÈNES GÉNÉRAUX DE L'HYPNOTISME — SENSIBILITÉ

I. — Objet du chapitre. — État des sens et de l'intelligence dans la léthargie.

II. — Dans la catalepsie la sensibilité générale est abolie, la sensibilité spéciale est en partie conservée. — Persistance du sens musculaire. — Suggestions provoquées par son intermédiaire : attitudes passionnelles suivies d'un jeu de la physionomie approprié, et inversement — Excitations sensorielles : hallucinations de l'ouïe. — Mouvements automatiques sous l'influence de l'excitation de la sensibilité tactile. — Hallucinations de la vue, fascination. — Caractères de la suggestion dans l'état cataleptique. — Imitation.
   III. — Modifications de l'innervation organique dans l'hypnotisme effets du procédé hypnogénique et de l'émotion.
   IV. — État de la sensibilité dans le somnambulisme. — Analgésie. — Hyperesthésies sensorielles diverses. — Effets dus à l'hyperesthésie cutanée et tactile. — Attraction magnétique.
   V. — Observation d'hyperesthésie de la vue et de l'odorat.
   VI. — Etat des facultés dans le somnambulisme. — Conscience, mémoire, imagination. — Rêves spontanés ; délire ; pseudo-ébriété. — Modifications du caractère, de la sensibilité morale.
   VII. — Suggestion.................................... 156

CHAPITRE VII

LA SUGGESTION HYPNOTIQUE

ILLUSIONS, HALLUCINATIONS, IMPULSIONS PROVOQUÉES

   I. — L'état somnambulique et ses variétés. — Hystériques et individus sains : l'hypnotisme chez ces derniers, d'après le professeur Bernheim. — Six catégories, de l'état de somnolence à la période de vie somnambulique.
   II. — La suggestion : Braid, Durand (de Gros). — Suggestions motrices : catalepsies, paralysies provoquées. — Mouvements automatiques provoqués. — Amnésies verbales. — Hallucinations sensitives et sensorielles : goût, odorat, ouïe, vue, tact et autres modes de sensibilité. — Exemples.
   III. — Somnambulisme profond : transformation de la personnalité. — Rêves provoqués. — Amnésie ; son rôle dans certains phénomènes suggestifs.
   IV. — Illusions, hallucinations, posthypnotiques. — Hallucinations négatives et suggestions inhibitoires. — Suggestions à échéance plus ou moins éloignée.
   V. — Impulsions posthypnotiques.
   VI. — Troubles organiques d'ordre suggestif : les stigmatisés ; action à distance des médicaments........................ 187

CHAPITRE VIII

LA SUGGESTION A L'ÉTAT DE VEILLE
L'ÉTAT DE FASCINATION

I. — Les sujets hypnotisables, et même certains individus qui ne le sont pas, peuvent recevoir des suggestions à l'état de veille. — Faits analogues tirés de la pathologie : paralysies psychiques. — Expériences de MM. Bernheim, Dumontpallier, Ch. Richet, Bottey, Brémaud : suggestions motrices ; paralysies suggestives ; actes automatiques ; amnésies.

II. — Troubles de la sensibilité : anesthésies, hyperesthésies. — Troubles des sens : vue, ouïe. — Transfert des troubles suggérés : il peut être opéré par l'aimant et par suggestion. — Hallucinations des divers sens.

III. — S'agit-il de suggestions à l'état de veille dans ce qu'on appelle *lecture des pensées*. — Que penser de ce prétendu phénomène ?

IV. — De l'état de fascination décrit par le Dr Brémaud ; procédés pour l'obtenir ; en quoi il consiste. — Sa place dans la série hypnotique. — Les femmes ne peuvent être mises en état de fascination. — Il tend à disparaître par la répétition des expériences.

V. — Exemples de fascination, d'après le Dr Brémaud.

VI. — Phénomènes pathologiques du même ordre : sauteurs du Maine, de Malaisie, de Sibérie.

VII. — Suggestions dans l'état de fascination. — Elles agissent comme dans l'état cataleptique.................................... 226

CHAPITRE IX

PHYSIOLOGIE DE L'HYPNOTISME

I. — État des facultés dans les différents degrés du sommeil hypnotique. — Suspension de la volonté et automatisme des idées. — Obnubilation de la conscience. — Perte du souvenir. — Disparition de la notion du moi. — Automatisme de plus en plus complet. — Suppression de l'activité psychique. — Suspension progressive des fonctions de la couche corticale du cerveau.

II. — Diverses théories. — Brown-Séquard : inhibition et dynamogénie. — Dans l'hypnotisme, une irritation périphérique ou centrale détermine l'arrêt de certaines fonctions corticales. — La suspension de ces fonctions entraîne l'exaltation des réflexes cérébro-spinaux. — Mécanisme de la suggestion pendant l'état hypnotique et pendant l'état de veille.

380   MAGNÉTISME ET HYPNOTISME

II. — Analogies avec certains états psychopathiques. — Aboulie. — Impulsions irrésistibles. — Attention, centres moteurs-modérateurs.
IV. — Divers degrés dans les états de conscience. — Cérébration inconsciente. — L'amnésie au réveil ne prouve pas l'absence d'un état conscient dans l'hypnotisme. — Somnambulisme et rêve.
IV. — Pourquoi certains troubles des sens sont plus facilement provoqués que d'autres. — Altération de la personnalité, faits pathologiques.
VI. — Les phénomènes hypnotiques sont-ils d'ordre pathologique ou physiologique ? — Opinion des auteurs à ce sujet..   254

CHAPITRE X

L'HÉMI-HYPNOTISME AU POINT DE VUE PSYCHOLOGIQUE

I. — La dualité cérébrale est démontrée par l'hypnotisme. — Hypnose unilatérale. — Braid, Heindenhain, Berger, Dumont-pallier. — Chaque hémisphère cérébral représente l'individu tout entier.
II. — Hypnose bilatérale de caractère différent pour chaque côté.
III. — Hypnose bilatérale de même caractère, mais à manifestations différentes pour chaque côté. — Expression d'un sentiment différent pour chaque côté du corps dans la catalepsie. — Hallucinations de nature opposée pour chaque hémisphère dans le somnambulisme : expériences variées.
IV. — Conclusions à tirer de ces expériences relativement à la dualité cérébrale. — Autres preuves tirées de l'anatomie, de la physiologie, de la pathologie.
V. — Fonctions spéciales à chaque hémisphère.
VI. — Dédoublement de la personnalité chez les aliénés. — Il ne se confond pas avec le dualisme cérébral.............   285

CHAPITRE XI

LES APPLICATIONS DE L'HYPNOTISME A LA THÉRAPEUTIQUE

I. — Le magnétisme et la maladie. — Les cures fameuses de Mesmer. — Foi robuste des magnétiseurs. — Leurs prétendus succès.
II. — Exagérations des Braidistes. — Cures de Braid par l'hypnotisme. — Bon effet des procédés hypnotiques contre les troubles dynamiques du système nerveux. — Réserves nécessaires. — Anesthésie chirurgicale.
III. — Opérations célèbres pratiquées pendant le sommeil hypnoti-

que : Braid, Cloquet, Loysel, Fanton, Toswel et Joly, Ribaud et Kiaro, Broca et Follin, Guérineau, Esdaile.
IV. — Rage et tétanos. — Influence de l'hypnotisation sur les phénomènes hystériques : convulsions, délire, paralysies, contractures. — Troubles choréiques.
V. — Folie : cas de M. Auguste Voisin.
VI. — L'hypnotisme et l'éducation. — Thérapeutique suggestive à l'état de veille. — Effets puissants de l'imagination.... 314

CHAPITRE XII

L'HYPNOTISME ET LE CODE

I. — La suggestion hypnotique a pour effet de priver le sujet de sa liberté morale. — L'automatisme où le réduisent les différents états hypnotiques peut faire de lui l'instrument de délits ou de crimes, ou la victime de divers attentats.
II. — Questions de droit civil: billets, quittances, actes divers, testaments, donations, consentements.
III. — Faux témoignages.
IV. — Crimes dont peuvent être victimes les hypnotiques : viols, attentats à la pudeur.
V. — Crimes dont ils peuvent être l'instrument ; meurtres, empoisonnements, etc., pendant ou après la période de sommeil hypnotique.
VI. — Analogies au point de vue légal de l'hypnotisme et du somnambulisme naturel. — Le somnambulisme devant la justice. — La *question* par l'hypnotisme est-elle licite ?
VII. — Dans quelle mesure l'hypnotisme peut-il servir à l'accomplissement de projets criminels ?................. 347

FIN DE LA TABLE

LIBRAIRIE J.-B. BAILLIÈRE ET FILS

19, rue Hautefeuille, près le boulevard Saint-Germain.

LES HYSTÉRIQUES

ÉTAT PHYSIQUE ET ÉTAT MENTAL, ACTES INSOLITES, DÉLICTUEUX
ET CRIMINELS

Par le docteur LEGRAND du SAULLE
Médecin de la Salpêtrière

1 vol. in 8 de 700 pages.... .... 8 fr.

Causes de l'Hystérie. — Manifestations somatiques: Attaques, syncope, anesthésie, spasmes, contractures, etc. — *L'Hypnotisme chez les Hystériques. — Manifestations intellectuelles. — Folie hystérique*: Hallucinations, impulsions, dispositions érotiques, etc. — *Clinique médico-légale*: Attitude, écrits simulations, suicides, dénonciations, vol, attentats aux mœurs, incendies, empoisonnements, infanticides. — *Traitement. — Les Nymphomanes.*

TRAITÉ CLINIQUE
DES MALADIES DE LA MOELLE ÉPINIÈRE
Par E. LEYDEN
Professeur de clinique médicale à l'Université de Berlin

1 vol. gr. in-8 de 800 pages................. 14 fr.

TRAITÉ
DES MALADIES DU SYSTÈME NERVEUX
comprenant

LES MALADIES DU CERVEAU, LES MALADIES DE LA MOELLE
ET DE SES ENVELOPPES, LES AFFECTIONS CÉRÉBRO-SPINALES,
LES MALADIES DU SYSTÈME NERVEUX PÉRIPHÉRIQUE
ET LES MALADIES TOXIQUES DU SYSTÈME NERVEUX

Par W. HAMMOND
Professeur de maladies mentales et nerveuses à l'Université de New-York

Traduction française, augmentée de notes et d'un appendice

Par le docteur F. LABADIE-LAGRAVE
Médecin des hôpitaux

1 vol. gr. in-8, XXIV-1278 pages, avec 116 fig. Cart.... 22 fr.

LIBRAIRIE J.-B. BAILLIÈRE ET FILS, 19, RUE HAUTEFEUILLE.

LEÇONS CLINIQUES
SUR LES MALADIES MENTALES
ET SUR LES MALADIES NERVEUSES
PROFESSÉES A LA SALPÊTRIÈRE
Par le docteur Auguste VOISIN
Médecin de la Salpêtrière

1 vol. gr. in-8 de 770 pages avec figures intercalées dans le texte, 5 planches lithographiées et 3 planches photoglyptiques.. 15 fr.

TRAITÉ DE LA PARALYSIE GÉNÉRALE DES ALIÉNÉS
Par le docteur Auguste VOISIN

1 vol. gr. in-8 de 560 pages, avec 15 planches lithographiées et coloriées, graphiques et tracés............ 20 fr.

NOUVEAU TRAITÉ ÉLÉMENTAIRE ET PRATIQUE
DES MALADIES MENTALES
SUIVI DE CONSIDÉRATIONS PRATIQUES
SUR L'ADMINISTRATION DES ASILES D'ALIÉNÉS
Par H. DAGONET
Médecin en chef de l'asile d'aliénés de Sainte-Anne

1 vol. in-8 de VIII-732 pages, avec 3 planches en photoglyptie, représentant 33 types d'aliénés, et 1 carte statistique des établissements d'aliénés de la France. Cart. 15 fr.

BAILLARGER (J.). Des hallucinations. Des causes qui les produisent, et des maladies qu'elles caractérisent, in-4, 245 pages.. 5 fr.

BERGERET (L.-F.-E.). De l'abus des boissons alcooliques, dangers et inconvénients pour les individus, la famille et la société. Moyens de modérer les ravages de l'ivrognerie. 1870, 1 vol. in-12, VIII-380 pages................. 3 fr.

www.ingramcontent.com/pod-product-compliance
Lightning Source LLC
Chambersburg PA
CBHW050435170426
43201CB00008B/682